十二五时期
档案优秀科技成果汇编

国家档案局⊙编

shierwu shiqi
dangan youxiu keji chengguo huibian

中国文史出版社

图书在版编目(CIP)数据

十二五时期档案优秀科技成果汇编 / 国家档案局
编. —北京:中国文史出版社,2018.3
ISBN 978－7－5205－0188－0

Ⅰ.①十… Ⅱ.①国… Ⅲ.①档案工作－科技成果－
汇编－中国－2011－2015 Ⅳ.①G279.2

中国版本图书馆 CIP 数据核字(2018)第 054473 号

责任编辑:詹红旗

出版发行:中国文史出版社

网　　址:www.wenshipress.com

社　　址:北京市西城区太平桥大街 23 号　邮编:100811

电　　话:010—66173572　66168268　66192736(发行部)

传　　真:010—66192703

印　　装:廊坊市海涛印刷有限公司

经　　销:全国新华书店

开　　本:787 毫米×990 毫米　1/16

印　　张:22.5

字　　数:380 千字

版　　次:2018 年 4 月北京第 1 版

印　　次:2018 年 4 月第 1 次印刷

定　　价:49.00 元

序

"十二五"时期是档案科技工作全面创新发展的5年。全国广大档案科技工作者认真落实创新发展理念，围绕中办、国办《关于加强和改进新形势下档案工作意见》要求和全国档案馆长局长会议精神，针对建立健全"三个体系"中的重点、难点问题和薄弱环节，立足档案工作实际，勇于开拓，锐意创新，取得一系列档案科技成果，有效支撑了档案事业持续、健康发展。

"十二五"期间，档案科研紧紧围绕档案工作大局，组织开展科学研究，科研主题涵盖了档案工作方方面面。这些主题既有传统的，如纸质档案的深入研究，又有现代的，如对电子档案的探索；既有档案收集整理等前端环节，如档案业务流程整合，又有档案开发利用等后端工作，如档案信息资源共享与服务平台建设，覆盖了档案工作的全过程；既有理论方法，如档案工作体制机制创新，又有技术措施，如现代前沿技术在档案业务中的应用。总之，这些成果涉及了档案工作的整个过程、各个方面，档案科技工作成绩斐然。5年来，共184项科研项目荣获国家档案局优秀科技成果奖，其中特等奖1项，一等奖19项，二等奖69项，三等奖95项；43项档案科研成果在档案界得以推广应用，为推动档案事业再上新台阶作出了卓越贡献。

这些成绩的取得，与各级领导和档案工作者的关心和支持分不开，与全体档案科研工作者的辛勤劳动和无私奉献分不开。

编著此汇编的目的，主要是搭建互相学习、交流的平台，加速优秀档案科研成果及时推广应用，为新形势下开展档案科研工作提供借鉴，促进档案工作水平提高。

各级档案部门为本汇编提供了重要的资料，在此向他们致以衷心的感谢！

目录

2011 年

2012 年

2013 年

2014 年

2015 年

附录

档案

2011 年

优秀科技成果

"城市记忆"档案文献资源整合研究

一、课题研究的背景、目的和方法

(一) 课题研究的背景和目的

1. 进入新世纪，中国加快了城市现代化进程。在大规模建设和改造中，对城市历史文化造成了严重的破坏。社会各方面有关人士以高度的文化觉醒、文化自觉、文化责任，提出了"城市记忆"这一概念，并对保护"城市记忆"的问题进行了探讨。但这一概念目前尚未形成比较统一的、明确的、固定的表达和界定。不同领域的人们在使用这一概念时所赋予的内涵和外延是不尽相同的。目前人们对"城市记忆"这一概念的理解，比较偏重于城市空间环境这一要素，而忽视文献资源的要素；偏重于物质文化形成的历史记录，而忽视非物质文化形成的历史记录。不利于全面完整地保护和传承城市的"记忆"。

2. "世界记忆工程"和"中国档案文献遗产工程"在中国的推进和实施，促进对"城市记忆"档案文献理论和实践问题的研究。1992 年，联合国教科文组织发起了"世界记忆工程"。它的目的是实施联合国教科文组织宪章中规定的保护和保管世界文化遗产的任务，促进文化遗产利用的民主化，提高人们对文献遗产的重要性和保管的必要性的认识。"世界记忆工程"要保护的文化遗产主要是档案文献遗产。因为这部分文化遗产，最容易遭到破坏。1996 年，由国家档案局牵头组织成立了"世界记忆工程"中国委员会，开始对珍贵的中国档案文献遗产进行调查，于 2000 年正式启动了"中国档案文献遗产工程"，制定出《中国档案文献遗产工程总计划》(讨论稿)，确定了保护、管理和利用中国档案文献遗产的系列计划和措施。"世界记忆工程"和"中国档案文献遗产工程"在中国的推进和实施，唤起了社会对珍贵档案文献的关注和重视，并把对档案文献的保护提高到延续一个国家、一个城市、一个地区"记忆"的层面来认识。本世纪初,不少城市相继开展了以保护城市文化遗产,特别是城市档案文献为目的的"城市记忆工程",把这种认识进而在实践层面得以体现。但由于理论准备不足,"工程"的实施大多局限在城区及其建筑物的拍摄和图像的建立上。

3. 完善的"城市记忆"对于城市管理和可持续发展具有重要意义,并具有不可替代的"身份认证"作用。档案文献是"城市记忆"的重要构成,是城市历史和发展最原始的真实记录,对于保存真实完整的"城市记忆"至关重要。但目前"城市记忆"档案文献资源存在多头管理、资源分散的状况,不利于档案文献长期完整保存和全面有效的开发利用。对分散的档案资源加以系统的整合,既可以对重要档案进行科学管理,以利于"城市记忆"的长期延续,又便于对有关"城市记忆"的档案文献资源进行全面开发利用,为城市建设、管理和发展提供服务。

4.《上海市档案事业发展"十一五"规划》启动"城市记忆开发工程"建设。

5. 由上所述,阐明"城市记忆"及其档案文献资源以及"城市记忆"档案文献资源整合的基本概念和"城市记忆"档案文献资源整合的意义、原则、主体、难点等基本理论问题,提出"城市记忆"档案文献资源整合的对策和实施方案,这对加强"城市记忆"及其档案文献资源的建设和保护具有重要的理论价值,对推进"城市记忆工程"的实施,具有重要的指导意义。

(二)课题研究的方法

本课题的研究方法,是结合《上海市档案事业发展"十一五"规划》中确定的"城市记忆开发工程"的实施,以调研上海市的"城市记忆"档案文献资源分布、管理和利用状况为重点,兼顾调研全国以至国外有关城市的相关工作情况,并吸取已经尝试开展"城市记忆"档案文献资源整合工作的有关经验,探索"城市记忆"档案文献资源整合的理论问题,形成有关实施方案,为工作实践提供指导。

二、课题研究成果的主要内容、重要观点和对策建议

(一)课题研究成果的主要内容和重要观点

1. 课题研究报告阐述了"城市记忆","城市记忆"档案文献资源及其

整合的基本概念和基本理论问题。

　　课题研究报告认为："城市记忆"是城市形成、变迁和发展中具有保存价值的历史记录，是人们对这些历史记录以信息的方式加以编码、储存和提取过程的总称。城市始终处于变动中，城市人的活动始终处于进行中，"城市记忆"历史记录信息的编码、储存和提取过程也始终处于动态过程中。"城市记忆"具有重构性。如果把"城市记忆"中的"城市"一词作为形容词，"记忆"作为名词，"城市"作为"记忆"的定语，那么，"城市记忆"就是"城市的记忆"，在时态上是一种"过去完成式"，显示过去的、已经完成的"城市记忆"；如果把"城市记忆"中的"记忆"一词作为动词、作为"城市"的谓语，那么，"城市记忆"在时态上就是一种"现在进行时"，显示"城市"正在进行"记忆"。过去的"记忆"为当下的活动提供参考，当下的活动不断成为过去的"记忆"。人们对城市建设和改造的活动，使"城市记忆"的形成既不能脱离以往的历史记录和认识，又不断加进新的内容。如果这些新的内容脱离了以往形成的历史记录和人们的认识，不能与以往的历史记录和人们的认识保持血脉联系，失却了原有的记忆元素，就会使"城市记忆"发生记忆的"错位"甚至"失忆"。

　　课题研究报告认为：这种历史记录既包括物质文化形成的历史记录，也包括非物质文化形成的历史记录。其中，档案文献是一种重要的表现形式，它是用文字和图像等记录工具直接将人类社会活动的信息记录在特定的载体（如纸张、胶片、磁盘、光盘等）上的，是城市形成、变迁和发展中直接形成的对城市具有保存价值的各种文字、图表、声像等形式的历史记录的总称，由城市概貌档案文献、城市管理档案文献、城市建设档案文献、城市活动档案文献等方面构成。档案文献是有关"城市记忆"最原始的真实记录，对于保存真实完整的"城市记忆"至关重要。

　　课题研究报告认为："城市记忆"档案文献资源具有原始记录性、广泛性、多样性、多重性等特性和存史、凭证、参考、文化、教育等功能。"城市记忆"档案文献资源整合，是指在特定的区域范围，科学合理配置和有效利用"城市记忆"档案文献资源，使之达到优化配置状态，产生整体聚合能动效应的行为过程。对分散的档案资源加以系统的整合，既可以对重要档案进行科学管理，以利于"城市记忆"的长期延续，又便于对"城市记忆"的档案文献资源进行全面开发利用，为城市建设、管理和发展提供服务。

2. 课题研究报告对"城市记忆"档案文献资源的构成及分布现状进行了调查和研究。

课题研究报告认为："城市记忆"档案文献总体上由城市概貌档案文献、城市管理档案文献、城市建设档案文献、城市活动档案文献等方面构成。"城市记忆"档案文献资源的构成具有广泛性，城市的管理、建设和活动中都会产生"城市记忆"档案文献；"城市记忆"档案文献资源的分布具有集中性，主要分布在各级各类档案馆，但在图书馆、博物馆、纪念馆等文化机构和民间团体、市民个人中也有收藏，有些城市相关的"城市记忆"档案文献还散落在国外一些机构和个人那里。

3. 课题研究报告对"城市记忆"档案文献资源整合的意义、原则、主体、难点进行了研究。

课题研究报告认为："城市记忆"档案文献资源整合，有利于发挥"城市记忆"档案文献资源的整体效益，有利于"城市记忆"档案文献资源建设的统筹规划，有利于保障"城市记忆"档案文献资源的完整准确，有利于"城市记忆"档案文献资源的长期系统保存。"城市记忆"档案文献资源整合应该秉承以国家综合档案馆为主体，尊重现有档案管理分工格局与互利共赢，以档案信息整合为主、以档案实体整合为辅，整体规划、分工合作、分步实施的原则。"城市记忆"档案文献资源在整合进程中主要存在体制、机制和法制保障方面的问题。"城市记忆"档案文献资源整合的措施，包括健全法制保障、完善管理体制和创新运行机制三方面。

4. 课题研究报告对国内开展的"城市记忆工程"实践进行了总结和研究。

课题研究报告认为："城市记忆工程"是实现"城市记忆"档案文献资源整合的重要载体。"城市记忆工程"的初始阶段以抢救性建立城区及其建筑物图像和收集有关档案文献为主要工作，而在深入推进中就要从资源建设为主转换为资源管理为主，即要通过资源的有效地整合，加强资源的保护和开发，特别是要尝试运用"城市记忆工程"这一平台，充分利用信息化技术和环境，在维护资源主体各方利益、保护资源原件的前提下，开展档案文献信息的整合共享工作。

（二）课题研究成果提出的对策建议

课题研究报告研究了"城市记忆"档案文献资源整合的理念模式，提出了"城市记忆"档案文献资源整合的基本框架。

课题研究报告认为：鉴于"城市记忆"档案文献资源具有来源与内容广泛、形态多样、建构多重等特点，"城市记忆"档案文献资源的整合按照不同的目标与进度，可以有多种理念模式：按照整合范围的不同，"城市记忆"档案文献资源的整合有局部整合与总体整合之分；按照整合程度的不同，"城市记忆"档案文献资源的整合有初步整合与完全整合之分；按照整合方向（或曰维度）的不同，"城市记忆"档案文献资源有横向整合、纵向整合、立体整合之分；按照整合对象的不同，"城市记忆"档案文献资源有实体整合与信息整合之分。

课题研究报告认为："城市记忆"档案文献资源整合的基本框架应该由战略、战术两大层面构成。在战略的层面，要依据城市发展规划，建立统一的管理与协调机构，对"城市记忆"档案文献资源整合工程实施有力的监管；制订并完善"城市记忆"档案文献资源整合的相关法规及政策；组建"城市记忆"档案文献资源整合工作领导小组和专家咨询委员会；以国家档案馆为主导建立"城市记忆"档案文献资源管理联盟；构建以国家综合档案馆为主体的"城市记忆"档案文献资源管理组织体系，完善"城市记忆"档案文献资源整合的组织、协调机制；建立"城市记忆"档案文献资源整体架构体系，明确"城市记忆"档案文献资源的收集（管理）范畴；建立以国家专项资金投入为主，多渠道、多来源筹措资金为辅的"城市记忆"档案文献资源整合资金管理体系，从而为"城市记忆"档案文献资源的整合理顺管理体制，提供组织保障、制度保障、标准规范保障、经费保障。在战术的层面，构筑和完善以档案资料为主体的城市数字记忆资源库，设计和构造"城市记忆"信息资源的整合、加工、共享服务和互操作平台，通过网络实现应用和资源间的互连互通，实现数据、信息及服务的共享与互操作，克服现实中体制与机制的重重障碍和多种制约，实现"城市记忆"档案文献资源多层次、多形式、宽领域的整合，使社会各领域、各部门、各单位积累的"城市记忆"档案文献资源从传统的束缚中释放出来，把分散在各部门、各单位乃至个人手中的"城市记忆"档案文献资源有机组织起来，强化"城市记忆"档案文献资源的动态性、可控性、可获知性和可获取性以及与社会其他信息资源的融合集成性，为社会提供开放式、网络化、便捷的"城市记忆"档案文献信息服务。

课题研究报告结合"城市记忆"档案文献资源整合的具体实际，阐明"城市记忆"档案文献资源整合的组织架构、管理架构与技术实现方案。

三、课题成果的学术价值和应用价值以及社会影响和效益

（一）学术价值

本课题初步架构了"城市记忆"及其档案文献资源整合的理论框架，并对相应的理论进行了比较系统全面的阐述，对加强"城市记忆"档案文献资源建设具有重要的理论价值。

（二）应用价值

本课题对"城市记忆"档案文献资源整合方案进行了设计，提出了"城市记忆"档案文献资源整合的基本框架和相应对策，对深入推进"城市记忆工程"的实施、进行"城市记忆"档案文献资源整合，具有很强的现实指导意义。本课题研究着力依托上海市档案局研制的《城市数字记忆工程》项目，同时又及时将课题有关研究成果运用到《城市数字记忆工程》项目中，实现课题研究和项目研制的良性循环、优势互补。课题研究为项目研制提供了理论依据，项目研制为课题研究提供了实践基础。《城市数字记忆工程》项目将通过"城市记忆"档案资源数字化、档案管理信息化和档案服务网络化手段，实现上海城市数字记忆在信息时代的保存和延续，形成较为完备的档案数据库，为政府部门、为社会大众提供开放式、网络化、便捷的信息服务；同时通过对档案馆保存的相关档案进行深入研究和开发，推出各类档案文化产品和专题档案资源服务项目。该工程的研制和实施，对各地开展相关工作具有借鉴意义。

产权制度改革大背景下改制企业档案资源整合与共享模式研究

一、产权制度改革大背景下改制企业档案资源整合与共享"苏州模式"的创立及特点

"苏州模式"的出现是时代发展和进步的产物，是我国档案事业建设与发展过程中产生的新生事物，是我国档案学理论创新的最新成果。"苏州模式"这一概念最早是由苏州市档案行政管理部门和档案工作者提出的，真正以文字形式出现的，是苏州市档案局 2006 年 10 月发表在《档案与建设》杂志第十期《以开放式创新理念完善和发展改制企业档案管理的"工投模式"》一文中率先提出的。文中指出"进一步加大改制企业档案资源的整合力度，充分发挥'工投模式'的作用，从而形成改制企业档案资源管理'苏州模式'"。

何谓"苏州模式"？就是专指在产权制度改革大背景下，苏州市档案行政管理部门坚持以科学发展观为指导，以开放式创新为理念，在"工投模式"的基础上，对全市改制企业档案资源进行集中统一管理，建立苏州市工商档案管理中心，构建具有苏州特色的改制企业档案资源整合的大档案格局。"苏州模式"的实体形式就是苏州市工商档案管理中心。"苏州模式"特点在于：

一是以发展为核心。首先，"苏州模式"的发展冲破了现行档案行政管理体制的束缚，提高了档案行政管理部门在地方经济建设和社会发展中的地位和作用，扩大了档案行政管理部门的工作职责和管理范围，拓展了档案工作的生存空间。其次，"苏州模式"的发展把档案信息资源作为国家信息资源的一个组成部分来看，把档案信息资源的整合提升到了国家信息资源战略建设高度，在加强地方改制企业档案信息资源集中统一处置的基础上，提出了区域性档案信息资源整合与共享的发展思路。再次，发展和丰富了我国档案学理论，特别是企业档案管理学理论。

二是以创新为精髓。"苏州模式"就是借鉴全新的创新方式——开放式创新方法，以跳出档案管档案的思维方式，来"经营"改制企业档案资源。在产权制度改革大背景下，在改制企业档案资源的管理上，相对于档案行政管理部门来讲，建立"苏州模式"就是充分利用档案行政管理部门自身以外的创新资源，营造创新氛围，打造创新模式，增强"苏州模式"的生命力，为"苏州模式"的建立和发展提供可靠平台，从而提升档案行政管理部门的地位。通过开放式创新进一步探索全市乃至全国改制企业档案资源整合与共享的新途径，从而建立档案事业开放式创新新机制和新平台。

三是以建立资源共享空间为平台。"苏州模式"建立了区域性的改制企业档案信息资源共享空间。何谓改制企业档案信息资源共享空间？就是指借鉴运用先进的 IC 理念，一个地区（或一个区域）在特定的历史条件下，即在产权制度改革过程中，国家所拥有的具有使用价值或潜在价值的原有国有（集体）企业在改革之前和改革过程中形成的全部企业档案，对其进行整合，并充分运用现代化管理手段，建立安全的网络环境，提供改制企业档案信息资源数字化服务空间，而建立的一种传递改制企业档案信息的一个实体或物理空间。构建改制企业档案信息资源共享空间是实现产权制度改革大背景下，合理整合和开发利用好现有改制企业档案信息资源的最佳模式和途径。

四是以集约化为管理方式。集约化管理源于现代企业管理，是现代企业集团提高效率与效益的基本取向。改制企业档案资源集约化管理方式是借用现代企业管理的理念，对产权制度改革大背景下，改制企业档案资源采用现代企业管理的思想进行管理，借助政府档案行政管理部门、改制企业主管部门和改制企业的人力、物力、财力、管理手段等多种要素，进行统一协调和配置，对产权制度改革过程中，改制企业档案资源进行集中、统一处置，以安全、完整、共享为价值取向，从而达到集中统一、科学管理、高效利用、和谐共享、可持续发展的目的。

五是以市场化运作为经营机制。建立"苏州模式"的目的一是将改制过程中企业档案资源留下来，二是充分利用这些档案资源，三是这些档案资源为将来地方经济和社会的发展服务。所以，档案行政管理部门一直坚持以科学发展观为指导，积极探索"苏州模式"的经营机制，找到了一条改制企业档案信息资源"集约化管理，市场化运作"之路。"市场化运作"就是遵循市场经济规律，充分利用市场杠杆的作用，运行、操作和经营"苏州模式"的建设和发展。"苏州模式"的经营机制和运作方式主要是建立六大中心，即保管利用中心、历史研究中心、文化艺术中心、休闲旅游中心、中介咨询服务中心和改制企业档案信息社会化管理中心。

二、项目创新点及关键技术

1. 本研究项目的创新点

实现了我国企业档案管理史上的一个创举，建立了全国首家改制企业档案资源管理中心——苏州市工商档案管理中心。

苏州市委市政府为了进一步加强产权制度改革大背景下，全市改制企业档案处置工作，实行改制企业档案资源专业化管理，集中整合改制企业档案资源，大力提高政府资产使用效率，促进苏州档案事业的进一步发展，构建苏州大档案格局创造条件，在 2007 年 7 月 10 日召开的专门会议上，明确由市编办发文，在苏州市工投档案管理中心的基础上成立苏州市工商档案管理中心，统一管理苏州改制工商企业档案和应该集中统一管理的其他档案，明确苏州市工商档案管理中心为苏州市档案局下属财政全额拨款的正科级事业单位。

2. 本研究项目的关键技术

（1）筛选改制企业档案资源管理定位方式。随着改革的不断深化，国有企业档案资源的归宿方案无非就是以下三种。第一种方案：企业档案由本企业永久管理；第二种方案，由国家综合档案馆对企业档案进行接收；第三种方案，建立一个专门保管一个地区的企业档案的档案馆或管理中心。苏州市档案行政管理部门在产权制度改革进程中，进行了积极的探索和有益的尝试，对三种方案进行颇为深入分析，比较了利弊，认为第三种方案是比较理想的，对随着改革的不断深入发展，改制企业档案资源何去何从指明了方向。所以，苏州市在建立苏州工投档案管理中心的基础上及时建立了全国首家改制企业档案管理中心——苏州市工商档案管理中心。

（2）探索改制企业档案资源集约化管理之路。借用现代企业管理的理念，对产权制度改革大背景下，改制企业档案资源采用现代企业管理的思想进行管理，借助政府档案行政管理部门、改制企业主管部门和改制企业的人力、物力、财力、管理手段等多种要素，进行统一协调和配置，对产权制度改革过程中，改制企业档案资源进行集中、统一处置，以安全、完整、共享为价值取向，从而达到集中统一、科学管理、高效利用、和谐共享、可持续发展的目的。

（3）建立改制企业档案资源管理的实体。一是改制企业档案资源保存的基地的选址的确定。选择了苏州古城文化园林博览区的齐门路，原苏州市锦绣丝织厂内，占地 23 亩，建筑面积 2 万平方米。二是资金的投入上，原苏州市工业投资发展有限公司先后投入资金三千余万元进行库房改造和设备、设施的添置，奠定了保管档案所必备的功能齐全、环境优美、管理规范的基础条件。三是配备了相关的管理人员。四是在明确成立工商档案管理中心后，市委市政府又作出了一个重要的决定，投资 1.5 亿元在中心建造苏州市档案馆新馆，目前已正式立项，并在积极组织设计、论证和开工前的准备工作。

（4）确定改制企业档案资源整合方法。目前，档案管理中心接收的各类档案基本上都是抢救性接收的，由于很多企业长期处于关、停、并、转的状况，企业档案处于无人管理的局面，所以对改制企业档案资源的整合需采取各种方法进行。

一是筛选的方法。通过档案人员对接收的各类档案按照珍贵程度、价值大小、使用频率等方面，对档案进行合理筛选，使之去粗取精，去伪存真，保留改制企业档案中的核心内容。特别是一些本地区有影响的百年老厂、知名品牌、大型企业、传统特色企业的档案资源。

二是鉴定的方法。通过档案人员采取直接鉴定的方法，对每一卷企业档案的价值进行鉴定，区分保管期限，进行整理、组合，使每一企业的档案资源得到合理、有序的整合。

三是全宗群管理的方法。在档案管理中心设置若干个全宗群进行档案资源的整合，如纺织系统全宗群、丝绸系统全宗群、工艺系统全宗群、轻工系统全宗群等等，在每个全宗群下设若干个全宗，每个企业作为一个全宗来进行整理和管理。

四是研究性整理的方法。在建立档案管理中心之际，正值全市第二轮地方志编纂工作的全面铺开，续编工作已摆上议事日程。档案管理中心集中力量对改制企业档案资源中保存的大事记、厂史、厂志、纪念册等存史性资料进行摸底调查，并进行汇总、整合，抢救了一批无法再现的研究性、历史性的档案资源，为第二轮地方志编纂工作提供历史性的宝贵资料。

五是采用现代化手段和方法。随着科学技术和信息化手段的不断发展，为档案资源整合创造了有利条件。档案管理中心在市档案行政管理部门的大力支持下，及时安装了档案管理软件，在各改制企业整理移交的过程中进行案卷目录、卷内目录的输入，建立目录数据库。另外档案管理中心采用多种手段对一些老企业原有的厂貌、厂址、历史建筑、设备、产品、样品等进行录像、拍照、制作光盘，把历史原貌保留下来，特别是一些土地置换的改制企业，有可能一夜之间不复存在了。

（5）实现了企业退休人员档案的集中统一管理。2004 年 4 月，根据苏州市政府《关于苏州市区企业退休人员社会化管理服务工作实施意见》文件，要求从 2003 年起，用 2—3 年时间，将企业承担的退休人员管理服务职能全部转移到社区，并将退休职工档案集中管理。根据市政府文件及劳动社保局的要求，档案中心重点组织开展对退休人员、无主、死亡人员的个人档案接收进馆并进行规范化整理工作。近年来，这些企业积极开展退休人员档案利用工作，四年多时间里已接待了四千多人次的档案查阅，共调档 3 万余卷，为职工核准衔接工龄、办理遗产公证、职工亲属入党参军、户口转移等等，提供了有效的原始凭证，维护了社会稳定，促进了和谐社会的建设。

（6）开展了抢救性的征集工作，成效显著。在整合改制企业档案资源的同时，积极开展抢救性的征集工作，抢救各改制企业的各种历史遗存显得极为迫切。为此，中心高度重视实物类档案的搜集、归类、整合、移交、征集，明确了实物类档案的范围：一是产品实物，包括各工业企业有代表性的产品和样本；二是反映工业企业历史的各类遗存实物，如厂牌、厂徽、产品商标、各类荣誉牌（杯）、证书等；三是与企业有关的领导人题词和名人字画等；四是其他应当抢救保存的实物档案。抢救性收集和征集了各类产品实物 3000 多件。其中，收集具有苏州特色的苏州丝绸产品实物样本 8 万余件。

（7）显现苏州民族工业历史足迹成果日益凸现。一是筹建工业档案史料展示陈列馆。编制的首期展示陈列方案先后修改了 4 次。展示陈列的框架和内容已初步确定，大体包括苏州市区民族工业的先声、工业企业名优特新产品、工业企业的变迁、党和国家领导人、中外名人与苏州市区工业等主题内容。运用了历史照片、档案史料、产品实物、CD片、说明文字、活页翻版六种展示陈列的手段。初选用于展示的历史照片1000多幅、档案史料1000多件、产品实物1000多件，已编撰各类文字4万多字。二是加快档案史料的编研出版工作进程。目前相继编纂了《记忆——党和国家领导人、中外名人与苏州市区民族工业》《璀璨的一页——苏州市区民族工业获国家金、银质奖产品档案史料选编》《变迁——苏州市区民族工业百年影像》《苏州市工商档案管理中心档案史料珍品选》等反映苏州民族工业历史的档案资料。

（8）创新和完善公共档案信息服务体系。在创新和完善公共档案信息服务体系中充分发挥主体之一——企业的作用。我们讲的企业是公共档案信息服务体系主体之一，企业具有很强的适应市场经济的能力，在公共档案信息服务的基础设施、具体产品的生产过程中具备比政府、档案行政管理部门更多的优势，具有承担公共档案信息服务的人力、财力和物力的能力。同时在构建公共档案信息服务体系的过程中引入先进的现代化企业管理理念和市场化经营方式，是创新和完善公共档案信息服务体系的重要手段和方法。

三、取得的效果

1. 在产权制度改革大背景下，国有企业档案资源作为国有资产的一个组成部分已成为共识。从思想上、认识上解决了产权制度改革中企业档案资源的管理问题，从而在全国率先实现了区域性改制企业档案资源的集中统一管理，开创了改制企业档案资源集约化管理的新模式。

2. 在产权制度改革中苏州市档案行政管理部门较好地解决了改制企业档案资源的归属和流向问题。

3. 以开放式创新为理念，在"工投档案管理中心"的基础上，对全市改制企业档案资源进行集中统一管理，建立苏州市工商档案管理中心，构建具有苏州特色的改制企业档案资源整合的大档案格局。

4. 苏州市在产权制度改革过程中，改制企业档案资源管理模式从"工投模式"向"苏州模式"华丽转身，是企业档案管理史上的创举。从中国档案学理论的创新和发展的角度，确立了苏州市改制企业档案资源管理模式在中国企业档案管理史上的地位和作用。"苏州模式"不仅是档案学理论不断探索和发展的结晶,同时也体现了档案工作者关注社会发展进程,准确把握社会转型期档案学理论建设和发展过程中的热点和难点,对我国档案管理体制改革、产权制度改革大背景下改制企业档案资源管理模式的创新,以及国家档案资源整合和开发利用等问题,"苏州模式"的创新,在档案界提出了独特的变革模式与学术思考。

5. 在产权制度改革过程中,国家所拥有的具有使用价值或潜在价值的原有国有(集体)企业在改革之前和改革过程中形成的全部企业档案,对其进行整合,并充分运用现代化管理手段,建立安全的网络环境,提供改制企业档案信息资源数字化服务空间,建立传递改制企业档案信息的一个实体或物理空间,就是改制企业档案信息资源共享空间。

6. 改制企业档案资源整合和共享新模式——苏州市工商档案管理中心是集全市市属企事业各类档案于一身的改制企业档案资源信息基地,面广量大,包罗万象,承担着收集、管理、编研、服务等多项功能。在新的历史条件下,开创了一条如何提高企业档案的完整齐全程度,更好地完善档案资源,盘活历史留给我们的这些宝贵财富的有效之路,让她更好地服务百姓、回馈社会,传承历史。

7. 本研究达到的科学技术水平填补了国内产权制度改革中改制企业档案资源整合与共享理论和实践的空白。在全国开创了国企改革中档案资源集中统一管理和利用的先河,在全国第一家成立市级改制企业档案资源管理机构。

8. 科技成果形式和学术价值在于,建立了一座地方性的改制企业档案资源管理机构,集中统一管理和利用改制企业档案资源。建立了产权制度改革大背景下,改制企业档案资源整合与共享的新模式——苏州模式。

9. 研究成果的经济价值及推广应用价值在于把分散管理变为集约化管理,节约成本,具有巨大的经济效益。为传承企业文化,为社会服务,为构建和谐社会,确保社会稳定和百姓利益,社会效益已初步凸现。苏州模式可在各地区进行推广。目前,苏州市工商档案管理中心已得到国家、省档案行政部门的首肯,各地参观学习不断,受到普遍认同。

纸质档案抢救修复操作规程及管理系统研究

　　我国历朝历代都非常重视档案修复技术，如唐代就设有修补敕匠、北宋设有专门负责修复的待诏等。南朝时期中书侍郎虞和《论书表》的问世，开了我国档案修复工作从实践上升到理论之先河，是我国关于档案修复工作最早的理论著作。

　　新中国成立以后，档案修复技术在我国各级档案部门都得到了广泛的发展与应用，配备了专职的档案修复人员。但是，对于规范、指导从事档案修复人员的修复操作标准与规程，仍不完善，这对档案修复工作的规范与发展造成了极大的制约，为了更好地抢救这些珍贵的档案，亟待提出一套科学、规范、有效的档案抢救修复操作规程，以对档案修复工作起到参考、规范及指导作用，这对于今后档案修复工作的发展与传承均有着深远的现实与历史意义。

　　改革开放后，档案保护工作从八五期间（1991～1995年）开始逐步繁荣，科研成果不断涌现，许多科研成果应用到档案保护工作实践中，为档案的长久保存和档案事业其他工作的发展创造了良好的条件，1987年国家档案局专门设立了科技进步奖，于1990年出台了《国家档案局科学技术进步奖励办法》，奖励全国档案优秀科技成果，在此期间许多档案保护方面的研究成果获得该奖。如：上海市档案局完成的《上海市档案保护技术规范》、国家档案局科研所完成的《档案保护技术实用手册》、国家档案局科研所完成的《档案缩微摄影技术实用手册》等。对现今的档案保护工作起到了十分积极的推动作用。

　　在课题初期查阅国内国际资料，发现国内外对于档案修复有着明显的差异。美国档案馆在涉及保护工作时一般使用 Preservation 和 Conservation 这两个专业词汇。

　　Preservation 指为延长档案使用寿命，减少各种物理、化学、生物原因造成的档案老化损坏而展开的各项工作，微观上包括：①环境温湿度调控；

②库房建筑设计；③档案备份；④缩微复制或数字化文件复制；⑤制作耐久性档案装具；⑥档案修复；⑦档案有害生物防治；⑧制定应付突发性灾害事故的方案。

Conservation 包括：①全面检查档案原件，判定其制成材料的耐久性、保存状况；②根据检查情况制定相应措施，改善档案保存状况；③以文字及照片形式将检查情况和处理措施记录在案，为继任者提供参考。

同时美国档案馆档案保护工作人员的组成与我国有很大差异。美国所谓的档案工作者——archivist，特指档案机构的行政长官，相当于我国的档案局（馆）长；保护技术工作一般由档案馆雇佣的受过专门培训的技术人员承担，但是这些技术人员不属于档案工作者（archivist），而称为 Conservator，他们的任务是执行 conservation，美国的保护技术人员不是在编的档案工作者。而英、法等国家的图书馆建立修复档案已有百年以上的历史。都保留有几十年的图书修复、档案修复方案，其方案中包括：档案修复前的状况，整个修复工作过程中的修复方法、修复材料、修复原则、修复细节、修复时间、修复人员、验收人员等所有的详细资料全部收集整理，形成的资料随同修复完成的档案一同保存。这说明在档案抢救修复操作规程方面，英、法等国家早已走在了其他各国的前面。

但由于国外与国内文化的差异、档案载体材料等方面的不同，使得在档案抢救修复操作规程的制定方面没有太大的参考价值。

纸质档案修复操作规程及《档案抢救修复操作管理系统》的研究开发，无论是对于国外或是国内来说，都是千百年来档案修复工作中的一次创新，它代表了当今世界先进技术与我国古老、传统档案修复技术初次的完美结合，它也必将成为未来档案修复工作的发展趋势。

此次立项研究，是对纸质档案抢救修复操作工作一次较全面细致的收集归纳与规范总结，并且首次创新性地尝试利用文字、声音、图像及视频等信息传达手段，来表述纸质档案抢救修复操作工作中所涉及：标准工作环境、工作基础设施、工作设备操作、工序连接、规范动作及操作程序等方面要求。并研发出一套《档案抢救修复操作管理系统》，使其在今后的档案修复工作中起到重要的参考及指导作用，并为日后填补纸质档案受损类型的划定、受损档案修复操作的标准技法、档案修复工具的使用等标准规范方面的空白，是一次尝试性的探索，也为今后建立健全国家档案修复行业规范标准起到积极的引导与推动作用。

依据国家档案局政策法规研究司法规标准化处编研出版的档案工作标准汇编来看，涉及档案抢救修复操作规程方面的相关标准共有 5 篇，国家档案局在 2001 年及 2008 年发布了五项与档案修复工作有关的标准化指导文件，分别为：

《档案工作基本术语》（DA/T 1—2000）

《档案修裱技术规范》（DA/T 25—2000）

《档案馆建筑设计规范》（JGJ 25—2000）

《档案虫霉防治一般规则》（DA/T 35—2007）

《历史图牒档案修裱技术规范》（DA/T 37—2008）。

我们将充分参照上述指导性文件，严格遵循其制定的标准及规范要求，使其贯彻在档案抢救修复操作规程的基本原则、质量要求、工具设备、环境要求和操作程序等方面。

上述五份指导文件的提出，充分说明了党和国家对于档案修复工作的重视，而更为人性化、精细化、合理化的档案抢救修复操作规程的适时提出，也必将是今后档案修复工作的发展趋势。在本课题标准工作环境、工作基础设施、工作设备操作、工序连接、操作程序及虫霉防治方法等方面，完全是遵循上述五项国家规范的基础上制定的。而在纸质档案受损类型的划定、受损档案修复操作的标准技法、档案修复工具的使用等方面，在国家规范标准空白的情况，作出了大胆的尝试及积极的创新，用全新的视角，提出了独到的见解。

通过网络、学术期刊及公开出版图书等方面信息的检索收集，查找到相关论文 30 余篇，专业书籍 20 余本，电子文档资料 30 余篇。这些成果中除档案系统以外还有大部分来自于文博系统及图书系统。更多的是对档案抢救修复操作规程中所涉及的档案材料、使用工具及设备、破损情况、操作标准等方面内容的介绍、研究。还有一部分是对档案抢救修复操作规程的总结定性分析。从研究项目的内容来看，对档案抢救修复操作规程所包含的要素基本都已涉及。档案抢救修复操作是一项要求实践操作及应用性很强的规程，但这些论著基本是运用文字对修复操作规程的论述，缺乏对实际工作的可操作性，这将极大制约所制定的操作行为标准性的执行与参照。本课题组正是基于想弥补此方面的欠缺，在已有的研究成果基础上，根据各地区实际调研情况，以文字论述为主体，结合图像、声音及视频等信息传达手段来对档案抢救修复操作规程进行全方位、立体空间的诠释。

在项目研发过程中存在的难点：

1. 由于档案修复工作自古以来采用"师徒相传"的古老教授方式，加之地域性、技法的差异，虽然操作技法与主导思想大致相同，但操作工序及操作细节等方面还存在差异。而这种尴尬局面在文博系统和图书系统也同样存在。

2. 由于地域、气候等条件的不同，及档案破损情况的繁杂多样，使得任何一种条件的改变，都会对修复操作程序的制定起到决定性的影响。即使在档案破损情况与载体相同的情况下，若气候条件不同，使用的操作程序及技法也不尽相同。

3. 古语有云：医画，亦是医人。对于受损档案修复前的诊断判定，就犹如医生需对患者作出正确诊断一样，诊断正确才能对症下药，若是误诊，乱下猛药，对患者、对档案都将造成无可挽回的损失，甚至失去生命。这就说明在着手修复前的受损判定环节是多么重要，而这一重要环节，在已出版的各类档案抢救修复标准、规范文件和工具、技法书籍中，却都被忽视，在这一领域至今仍是空白。

4. 《历史图牒档案修裱技术规范》（DA/T 37—2008）标准的提出，对我国图牒档案修裱技术的规范和统一，起到了十分重要且积极的作用。使得图牒档案修裱工作的开展有标准为据，有规可依。但其他类型档案修复的操作规程规范和标准至今仍是空白。所以该课题的研究可以参照的国家标准相对较少，对课题的进行将造成一定的阻碍。

5. 自古以来，档案修复操作就是一项需要理论与实际操作紧密结合的工作。以往制定的各种档案抢救修复方面的标准、规范文件及修复工作书籍等，对于修复操作的描述，都只是停留在文字与图片的表述层面，过于概括，特别是动作手法上甚是晦涩难懂，读者往往读后不得要领，易使读者概念混乱，实际应用性、学习性也较差。如何解决操作动作的标准规范表达，及研究成果推广应用等问题，一直是亟待解决的共同难题。

6. 纸质档案抢救修复操作规程研究完成后，如何能够让文字、声音、图像及视频这四种表达手段融会表达，势必需要一个能够发挥这四种表达手段的科学平台。

7. 众所周知，档案的载体形式是多种多样的，除去我们现已掌握的档案受损类型以外，仍未被世人发现的珍贵、深藏地下的档案，相信还有很多。新情况及新载体形式的出现，在已经形成的档案修复操作规程中，势必找不到能够完全适用的操作规程及技法，如何解决层出不穷、瞬息万变的新问题、新情况，也是我们必须加以重视的问题。

上述问题，势必影响档案抢救修复操作规程的制定与广泛应用。如何能针对各类档案特性，提出合情合理的档案抢救修复操作规程，并能够使其切实应用到修复工作中去，就成为我们必须面对和解决的难题。

所以在参照各项国家标准的同时，参考文博系统及文物修复的案例作出解决方案：

1. 在档案抢救修复操作规程的制定中，充分做好资料收集及调研工作，汇总全国各地域的修复技法，集思广益，采取"求同存异"的原则，制定出适合我国各地区不同情况的档案抢救修复操作规程。

2. 制定一个相同温湿度工作环境，在自然工作环境统一的前提下，提出一套适合我国各地区不同情况的档案抢救修复操作规程，使修复工作不再受温度与湿度等自然因素的困扰。

3. 在几乎没有任何资料对受损类型的界定给予明确定义的前提下，通过对相似档案受损类型的平行罗列对比、细致甄别，找出其共有的特征，再查找相关资料作参考，佐证共性，提出一套判定纸质档案受损类型的方案。

4. 以传统修复技术与先进科学修复技术深度融合理念为主体，通过多年的修复工作经验积累，并参照相关专业书籍，借鉴相关行业规程，力争建立一套科学有效的纸质档案修复操作规范流程。

5. 创造性地提出"立体视觉传达档案修复操作技术"这一构想。将文字、声音、图像及视频融合在一起共同表达档案修复操作规程研究成果，使档案修复操作规范动作的表达成为可能。

6. 通过研究开发《档案抢救修复操作规程管理系统》来使这一构想实现。将档案抢救修复过程中的工作流程、标准操作、相关国家标准等信息全部录入，利用者只需要输入要查询的信息关键字，即可显示与其相关的详细资料。本系统利用声音、图像及视频等表达手段，使利用者可以真正观看到标准化的操作程序，再与文字相结合，做到融会贯通，对信息的接受更易懂、更具体、更直接、更全面。解决了《档案抢救修复操作规程管理系统》的推广应用难题。

7. 为了使《档案抢救修复操作管理系统》能够承受新情况、新问题的考验，就必须使其能够定时更新内容，我们将建立一个长期开展此项研究的团队，及时将工作学习中遇到的新型档案受损类型，及处理方案，归纳整理出来，并使《档案抢救修复操作管理系统》具备更新升级功能，不断地更新、完善该管理系统。

技术是不断进步和革新的，但是历史载体的保护与传承是不可动摇的，此项《操作规程》的研发是对档案对历史的保护与尊重。

存储电子档案的最佳磁、光载体研究

课题于 2005 年 12 月由财政部批准立项，国家档案局档案科学技术研究所承担，中央档案馆信息中心和清华大学光盘国家工程研究中心参加。2010 年 12 月 28 日，课题通过了国家档案局技术部组织的鉴定。

一、研究内容

课题组根据我国电子档案存储面临的突出问题，调整研究范围，选择光盘为重点研究对象。课题主要研究内容如下：研究制定《电子文件归档光盘技术要求和应用规范》；研究开发归档光盘检测仪；研究开发归档光盘数据安全监控系统。

二、主要成果

课题研究从光盘的生产开始，贯穿光盘记录数据前后直至数据迁移的全过程。课题成果主要有：研究制定了档案行业标准《电子文件归档光盘技术要求和应用规范》（DA/T 38—2008）；研制了归档光盘检测仪；开发了归档光盘数据安全监控系统。这些成果为档案部门使用光盘安全存储电子档案提供了全程解决方案，对确保电子档案长期安全可读具有重要意义。

（一）档案行业标准《电子文件归档光盘技术要求和应用规范》

该标准于 2008 年 7 月 1 日实施。该标准规定了电子文件归档所用 CD-R/DVD±R 光盘的主要技术指标，光盘标签，光盘数据刻录及备份要求，性能检测、保存及使用要求，三级预警线设置及数据迁移策略。该标准适用于各级档案部门及有关单位电子文件的光盘归档和管理。该标准首次提出了档案级光盘的概念及其技术指标，从而保证档案部门能够选用耐久性能优良的档案级光盘用于电子文件的归档，对于确保光盘所载数据安全、减少数据复制迁移具有重要现实意义。该标准首次设计、制订了归档光盘的归档前检测、三级预警和性能监测制度，并用具体技术指标规定了三级预警线，从而使这一预警制度具有非常好的可操作性。该标准能为档案部门、社会机构使用光盘存储档案数据提供强有力的技术指导，从而规范光盘的选择、数据刻录、保存使用、性能检测及数据迁移等工作。

（二）归档光盘检测仪

1. 硬件系统

以标准工业级测试驱动器为基础，基于光盘的播放原理，以经过测试、性能稳定的工控机为基础，配置 CD-R 测试级驱动器、DVDR 测试级驱动器、CD-R TEFE 测试模块、DVDR TEFE 测试模块、CD-R 类光盘测试板卡、DVDR 类光盘测试板卡、A/D 高速数据板卡、DVD Jitter 检测板卡等模块，组成归档光盘检测仪的硬件系统。

2. 软件系统

由底层驱动软件、驱动器控制软件、参数测试命令、数据处理、数据显示、图形图像处理、用户界面等组成。底层驱动软件主要控制驱动器的跟踪伺服、聚焦伺服、扇区定位、转速控制以及数据采集、控制、通信等功能，完成对工业测试级驱动器的光学读出头以及伺服电路板的控制。驱动器控制软件主要用于调用底层驱动软件。参数测试命令主要是对高频信号参数如 Jitter、对称性等，误码信号如 BLER、E32 等，以及空白盘检测参数如 TE、FE 等设计专用的软件测试架构。数据处理是对采集到的测试数据的处理以及根据原始数据计算最终的参数值。处理后的数据以数据包的形式传递给数据显示、图形图像处理等软件模块。用户界面主要用于测试操作、高级设置以及功能维护等。

3. 功能

在功能设计、性能指标等方面体现了档案部门科学选用光盘、安全保管光盘档案数据的特点；不仅能够检测可录类光盘 CD-R、DVD±R 记录前后的关键性能参数，也能检测 CD-DA、VCD、CD-ROM 等的关键性能参数。使用归档光盘检测仪检测空白光盘，可以确定光盘能否用于刻录；检测刻录后的光盘，可以确定光盘中的数据能否长期保存，确定光盘的预警等级，决定是否加快检测频率或进行数据迁移。还可用于光盘接收前检测，掌握光盘的刻录质量，进而决定采取何种措施。为 DA/T 38—2008 的实施提供了技术检测手段。

（三）归档光盘数据安全监控系统

为了使系统适应大、中、小各种规模的应用环境，采用了遵循 J2EE 架构标准的 Java 语言开发支持 B/S 结构的应用程序，选择这一架构可以支持多层架构，即 MVC 式架构，具有良好的安全性和扩展性，完全支持应用服务器的集群布署。为了管理档案光盘参数检测的海量数据，该系统采用了 Oracle 数据库 10g。

该系统在工作流程设计上，全面遵循 DA/T 38—2008 的内容和要求，在把归档光盘数据安全信息加以系统化地监控管理方面，功能满足需求。在解决检测数据的唯一对应性即编码规则方面做了有益探索。具备完善的光盘数据安全监控功能，能够对档案部门的光盘性能参数进行监管，为归档光盘建立数据安全记录，提供三级预警，指导档案部门适时采取相应的预警措施，确保光盘档案数据安全，是 DA/T 38—2008 实施的有力工具。

档案信息安全保障体系相关问题的研究

"档案信息安全保障体系相关问题的研究"于 2010 年 4 月开始课题研究工作，2010 年底完成。形成了 9 万余字的研究报告和 5000 多字的工作报告。该项目于 2011 年 1 月通过了国家档案局组织的成果评审。

一、项目研究概况

我国档案管理体系中，由于档案资源数量庞大、管理层次复杂、档案保管环境跟不上时代发展，以及信息技术的自身弱点等原因，现有档案安全的制度和要求，显得过于零散、片面，甚至有部分缺失，安全隐患和安全事故未能得到彻底遏制。

辽宁省档案局（馆）根据本省档案信息化发展情况，从档案信息安全与档案实体安全两方面入手，以实际工作为落脚点，以文件生命周期为主线，总结在档案信息化建设过程中所遇到的信息安全保障问题，抽离出影响档案信息安全的主、客观因素，详解我省所采取的对策，分析档案安全体系构建的现实意义和时代依据，提出档案安全体系的基本内涵、主要内容及体系构成基本框架，确立了档案安全体系实现的目标和途径，为实现我国档案管理有序化、系统化、规范化发展探索新途径，为实现信息化浪潮下的档案信息资源价值提供现实参考。

二、课题研究相关背景

档案信息是社会资源的重要组成部分，是人类社会宝贵的记忆，在信息化时代背景下，档案信息资源在社会发展中扮演着愈益重要的角色，档案信息资源的社会价值、文献价值、经济价值越来越显现。然而，随着自然环境的变化，社会环境变动，技术手段的变革，安全威胁类型的扩大和程度的不断加深，档案信息安全面临的威胁和挑战也越来越多。目前在档案界有关安全方面的实践与研究还很薄弱，档案管理理论与技术措施已显现许多不能适应的情况，档案信息安全体系的构建尚处于理论探讨阶段，目前需要实际案例作为佐证以确保其最终的实用性、可操作性和未来发展性。

近年来自然灾害频发，对档案建筑及档案信息造成巨大损毁，电子档案信息流失严重，实体档案保护技术落后等情况下，国家档案局将"两个体系的建设"扩展为"三个体系建设"，将档案信息安全工作提升到前所未有的高度。在此期间开展档案信息安全体系构建的理论与实践的研究，是时代发展的要求，也是贯彻落实国家档案局对"三个体系建设"战略部署的具体体现。

构建档案安全体系需要热情，更需要"智蔽"。结合辽宁省实际工作，以实体档案和电子档案业务工作为主线，全面总结档案信息面临的安全威胁，和以往的档案安全防范的理论与实践经验，沉下心来，"量体裁衣"制定与我省安全保障现状相宜的档案信息安全体系的思路、方法、技术和管理模式等，避免盲目构建安全体系。这也是我省"十二五"期间构建档案安全保障的宏观安排的要求。

三、项目立题必要性

一是防止国内外敌对势力窃取我国核心档案信息的需要。现阶段，我国正处于国内人民内部矛盾长期存在，国外敌对势力活跃的复杂环境。国内外敌对势力无孔不入，他们千方百计地窃取我国政治、经济、文化、国防、教育等领域的情报，致使泄密事件时有发生，后果极为严重。档案是这些信息的重要承载体，对档案信息安全必须高度重视。并且随着我国经济及信息技术的快速发展，档案行业信息化的广度和深度不断扩展，对信息技术的依赖程度越来越大，档案信息安全保障的难度会持续加大，给我国档案信息安全带来更大的挑战，如何应对，我们必须高度重视。

二是应对档案信息安全事故频发的客观需要。我国自然灾害种类多，频率高，尤其近些年在气候异常变化背景下，我国重大自然灾害频繁发生。据统计，只地震一项，我国每年发生 5.0 级以上的有近百次，再加上冰雪、水灾、泥石流、沙尘暴、火灾等自然灾害，都给国家和人民财产及人身安全造成了重大影响和损失。

这些不可预知和不可抗拒的自然灾害对档案的破坏也是不可估量的，尤其是 2008 年 5 月的汶川大地震、2010 年青海玉树地震。汶川大地震使四川省内 43,915 平方米档案馆舍受到不同程度的破坏，阿坝、绵阳、德阳、成都、广元、雅安 6 个重灾区的国家综合档案馆馆藏的 4,257,379 卷档案中，有 612,848 卷处于严重受损的危房之中。北川县档案馆 1,000 平方米馆舍在地震中坍塌，档案被泥石流掩埋，被雨水淹渍。玉树地震，玉树县档案馆 1 人不幸遇难，1 人受伤。灾区档案馆共有 13 万卷档案，其中 9 家档案室近万卷档案因办公楼倒塌被废墟掩埋，其余 12 万卷档案均处于危房之中。四川雅安市档案系统"4·20"芦山地震受灾，芦山县档案馆、天全县档案馆、宝兴县档案馆、荥经县档案馆、雅安市档案馆及其他县区档案馆遭受不同程度的损失，档案馆库房、服务与业务用房、部分承重梁都出现不同程度墙面裂痕和浸水，一些档案馆消防设备、电梯、温湿度自动监控系统损毁，密集架错位、变形，档案遍地，零乱不堪、破损，服务器工作用电脑损毁严重，其余各县区档案馆灾情和档案受损情况尚在统计中。

天灾乃无常，防范须有道。我们无法完全驾驭自然力量，也不可能完全掌握每一起自然灾害的酝酿和发生过程，重要的是要从中吸取教训、总结经验，发挥档案工作者的主观能动性，完善并落实应急机制，科学判断灾情对档案破坏严重程度，及时启动抗灾救灾应急预案，迅速、果断地开展灾后的补救工作。宁可十防九空，兴师动众，也要认真对待每一次可能的灾害。本着对档案工作高度负责的态度，建立档案自然灾害综合风险防范体系，尤其是巨灾防范体系，是档案工作者的重要责任。

三是实现档案价值的必要条件。档案价值的实现是建立在档案安全的基础上的，如果没有安全的保管环境、安全的管理措施、安全的利用环境，档案资源体系、档案利用体系就失去了基本保障。只有建立科学完善的档案信息安全体系，才能完整实现"三个体系建设"、提升"五位一体"的功能，保障档案资源最大限度满足日益增长的民众需求，从而实现档案信息的最大价值。

四是应对新技术对档案信息资源造成威胁的客观要求。面对如今信息技术的迅猛发展，档案行业必须在新的时代特征和背景下改进甚至重构自己的工作和管理模式，档案信息的获取范围、形式、规模、获取方式、储存以及传送方式，都时刻发生着变化。新技术、新设备的应用使我们管理档案信息更加便捷，但也随之为档案信息安全带来许多新问题，如何适应这种趋势，是构建档案信息安全体系的重要内容，是保障档案管理现代化建设、实现档案信息资源共享、提高工作效率、加快档案事业发展的重要前提。

五是维护社会记忆和档案业务延续性的必要手段。档案信息是维护实践活动原貌的依据，关系到人类社会记忆能否传承。人类社会最大的遗憾之一就是丢失了太多珍贵的记忆。保存社会记忆是现代档案工作者的天职，更是档案工作存在的基本价值、档案业务延续性所在，必须避免这种遗憾再次加重。

四、项目研究主要内容

（一）构建档案信息安全体系的理论研究

此部分对档案信息安全体系概念和内涵进行深入剖析；挖掘档案信息安全与其他信息安全不同的属性；明确提出档案信息安全体系构建的基本原则；阐明档案信息安全体系的意义与作用；以档案实际业务工作为基础，建设性提出档案信息安全体系的框架构成。形成科学构建档案信息安全体系的理论基础。

（二）国内外档案信息安全保障研究现状

通过相关文献的研究，介绍发达国家（美国、澳大利亚、加拿大）对档案信息安全的重视程度、相关档案的保护措施及理论研究现状。阐述了国内理论研究现状。

（三）档案信息安全存地的主要问题

结合辽宁省实际工作和全省的业务考核与信息化建设考核，以实体档案和电子档案业务工作为主线，围绕档案信息安全体系框架，探讨与总结目前我国各综合性档案馆及我省各级档案馆档案信息安全保障迫切需要解决的问题，影响档案信息安全的风险因素，全面分析构建档案信息安全体系所面临的威胁与挑战。

具体包括：基础设施安全、档案信息保管安全、档案信息收集（征集）接收安全、档案鉴定与销毁安全、档案信息整理安全、档案编研中的档案保密安全、档案利用安全、档案信息安全管理规范体系相关问题、档案信息安全技术体系、人才队伍建设为档案信息安全保障提出新问题、风险评估体系等。

（四）档案信息安全体系的框架构成

论述新时期构建档案信息安全体系的保障指导思想、基本原则，探讨档案信息安全体系的框架构成。明确安全体系的框架构成，使档案信息安全体系建设走上正规和有序的轨道，以统领档案信息安全建设的全局，为档案信息安全建设保驾护航。围绕档案业务工作研究安全体系内容，包括管理规范体系、组织管理体系、安全技术保障体系、安全基础设施和安全检测评估体系，研究阐述各组成要素的内容和内部关系与结构。

（五）辽宁省档案信息安全管理对策

从辽宁省档案工作实际情况和档案信息安全工作的实际需要出发，结合构建档案信息安全体系的基本理论，阐述我省在构建档案信息安全体系方面进行的实践性探索，介绍我省在不断完善档案信息安全体系过程中所积累的一些相关经验、技术手段及管理策略等。制定和落实一系列相关的标准、规范与管理制度，加强管理规范体系建设，为档案信息安全提供制度保障。研究组织管理体系建设，为档案信息安全提供组织与人才保障。信息技术的研究与应用，提供档案信息安全管理新方法。电子档案容灾备份中心，构筑档案网络安全防护体系全程保障档案安全。提升全省档案安全体系建设水平。

（六）档案信息安全保障未来发展趋势及展望

通过以上所有问题的研究，提出在现有的基础上，如何利用综合技术、管理、人员、活动等要素，建立动态调整的、独立的、开放的安全体系，保证档案信息长期安全可用。为未来的档案安全体系建设勾画蓝图并提供方向。

五、建立辽宁省电子档案容灾备份中心

辽宁省档案局（馆）为防范天灾和人为的破坏，保证实体档案安全及纸质档案数字化后和电子档案在其生成、保存和利用过程中不遭到破坏，确保

电子档案的真实性、完整性、机密性和长期可用性，采取了一系列有效保护措施，包括标准、制度的制定与实施，先进技术的应用，人员管理等等，其中具有代表性的措施是建立电子档案容灾备份中心，最大限度地保障全省党政机关及重点事业单位的重要信息系统的灾备需要，提高了灾备对象抵御灾难和重大事故的能力，减少灾难打击和重大事故造成的损失，在全国具有示范性作用。全国档案馆电子文件备份中心建设现场会 2010 年在辽宁举行，辽宁省电子档案备份中心建设作为全国首家异地异质备份中心，在会议中介绍经验。《辽宁省电子档案备份中心建设的思考与实践》入选 2010 年《全国档案安全体系建设工作会议论文集》，省档案局副局长许桂清在会议作主题发言。

六、项目创新性

（一）档案信息安全体系理论研究的创新

突破传统档案保护的思维，基于体系、系统、全面、全程的指导思想研究档案信息安全体系框架构成，形成科学档案信息安全体系的理论基础。以现有档案信息安全体系框架为基础，以档案安全保障实践为依据，将档案信息安全体系框架进行延伸和扩展，建设性地提出以档案信息资源安全为核心，围绕档案业务工作安全，以标准体系、管理体系、技术体系、基础设施安全防护体系、档案信息安全评估体系为手段，全程、全面保障档案信息安全。

创新性地将档案业务工作流程和档案信息安全评估体系纳入到信息安全体系。档案业务工作安全是档案信息安全保障体系的核心，是从档案产生到长久保存或销毁的每个环节保障档案信息安全，是将各个防护体系分解细化到每个档案业务工作环节中的集中体现。只有在对各项业务活动进行仔细调查研究的基础上，找出各项业务活动中的主要事故类型，分析可能导致这些事故的危害性事件，并对造成这些危害性事件的原因进行详细的分析，制定相关的标准、管理措施，选择相应的技术手段和设备，才能全程保障档案信息的安全。建立安全风险评估体系，在危害档案信息的风险事件发生之前或之后，评估该风险事件对档案信息及其基础设施等各个方面造成的影响和损失或造成损失的可能性，并对其进行量化，建立风险消减的对策或进行应急响应的策略。影响档案信息安全的因素有很多，建立健全档案信息安全风险评估体系能为全面有效建设档案信息安全体系提供基础资料，避免或减轻风险事件对档案信息的破坏。安全风险评估体系主要由五部分组成：识别安全事故的危害、评估危害的风险、制定控制风险的策略、对风险实时监控及应急响应的策略。

阐明各安全体系各个构成要素之间是相互补充、互为基础，缺一不可的关系，只有保证了安全体系框架各组成元素本身的安全、协调和完整，才能全程保障档案信息的安全，重塑新时期档案信息安全保障工作的新思路。

（二）以实证为基础，深挖威胁档案信息安全的风险因素

完整全面地构建档案信息安全体系，首先必须了解威胁档案安全的因素。我们以档案信息的生命周期为切入点，在我省开展大量而全面的调查，按照科学构建档案信息安全系统的思路，系统、深入、全程、全面地查找威胁档案信息安全的潜在因素，坚持发现、完善、实践、再检验、再发现、再完善的理念，从档案标准体系、档案基础设施建设、实体档案前端控制、电子档案前端控制、档案载体存储环境、档案管理机构、档案装具的选择到档案鉴定等涉及档案生命周期的方方面面，明晰了档案信息安全体系构建的任务及迫切需要解决的问题，剖析其形成原因。只有此实证性的基础上，才能制定相应标准、管理措施，选择相应的技术手段和设备，全程保障档案信息的安全。

（三）结合实践，纵深构建档案信息安全防御体系

辽宁省档案局（馆）根据自身档案信息安全体系现状，从电子档案信息安全与实体档案信息安全两方面入手，以实际工作为落脚点，在构建档案信息安全体系、提高防御能力方面进行了一系列有益的探索，并取得了一定成效。我省的档案安全保障工作的实例，如辽宁省电子档案容灾备份中心、档案网络安全防护体系、电子档案载体安全保护、解决档案异构性管理系统、全省电子档案信息共享平台等在全国档案行业来说应属于先进行列。

非物质文化遗产档案管理理论与实践

1. 项目选题背景与意义

"非物质文化遗产"的概念最早可追溯至 20 世纪 50 年代日本提出的"无形遗产"。此后，韩国、巴西、法国、英国、意大利等国相继展开了非物质文化遗产保护的研究与实践。1998 年联合国启动的世界非物质文化遗产评选机制和 2003 年联合国科教文组织通过的《保护非物质文化遗产公约》，进一步推动了世界范围非物质文化遗产保护工作的发展。

为加强我国非物质文化遗产的保护和管理工作，国务院于 2005 年先后出台了《国家级非物质文化遗产代表作申报评定暂行办法》《关于加强文化遗产保护的通知》等文件，2006 年正式将每年 6 月的第二个星期六设为我国的"文化遗产日"，并在 2006 年和 2008 年，公布了两批国家级非物质文化遗产名录共计 1175 项。在非物质文化遗产保护和开发的热潮下，国内对非物质文化遗产的研究主要集中在强调非物质文化遗产保护的重要性和紧迫性、探析非物质文化遗产的特征及其保护传承方法、阐述非物质文化遗产开发利用与城市旅游经济、具体研究某一地域或某一种类的非物质文化遗产资源、探讨非物质文化遗产法律相关问题等方面，对于非物质文化遗产档案管理的探讨甚少。我国非物质文化遗产分布零散、种类繁多，不均衡地分布全国 34 个省市自治区。这种分布状况决定了非物质文化遗产管理、利用的分散性，加之目前我国尚没有统一的非物质文化遗产建设标准对此进行规范，各行其是的管理和松散的体制必将给非物质文化遗产的管理、保护和利用带来障碍。如何系统地构建非物质文化遗产档案管理的理论与方法，如何利用影像、数字、网络等先进信息技术管理非物质文化遗产档案，如何从组织管理、规章制度、标准规范等层面组织非物质文化遗产档案管理工作，是一个既具有理论研究意义、又具有现实指导价值的重要选题。

2. 项目主要研究内容

下面主要从非物质文化遗产档案管理理论体系研究、非物质文化遗产档案信息化管理研究、基于群体智慧的非物质文化遗产档案管理模型研究三个方面对项目研究的主要内容进行介绍。

2.1 非物质文化遗产档案管理理论体系研究

课题系统地研究了非物质文化遗产档案管理的理论体系，从非物质文化遗产档案管理的广义和狭义界定，非物质文化遗产档案的收集、整理、鉴定，非物质文化遗产传承人档案建立方法等方面取得了一系列原创性的研究成果。

2.1.1 非物质文化遗产档案和非物质文化遗产档案管理

在非物质文化遗产档案和非物质文化遗产档案管理的认识方面，课题首先综合了档案界对非物质文化遗产档案广义和狭义两种观点，界定了非物质文化遗产档案的概念，将其定义为：见证非物质文化遗产的传承演变过程及各个阶段文化特征，反映非物质文化遗产的现存状态和存续情况，记录非物质文化遗产保护工作的各项活动，体现非物质文化遗产代表性传承人及典型传承群体自然状况、文化背景、文化活动状况等的所有记录材料的总和。在此基础上，从广义和狭义两个层面论述了非物质文化遗产档案管理的含义，认为从管理理念上，需要采取广义的界定，即树立档案意识，通过档案管理方法对所有的非物质文化遗产进行管理，即所谓的非物质文化遗产档案式管理；从具体行为上，需要采取狭义的界定，通过各种具体环节实现非物质文化遗产档案的科学管理。此外，还对非物质文化遗产档案管理的必要性、管理的原则、管理的特征和管理的框架等内容进行了论述。

2.1.2 非物质文化遗产档案的收集

在非物质文化遗产档案的收集方面，课题认为非物质文化遗产档案的来源主要包括民间征集、史料查考、接收移交、寄存托管、加工制作等几种，具有来源的广泛性、地域性、指向性、不定性、多样性等特点，从真实性、完整性、主动性、以"人"为本等方面确定了非物质文化遗产档案收集的原则，科学制定非物质文化遗产档案收集的方式，并从有序收集、依法收集、全面收集和重点收集等方面提出了非物质文化遗产档案收集的基本要求。

2.1.3 非物质文化遗产档案的整理

在非物质文化遗产档案的整理方面，首先论述了非物质文化遗产档案整理的内容、特点和原则；然后从非物质文化遗产本体档案实物化、建立非物质文化遗产档案全宗、非物质文化遗产档案分类方式的划分、非物质文化遗产档案的立卷和档号编制与入库上架等方面介绍了非物质文化遗产档案整理的方法；最后从设置非物质文化遗产档案的总体结构和框架、制定非物质文化遗产档案整理工作的具体方案、部署非物质文化遗产档案整理的各项具体工作、加强与非物质文化遗产保护部门的配合与协作等方面阐述了非物质文化遗产档案整理工作组织实施的基本任务和方法。

2.1.4 非物质文化遗产档案的鉴定

在非物质文化遗产档案的鉴定方面，课题对非物质文化遗产档案鉴定的含义、对象、特点、原则和理论基础进行了分析和论证，认为非物质文化遗产档案鉴定是基于一定的标准，鉴别和判定非物质文化遗产档案的价值，以决定对非物质文化遗产档案的处置，具有鉴定主体的广泛性、对客体价值认识的多元性、原始性鉴定相对困难、档案的完整性鉴定相对困难、鉴定对象对鉴定人员而言相对较为陌生、鉴定人员的主观性影响更为明显等特点。在此基础上，对非物质文化遗产档案鉴定的内容与方法进行了说明，如非物质文化遗产档案鉴定的一般标准与方法、保管期限表的编制、鉴定方法的创新与特殊类型非物质文化遗产档案的技术鉴定等。此外，还从非物质文化遗产档案鉴定的主体、鉴定的流程、鉴定的组织与制度方面概述了非物质文化遗产档案鉴定的组织实施问题。

2.1.5 非物质文化遗产档案的保管

在非物质文化遗产档案的保管方面，课题分析了非物质文化遗产档案保管的含义与特点，认为非物质文化遗产档案保管是指档案管理工作中的基本环节之一，即对已整理好并已存入库房及柜架中的档案进行的日常维护、保护性管理工作。在保管的特点上，非物质文化遗产档案由于形成角度、管理方式、管理对象、载体、政策、保管期限等不同的特点，形成不同的保管特征。从非物质文化遗产档案的载体选择、库房保管和日常维护三个方面介绍了非物质文化遗产档案保管的主要方式。

2.1.6　非物质文化遗产传承人档案的管理

在非物质文化遗产传承人档案管理方面，从收集、整理和鉴定三个环节对非物质文化遗产传承人档案建立的相关问题进行了说明，并尝试从保管、编纂和检索三个方面构建完善的非物质文化遗产传承人档案保管体系和利用体系。

2.2　非物质文化遗产档案信息化管理研究

课题深入地分析了非物质文化遗产档案信息化的方法，提出了非物质文化遗产信息化建设方法，自主开发了 E-Archive 档案管理系统，并将其运用于非物质文化遗产档案全文管理（包括文字型、图形型、图像型和声音型档案的全文管理），实现了非物质文化遗产档案信息化管理。

2.2.1　非物质文化遗产档案信息化管理的基本认识

课题对非物质文化遗产档案信息化管理的背景和现状进行了系统梳理，阐释了非物质文化遗产档案信息化管理的必要性，认为非物质文化遗产档案信息化管理就是在国家文化管理部门的统一规划和组织下，将现代信息技术应用于非物质文化遗产档案管理活动中，以逐步实现非物质文化遗产档案保护、管理、开发和利用的区域化、自动化、网络化的一种实践活动。非物质文化遗产档案信息化管理主要包括对电子形式的非物质文化遗产档案进行管理、将传统形式的非物质文化遗产档案进行数字化处理和对非物质文化遗产档案信息资源进行开发和利用三项具体工作。

2.2.2　非物质文化遗产档案管理信息系统的建设

课题将非物质文化遗产档案管理信息系统理解为：充分利用现代计算机及网络通信技术，以提高非物质文化遗产档案管理工作的质量与效益为目的，围绕管理和研究业务开展建设的信息系统。该管理信息系统包括输入、存储、处理、输出、传输等基本功能。非物质文化遗产档案管理信息系统的建设应坚持宏观性和微观性相结合、标准统一、规范合理、兼顾技术先进性与兼容性、兼顾功能完整性与实用性、可扩展性、易维护性等原则。

2.2.3 非物质文化遗产档案数据库的建设

课题结合计算机格式和非物质文化遗产特征两种标准，将非物质文化遗产档案数据库的建设划分为非物质文化遗产目录数据库建设、非物质文化遗产多媒体数据库建设和非物质文化遗产传承人档案数据库建设。认为非物质文化遗产档案数据库建设应坚持健全统一标准规范、建立全程质量监控体系、坚持申遗项目档案独立性等原则。此外，课题还从非物质文化遗产档案数据库建设的前期的组织和规划、中期的信息采集和后期的管理与维护等方面分阶段论述了非物质文化遗产档案数据库建设的具体方法。

2.3 基于群体智慧的非物质文化遗产档案管理模型研究

课题首次将群体智慧理论应用于非物质文化遗产管理领域、档案管理领域，提出了基于群体智慧的非物质文化遗产档案管理模型，分析了其应用方法，为非物质文化遗产档案实践工作的推进提供了新的途径。

2.3.1 非物质文化遗产档案管理的群体智慧模型构建

课题借鉴群体智慧相关研究成果与实践案例的经验，将群体智慧，即要调动社会公众的参与，通过公众的合作、协商决策、资源共享，调动和发挥群体的智能，应用到非物质文化遗产的保护中。参照 Malone 模型，通过对做什么、谁来做、动力机制和怎么做四个问题的简要回答，构建了基于群体智慧的非物质文化遗产档案管理模型。

2.3.2 非物质文化遗产档案管理模型的应用

课题基于群体智慧的非物质文化遗产档案管理模型，给出了一个简单的基于 web 的非物质文化遗产档案管理系统设计，该系统包括两类参与主体以及多个功能模块。如下页图 1 所示。

参与主体包括公众和档案管理机构（包括档案机构、文化机构，它们同时也是系统的管理者），后者除了要参与资源创建以外，还负责了一定的资源审核和意见处理任务。核心的模块包含在 A 和 B 区域，B 区域的模块是系统的内部业务逻辑部件，区域 A 的模块主要承担了群体智慧应用的实现。

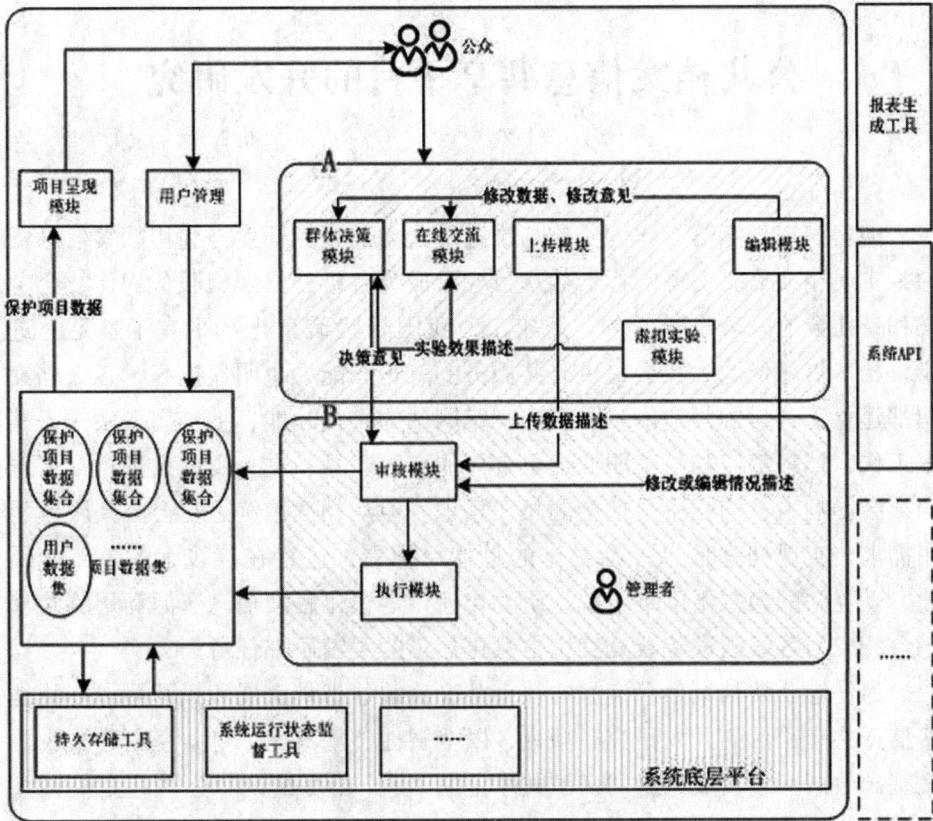

图 1　基于 web 的非物质文化遗产档案管理系统设计概念图

公共档案信息共享平台的开发研究

随着国家档案信息化的实施与推进，大力建设、开发与利用档案信息资源，实现档案信息资源的社会共享目标已成为各级档案部门服务构建社会主义和谐社会的一项重要任务。近年来，我国档案信息化水平有了长足的进步，档案信息资源为社会提供公共服务的意识和能力也明显提高，各级档案馆都建立了各自的门户网站，突出档案网站的宣传功能，把档案网站作为档案工作、档案部门和档案职业形象宣传的有效工具，进一步扩大了档案工作的社会影响力，增强了全社会的档案意识。但从档案馆满足社会公共服务利用需求、实现档案信息社会共享的总体目标看，还存在着较大的差距。因此，以互联网为主干网络资源，研发与建设规模化档案信息资源利用的共享平台，成为各级国家综合档案馆信息化建设的关键研究任务。

为促进公共档案信息资源的社会共享，福建省档案局积极开展"公共档案信息共享平台的开发研究"项目，以全省性、规范化、可共享的分布式档案基础数据库建设成果为"资源共享池"，设计开发建设"公共档案信息共享平台"软件，研究解决"分布式管理、集中式利用"的统一平台共享利用模式，实现区域性、分布式、规范化、超市型档案信息资源的共享利用方式，最大限度地满足人民群众档案信息需求。该课题研究契合了《全国档案事业发展"十二五"规划》中"打造一站式档案信息资源共享和服务平台"的要求，2011年该成果荣获国家档案局主办的"全国档案管理与服务创新最佳案例奖"，并获得国家档案局优秀科技成果二等奖。

一、研究内容

1. 提出公共档案信息共享平台总体架构

课题研究以推动实现档案信息资源社会共享为目标，在认真分析各级档案馆馆藏档案提供利用服务特点和发展趋势基础上，结合社会公众对于档案信息共享服务的需求，提出依托互联网，构建公共档案信息资源的共享平台，大力开发档案基础数据库中的开放档案基础数据库和专题档案全文数据库，实现区域内各级综合档案馆开放档案基础数据库、公共档案专题数据库和爱国主义宣传档案数据库的分散发布与集中利用，初步建立"网上公共档案馆"，面向人民大众提供公共档案信息服务。

在公共档案信息共享平台设计研究过程中，按照先进性、实用性、开放性、可扩展性、可靠性、安全性和可管理性的原则，为满足档案数据收集、数据分析、辅助决策、信息查询等功能要求，基于全省数据集中与分布的存储、管理方式，课题组提出采用标准的分布式三层体系结构，采用数据分布与集中相结合的存储和管理方式来规划建设公共档案信息共享平台。

2. 研制公共档案信息共享平台软件系统

公共档案信息共享平台，采用数据分布与集中相结合的存储和管理方式，主要是管理和发布全省各级国家综合档案馆开放档案基础数据库与公共档案专题全文数据库，为广大人民群众提供一站式的公共档案信息资源服务。系统应用多层体系架构的 J2EE 技术、智能搜索技术、基于 TRS 搜索引擎技术基础的智能全文检索技术、数据迁移技术、数字签名技术、身份认定及数据加密技术、可信 Web Service 技术以及异构资源的整合等技术手段，系统分为两个子平台：公共档案信息资源管理平台和公共档案信息资源查询平台，功能涵盖了公共档案信息的采集、处理、存储、组织、发布、利用以及系统管理全过程。

(1) 公共档案信息资源管理平台。公共档案信息资源管理平台主要是为全省各级综合档案馆提供一个管理与维护专题数据库及建国后档案基础库、民国档案基础库、革命历史基础库；批量录入（导入）馆藏档案的基础数据和专题数据，提供远程档案录入方式，方便远程小批量录入的用户；以及制作和发布公共档案专题全文数据库的统一平台，实现全省开放档案基础数据库与公共档案专题全文数据库的统一管理、原文批量自动挂接、专题制作、信息维护、排序、检索、统计、审核和发布、各类报表的制作及打印等功能；支持各类档案信息的统计功能，并可对各级综合档案馆平台使用人员的权限进行灵活的定制。

(2) 公共档案信息资源查询平台。公共档案信息资源查询平台主要为全省各级综合档案馆提供完整的档案信息发布机制，将公共档案信息资源管理平台中已经分类管理、整合制作的公共档案信息资源发布到互联网上，并为互联网用户提供文档资料的上传功能；为互联网用户提供公共档案信息查询利用服务，实现公开档案信息关键词检索（智能搜索引擎）、分类检索、组合检索、跨类检索及全文调阅等功能。

由以上两个子平台共同组成的"公共档案信息共享平台"，依托互联网构建，以各级国家综合档案馆馆藏公共档案信息资源和公共档案专题全文数据库为基础，以为社会公众提供方便、快捷的档案服务机制为目的，围绕公共档案信息资源的获取和创建、存储和管理、查询和动态发布等功能需求，为全省各级国家综合档案馆公共档案信息资源的共享提供了一个统一的管理与发布平台。

3. 公共档案专题数据库开发

公共档案专题数据库的开发利用是实现档案信息资源社会共享的主要形式，也是分布式档案基础数据库建设成果开发利用的方式之一，是公共档案信息共享平台面向社会主要发布的资源对象。为做好共享平台的数据建设，课题组结合试点工作，组织各试点单位开发公共档案专题数据库，要求各试点单位要围绕服务和谐社会、服务海峡西岸经济区建设的主旨，以人民群众的档案利用需求为导向，结合馆藏档案与现有基础条件，因地制宜、突出特色。全省各试点单位按照要求建立并报送了 64 个公共档案专题全文数据库及爱国主义宣传档案全文数据库，内容涉及闽台关系、历史文化、经济生活、民生热点、人文景观、档案珍品与重大时事新闻及重大纪念日相关的档案专题。经省档案局统一审核后，在公共档案信息共享平台上发布。

二、成果特色

课题成果"公共档案信息共享平台"的开发以各级档案馆馆藏档案信息资源为对象，以推动实现档案信息资源的社会共享为目标，以"统一规划、服务大众、资源共享"为平台设计建设原则，以分布式档案基础数据库项目建设成果为基础，以人民群众的利用需求为导向，依托互联网，统一建设"集中存储、分布管理"的"一站式"公共档案信息资源的共享平台，从而构建起区域性、分布式、规范化、超市型档案信息资源的共享体系，最大限度地满足人民群众档案信息需求。这是信息化条件下档案信息资源开发利用的模式创新，是面向社会推动档案信息资源社会共享的理念创新。课题分析把握了档案数据库建设与开发利用的特点与规律，切实解决了制约档案信息共享利用的技术问题，充分应用先进信息技术成果，建立适应信息化条件的档案信息共享服务平台，使得课题的成果具有很强的针对性、适用性、专业性，引导全国档案信息资源的开发、利用与共享新模式，对于推动档案事业的创新发展具有重要的示范和推动作用。

三、成果应用及推广情况

"公共档案信息共享平台"的开发以各级档案馆馆藏档案信息资源为对象，以实现档案信息资源社会共享为目标，依托互联网，统一建设"集中存储、分布管理"的"一站式"公共档案资源的共享平台，构建区域性、分布式、规范化、超市型档案信息资源的社会共享体系，最大限度地满足了档案信息资源管理、查询和共享的需求。

福建省档案局充分利用本课题成果，在互联网上建立全省统一的公共档案信息服务共享门户网站，通过为档案利用者提供统一的用户界面和简便的检索方法，为利用者提供更为广泛、更深层次的档案信息服务，实现档案信息"一站式"公共档案共享服务目标。同时，为确保共享平台的资源建设，福建省档案局组织全省参与档案信息资源开发利用试点的各级档案馆，开展公共档案专题数据的编制、报送工作，经严格的上网数据发布审核，上传共享平台，为社会大众提供各类开放档案数据库、公共专题档案数据、爱国主义宣传档案数据库（包括馆藏纸质、照片、声像档案等）的发布、分类检索、全文调阅等功能。通过全省统一的公共档案信息共享平台建设，实现了全省各级综合档案馆开放档案信息资源的分散发布与集中利用，初步尝试建立起我省"网上公共档案馆"，为人民大众提供广泛的公共档案信息服务。

"公共档案信息共享平台"的研究开发，分析把握了档案数据库建设与开发利用的特点与规律，切实解决了制约档案信息共享利用的技术问题，充分应用先进信息技术成果，建立适应信息化条件的档案信息共享服务平台，使得课题的研究成果具有很强的针对性、适用性、专业性，将为我国各级档案信息共享平台的建设提供科学的理论指导和具体建设方案，适合在各级国家综合档案馆中推广应用，对"十二五"期间全国档案信息共享平台的规划建设和健康发展将起到积极的借鉴与指导作用。

电子档案接收管理系统研究

一、主要科技内容

电子档案接收管理系统（以下简称"系统"）以 XML 为技术路线，采用 B/S 与 C/S 相结合的技术架构。设计实现了基于 ISO 14721—2003 开放档案信息系统（简称"OAIS"）的分布式总体结构，由相对独立的五个子系统构成：立档单位数字档案集成管理系统（含电子文件接收前置机、立档单位数字档案管理系统）、基于 XML 数字档案传输平台、档案馆数字档案集成管理系统、政务网利用平台与互联网利用平台等，支持立档单位和省档案馆开展各门类电子档案收集、管理、存储、利用的各项管理业务，实现了电子档案全程管理。

系统研发过程中，研制了文书、照片、录音、录像四个电子档案元数据方案，为系统核心功能设计提供了依据与支撑。三个声像类电子档案元数据标准已被批准为 2010、2011 年行业标准制定与研究项目。

系统综合应用 XML、元数据、Base64 编码、CA、封装、加密、自动校验、数字水印、长期保存格式等多项关键技术，实现了电子档案的全流程管理，以及结构元数据、重要管理元数据的自动提取与捕获，构造了电子档案封装包，为保证电子档案的真实、完整、可靠与长期可读提供了保障。

系统应用江西省数字证书认证中心颁发的 CA 证书实现了电子档案封装、真实性与完整性校验、安全传输、统一身份认证、电子档案分级利用与版权保护等重要功能，与系统权限管理、SSL VPN 等安全设备共同构筑了应用平台的安全屏障。

二、技术经济指标

1. 技术指标。长期保存格式，格式转换，元数据方案，基于 XML 的封装与修改封装，封装包阅读器，版权保护，元数据捕获与提取，元数据管理，数字对象编码与反编码，封装包解析，封装包回写，真实性校验，完整性校验，全程管理，CA，数字水印，分级利用，音视频打点，分类，编目，著录，检索，发布，鉴定，跟踪审计。

2. 经济指标。系统主体适用于各级国家综合档案馆与立档单位档案室，若扩大系统应用范围，可以大大降低数字档案馆建设成本，规避重复开发带来的技术与需求分析风险。

三、促进行业科技进步作用及应用推广情况

系统建设成果论证了元数据、封装与全程管理等技术的可行性与必要性，为我国电子档案管理与数字档案馆应用平台建设提供了成功的解决方案，对我国档案行业科技进步、数字档案馆建设工作有着积极的促进作用。目前，合肥市档案馆采用了系统核心主体，应用于自身数字档案馆建设之中。江西省档案局将在前期试点的基础上向省直部分单位免费配发立档单位数字档案集成管理系统，对立档单位电子文件收集、归档与电子档案管理进行前段控制与全程管理。系统的推广应用有利于地区内数字档案馆建设的统筹规划，能够减少重复开发、降低应用成本。

数字档案查询扩展方式研究

"数字档案管理功能需求及实现方式研究"科研项目,由广西壮族自治区档案局于 2009 年 3 月提出申请,并于 7 月份通过国家档案局科技项目立项审查,列入《2009 年国家档案局科技项目计划》,项目编号为"2009-X-07",课题最终由自治区档案局、国家档案局科学技术研究所以及南宁海蓝数据有限公司共同实施完成。

由于数字档案管理的内容众多,本课题针对数字档案检索利用中急需提高查全率和查准率的功能需求进行研究,通过实现查询扩展的方式解决当前各种利用查询的问题,根据研究内容,最终将课题名称确定为《数字档案查询扩展方式研究》。

一、主要研究方法

1. 资料收集与调查研究相结合

课题组收集了国内外数字档案管理的相关资料,通过资料的收集基本了解有关数字档案管理的研究现状和预期的发展趋势。

为了全面了解广西各地市、县(区)的数字档案检索利用现状,课题组先后对广西 20 个档案管理单位进行了调查,另外还针对了不同性质的、不同管理类型、不同管理规模的档案管理系统召开了五次讨论会,为课题的研究打下了较好的基础。

2. 专题讨论与咨询专家相结合

课题组选择研究分析中文分词技术、查询扩展技术、数据挖掘技术、信息聚类技术为专题技术分析对象,并总结这些技术特点及应用上的经验和方法,为数字档案建设加强查阅利用工作提供借鉴作用。

课题组先后召开了多次讨论会,对数字档案建设中的查阅利用工作一些主要问题进行了广泛的讨论和严谨的认证,课题组成员还多方收集研究参考材料和咨询听取有关专家的意见。

3. 理论研究与原型系统开发验证相结合

课题组在调查研究并完成理论研究的基础上，经过咨询有关部门和专家的意见开发了原型系统，开发的软件系统现已在梧州市、贺州市等档案馆进行试点应用，在应用过程中将进一步征求意见和建议，逐步深化完善。

二、研究内容

数字档案管理涉及的内容众多，本项目针对数字档案检索利用中急需提高查全率和查准率的功能需求进行研究，提出基于中文分词技术、查询扩展技术、信息聚类技术和数据挖掘技术等相关技术，在档案信息领域通过实现查询扩展的方式解决当前各种利用查询的不足，明确用户的查询需求，引导不同利用者根据自己的需求进行检索，使得利用者可以快速获取自己需要的档案信息。

对数字档案查询扩展方式的研究重点包括以下几个方面：

（一）从技术层面对中文分词技术、查询扩展技术等相关技术进行研究，探讨实现的可行性；

（二）结合各种来源的检索词分析如何建立词库并进行关联；

（三）在词库建立以及相关实现技术问题得以解决的基础上，研究如何结合查询扩展为利用者提供应用。

三、总体研究思路

数字档案管理涉及的内容很多，但在利用查询方面，由于利用者不熟悉档案业务在检索策略和检索技巧上缺乏必要的知识，更不善于用查询关键词来表达所要检索的内容，以及由于存在同义词、近义词、相关词、缩写词等问题，导致检索结果的查全率和查准率不高，偏离利用者的信息需求。

针对上述类似检索需求不明确的问题，目前，国内外大多数搜索引擎如百度、谷歌以及一些搜索网站，主要是通过相关词提示帮助用户优化查询方式，明确用户的信息检索需求。相关词提示是搜索引擎系统为用户提供关键词，帮助用户重新构造更加有效的查询方式，从而减少多余检索步骤的检索技术。据了解，62％的搜索引擎提供相关词提示功能，其中，相关搜索词占45％。相关搜索词是目前搜索引擎采用的相关词提示的主要方式，占全部中文搜索引擎的 63%。

可见，该技术在其他领域的应用已经比较成熟，但在档案领域还未见有相关报道，本课题提出基于中文分词技术、查询扩展技术、信息聚类技术和数据挖掘技术等相关技术，在档案信息领域通过实现查询扩展，提供相关词检索，明确用户的查询需求，引导不同利用者根据自己的需求进行检索，使得利用者可以快速地获取自己需要的档案信息。

1. 课题研究流程

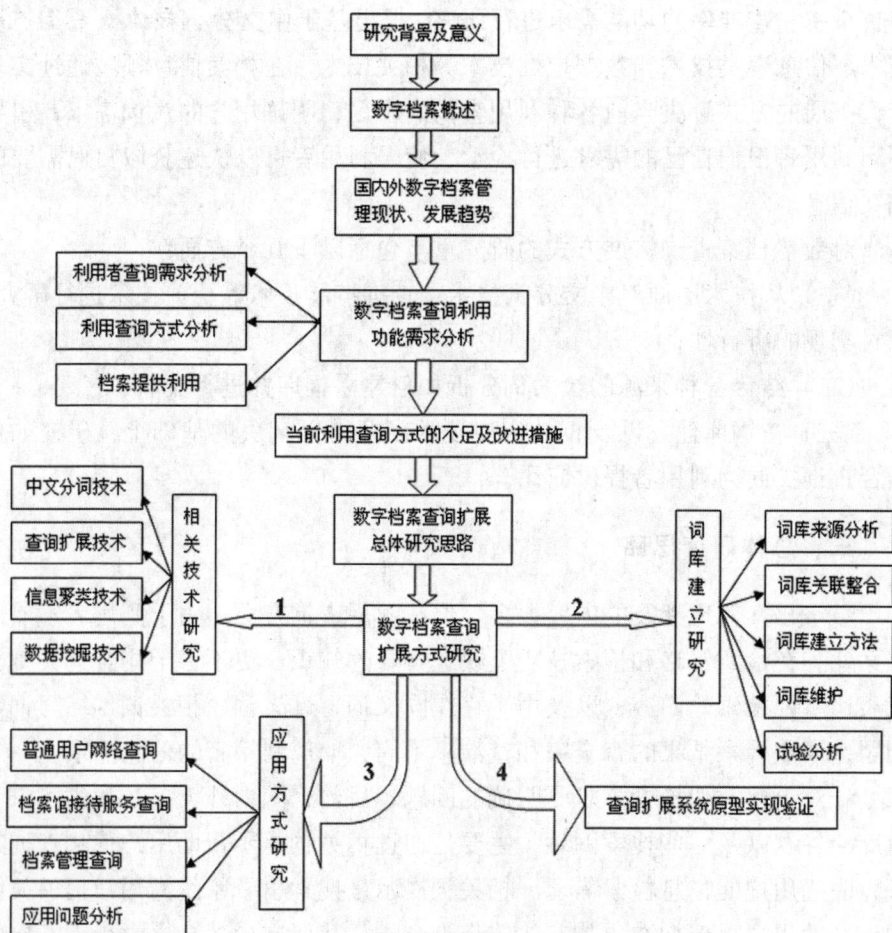

2. 研究结果应用

针对数字档案信息领域，实现类似国内主流搜索引擎提供的相关词提示的功能，将查询扩展的相关词服务应用在档案信息检索上，利用检索词的相关词对检索进行修正，帮助用户重新构造更加有效的查询方式，从而减少多余检索步骤，在检索扩展中提高查全率的同时保证查准率。

四、研究成果

本课题以查询扩展为研究对象，在认真分析了数字档案检索利用的特点以及查询扩展应用在档案这一特殊领域所存在的新问题和新矛盾的基础上，对数字档案检索模式进行系统的探索，课题研究形成了系统的理论研究报告、开发完成相应软件系统，此外在《广西科学院学报》上发表论文 2 篇。

课题研究成果主要体现在以下几个方面：

（1）立体化数字档案建设，推动了数字档案查询模式的改革。查询扩展方式在档案领域的应用，改变了传统的查询模式，引导不同利用者根据自己的需求进行检索，满足了不同层次的利用者的查询要求，对查询模式改革起到了极大的推动作用。

（2）项目成果不仅应用于试点单位，而且在其他数字档案建设项目中得到了全面推广应用。通过对核心技术的研究，依托该项目研究成果，不仅在原有档案管理软件上得到了应用，而且在数字档案馆建设项目的各个系统中全面得到了使用，为数字档案馆的建设起到了非常重要的导向作用。

（3）项目成果的应用取得显著的社会经济效益。广西壮族自治区档案局从 2009 年开始数字档案查询扩展方式的技术研究和原型开发，对档案业务需求和技术有很深入的了解，同时有非常丰富的档案专业知识和项目研究实施经验。项目成果在试点的应用中有效改善了利用者获取自己需要的档案信息的速度，具有极好的引导作用，社会效益非常显著。项目成果应用以来，极大地提高了查档速度，缩短查档耗时，方便了利用者，经济效益正逐步显现。

山东联通档案管理系统信息安全研究

　　档案信息的数字化、网络化和开放化，在为档案使用者带来快捷、便利的同时，也给档案管理工作构成了巨大的挑战。由于计算机网络的开放性和共享性，使计算机网络的接入变得十分容易；而电子档案对计算机及网络的依赖，使威胁档案信息安全管理的因素变得非常多。如何确保网络环境下的档案信息安全，是档案管理工作面临的重要课题。

　　目前，国内外档案馆的电子档案信息安全防护措施普遍存在手段单一的问题，大多是简单采用防火墙等有限措施来保护系统主机和网络安全。这些措施有很大的局限性，不能覆盖档案信息安全管理的各个层次和方位，档案管理人员无法了解系统潜在的漏洞和存在的风险，只能采取被动防御方式，而缺乏主动防御能力。

　　另外，随着我国电信体制改革的日益深化，企业内外部环境发生了一系列变化。从外部看，竞争愈发激烈，并逐步由单一化竞争向全方位竞争转变；从内部讲，企业的融合重组、机构人员的重新整合、工作流程的优化再造、项目建设的不断增加、协议合同的大量使用，都要求企业持续提升精细化管理水平。这些变化不仅为档案资源带来了种类、数量的激增，也对档案信息安全防护形成了新的挑战。因此，从全局高度、整体考虑档案管理系统信息安全防护就显得尤为重要。

一、山东联通档案管理系统概况

　　多年来，山东联通档案工作一直紧跟科技发展步伐，在档案管理信息化建设方面进行了有益的探索，取得了长足的进步。早在 1992 年，便开始在档案工作中引入计算机管理。1996 年，实现单机版档案管理系统。2001 年3 月，启动基于网络的档案管理系统建设，并在 2005、2007、2009 和 2011年，分别进行了四次较大规模的系统优化升级与安全加固，现已建成全省统一、基于企业内部承载网络（以下简称 DCN 网），覆盖省、市、县三级档案馆（室），集成文书、科技、会计、合同、声像、实物等资源的档案管理系统，实现了档案管理的数字化、标准化和网络化，有效促进了企业管理现代化水平和档案信息安全防护等级的提升。

2006 年，山东联通参与起草了《山东省数字化档案馆建设规范》《山东省数字化档案室建设规范》等省内标准。2007 年，山东联通作为省内唯一企业代表，接受了国家档案事业发展综合评估组的评估检查，得到了评估组的充分认可。2008 年，国家档案局调研组到山东调研，对山东联通的档案管理工作给予了高度评价。2010 年，《通信企业档案信息化管理体系的构建与实施》荣获山东省 2010 年度档案学优秀成果一等奖和山东省企业管理现代化创新成果一等奖。2011 年，《山东联通档案管理系统建设中信息安全研究》荣获国家档案局优秀科技成果二等奖。

二、山东联通档案信息安全防护要点

按照 IT 信息系统的生命周期规律，档案管理系统信息安全防护涉及系统的建设安全、使用安全和维护安全等生命周期各阶段。同时，作为系统管理对象，档案电子文件在处理、存储、传输和使用过程中，容易受到各种不确定因素的干扰，使电子文件信息遭到破坏或缺失。为有效提高档案管理系统的信息安全防护水平，山东联通档案管理系统建设注重了以下五点：

（一）遵循"统一规划、集中建设、规范使用、可靠运行"的原则

从档案信息安全的全局出发，统一设计和调配资源，减少了研究成本，提高了档案系统的安全防护能力。

（二）具有良好的技术支持团队

团队包括档案业务人员、系统开发设计人员、网络技术人员、存储技术人员、主机技术人员等。各方通力合作，既拓展了信息安全防护的深度和广度，也有利于系统的可持续发展。

（三）系统具有较高的可靠性、开放性和先进性

山东联通档案管理系统实现了系统设备冗余互备和数据的多重备份，并

通过元数据管理和著录项管理，实现了与公文管理、合同管理、工程管理、新闻报送、财务审计等公司其他业务系统的有机衔接。

（四）严格控制系统版本变更

山东联通对 IT 系统制定了《管理信息系统工程建设管理办法》《管理支撑系统需求管理办法》《信息系统运行维护管理规程》《信息系统上线审批管理办法》和《档案管理系统系列规范》等规章制度，对系统的上线和变更需经过严格的全面测试和规范的上线审批，以确保系统版本得到有效控制。

（五）实现了网络化部署和管理

建成的年报管理、目录上报、档案年检系统，实现了省、市、县分公司档案统计年报逐级上报、层次统计与汇总，保证了档案统计数据的准确性和年报的及时报送；目录上报系统实现了各市、县分公司年度档案整理目录向省公司的报送；档案年检系统实现了省公司档案人员可随时对各市分公司的档案归档、整理情况进行监督、指导，大大提高了工作效率。

三、山东联通档案信息安全防护措施

为实现档案管理系统的全方位安全保障，使之能够在统一安全策略保护下，免受因外部攻击、较严重自然灾害以及其他相当程度威胁所造成的信息丢失或破坏；能够实时监控系统运行情况和安全事件，在系统崩溃或遭到损害后迅速恢复所有功能，山东联通主要采取了以下六项措施。

（一）业务规范化与标准化

业务规范化与标准化的目的是规范档案业务管理人员的行为，确保电子档案在采集、处理、存储、利用过程中的信息完整、可用、可控和可靠。主要包括系统接口标准化、业务操作规范化。

1. 接口标准化：山东联通档案管理系统建立了电子文件归档的标准化接口，实现了与公文、合同、工程项目、新闻发布、财务等业务系统间、不同数据格式的电子文件的自动转换和可靠归档。

2. 操作规范化：系统实现了档案的采集、加工、借阅和利用等操作过程、操作方法的规范和统一，有效避免了因不同人操作而导致的数据不一致现象。

（二）环境安全

环境安全是指档案管理系统及其存储介质应存放在安全可靠的地点，包括楼宇安全和机房安全。

山东联通档案管理系统位于通信枢纽楼的核心机房，楼宇和机房配有专业人员进行 7×24 小时值守，人员进出有严格的审批管理制度。机房除了配有门禁和指纹锁等安保设备外，还有完善的防水、防火、防电磁、防雷击、防偷盗破坏措施，以及电力保护和温湿度控制等设备。

（三）设备安全

设备是档案管理系统的物质基础，主要包括系统主机、网络设备、存储设备、用户终端等。硬件设备故障是威胁档案系统和信息数据安全的主要因素，严重影响系统正常运行和业务完整提供，并可能导致电子文件的丢失、失密、完整性被破坏等情况的发生。

山东联通采用的安全防护措施主要包括设备冗余配置、漏洞补丁、身份鉴别、资源控制设备安全审计和用户终端标准化等。

1. **设备冗余配置**：管理系统的主机、网络和存储设备均实现了双机冗余配置，其中主机采用 HACMP 技术实现双机互备，一台主机宕机后，另一台主机可自动接管。

2. **强身份鉴别管理**：主机、网络和存储等设备的管理员由不同人员担任，各管理员账号和密码分别保管，密码具有较高的复杂度并定期更换。系统主机只允许 root（超级用户）和 notes 用户访问并自动记录访问情况。

3. **设备运行监控**：专业工程师对各设备进行 7×24 小时现场巡检和维护，建有 IT 网管监控系统，自动监控设备运行情况，自动将设备告警信息通过手机短信及时发送给相关责任人。

4. **用户终端标准化**：员工的办公终端全部实现了办公软件和防病毒软件的正版化，并实现了统一管理和补丁自动升级。

（四）网络安全

网络安全是指建立能有效抵御利用网络协议对系统进行攻击的网络层防范措施。

在管理层面，山东联通建立了完善的网络安全防护体系，制定了多项规章制度，如《DCN 网外联管理办法》《DCN 网络维护管理规范》《DCN 网 IP 地址管理办法》等。在技术层面，采用了网络隔离、接入控制、漏洞扫描、入侵检测和安全审计等手段。

1. **网络隔离**：管理系统承载在 DCN 网上，与互联网实现物理隔离。在 DCN 网内，采用 MPLS VPN 技术，划分为不同的业务系统应用域以进行网络访问控制，最大限度地保障网络安全。

2. **接入控制**：山东联通为下属各单位分配了不同的 IP 地址、域名、自治域号，实行 IP 地址和主机 Mac 地址绑定方式；通过不同 VLAN 的划分，对用户的网络访问进行授权，防止随意接入；关闭了档案管理系统服务器不需要的网络协议和通信端口，如 FTP、SMTP、POP3 等。

3. **安全审计**：定期（每周）对 DCN 网内设备进行漏洞扫描、入侵攻击统计、病毒和蠕虫事件统计等，并按照不同风险等级进行分类整理，形成《内网信息安全周报》下发相关责任人进行整改。

（五）系统应用安全

系统应用安全是确保档案管理系统自身健壮性、可靠性的基本要求；系统所提供的服务应具备高效、稳定、用户亲和性好的特点。

山东联通采取了权限控制、身份鉴别、高强度密钥技术、最小赋权原则、版本控制和健康检查等措施。

1. **权限控制**：管理系统实施多层安全保证机制，各层中均可通过用户身份验证方式来限制用户对数据或资源的访问。用户只有经过多层次的认证与授权后，才能访问到想要访问的信息。

2. **身份鉴别**：系统采用双因素身份认证技术。用户必须获得有效的数字证书和正确的密码，才能访问系统。

3. **高强度的密钥技术**：系统采用 PKI 双钥非对称加密方式，对数字证书文件进行认证；采用网络信道加密手段防止网络侦听，保证信道传输安全。

4. **最小赋权原则**：严格控制各级用户的访问权限，普通用户的档案借阅须通过电子流程进行审批，并建立了借阅文件单独存放、超期自动归还、自动保留借阅痕迹等控制环节。

5. **版本控制**：山东联通省公司本部统一负责全省各单位档案管理系统的需求和变更管理。在系统变更和新功能上线前，要经过严格的全面测试和规范的上线审批，以确保系统版本得到有效控制。

6. **健康检查**：每年定期对系统软件进行健康检查，并对程序编码进行代码检查。

（六）数据存储安全

数据存储安全是档案管理系统安全管理的重要内容，主要包括数据的安全备份和完整恢复；备份内容包括档案系统自身应用程序和档案数据信息。

在数据备份上，山东联通档案管理系统采用了本地存储备份、同城异地备份和异质多地备份等多种方式，并设置了合理的备份周期和备份作业计划，以确保灾难发生时能够快速、有效地进行数据恢复。在应用层面，实行年度分库保存方式，将各种类型、不同年度的数据分别保存在独立的数据库中。某年度档案整理方法发生改变时，不会影响其他库中的档案数据；在进行年度档案整理时，往年的数据不在当前库中，从而避免了损坏往年数据的可能，保证了系统档案数据的稳定性。

通过对业务操作、环境、设备、网络、应用和数据存储等方面的安全防护研究，山东联通实现了档案管理系统全方位的安全保障。但是，随着计算机网络技术的发展，威胁档案信息安全的因素也是不断发展变化的。这使得档案信息安全防护成为一个动态的、长期的工作，任何安全体系都不可能一劳永逸地防范所有风险，网络环境下档案信息安全防护是个持续深入的研究课题。

数码照片档案管理模式、方法及规范研究

"数码照片档案管理模式、方法及规范研究"是由湖北省档案局、湖北大学及国家档案局科研所共同承担的 2008 年立项的国家档案局科技计划项目。2011 年 5 月 21 日在武汉通过了国家档案局技术部组织的鉴定委员会的鉴定，项目研究的成果与水平得到了鉴定委员会的一致认同，同时该项目也已经在部分机构档案管理部门得到应用。2011 年该项目获得了国家档案局的优秀科技成果二等奖。

该项目研究成果系统、完整、先进，实用性强。项目首先定义了数码照片档案的概念，厘清了数码照片与数码照片档案的区别与联系，规范了数码照片档案的要素与构成。其后，基于所梳理的数码照片管理理论与规范，提出了数码照片档案管理的前控、真实、安全、易用的管理原则，探索了数码照片的独立式及综合式两种管理模式。其三，科学分析并确立了数码照片档案的 RAW、TIFF、JPG 三种存档格式，研制了数码照片档案的元数据集。最后，项目系统研究了数码照片的收集与遴选、审核与鉴定、归档范围与归档方式、分类与编号、技术处理、说明的编写、编目与建库、冲印与备份等一系列的业务工作流程与环节，规范了具体的业务内容及部分操作规程。

本项目提出的数码照片档案的管理模式、存档格式，数码照片的遴选方法、数码照片档案技术处理的"再现真实"的原则等填补了国内数码照片档案管理上的空白或者不足。同时在数码照片档案元数据集的研制及数码照片档案元数据补录等的研究上具有创新性。该项目的成果丰富和发展了电子文件管理的理论与技术，对档案馆、机构及其个人的数码照片档案的管理提供了科学的管理模式和方法，探索了数码照片单套制管理技术路线。该项目内容具体、先进适用、操作性强，具有较大的应用及推广价值。

中央档案馆档案库房空气调节系统改造研究

本课题研究主要是为了对中央档案馆空调系统改造工作提供科学合理的理论依据和数据支持。中央档案馆空调系统改造于 1998 年，设计寿命 10 年，该系统由一、二号楼空调系统和自动化控制平台三部分组成。

一号楼档案库房地上六层，每层 12 间，地下一层中段为胶片库，空调系统于 1997 年改造，设计使用寿命 10—12 年。空调系统采用广东吉荣空调设备有限公司风冷式恒温恒湿机组，地上垂直一至六层每六间库房由一台 HF-64W 型恒温恒湿机组进行处理，共有 12 个系统。地下胶片库由 2 台 HF-20W 型恒温恒湿机组控制。目前已达到了设计使用寿命，存在设备老化严重、COP 值较低、夏季去湿困难、冬季不能加湿、加热不能自控、售后服务不到位、配件供应不及时等一系列问题。

二号楼档案库房楼层数为六层（地上五层，地下一层），地上每层有库房 4 间。空调系统于 2000 年进行了改造，设计使用寿命 10—12 年。选用广东吉荣空调设备有限公司 HF-133W 型水冷式恒温恒湿机组。整个库房分为东西两个空调分区，每个分区各有两套，一用一备。该系统 2002 年交付使用，在运行中我们发现了一系列问题，如：风量调节困难且精度低，防火排烟阀、蒸汽换热器、加热加湿、冷却水池的水位等不能自动控制，系统自动化程度和可靠性较低。

现有的自动化控制平台由一号楼温湿度巡测系统、空调系统、二号楼温湿度巡测系统、空调系统这四个部分构成。一号楼空调系统控制部分采用意大利卡乐制造的软硬件，软件基于 Windows 98 操作系统开发，通信协议不公开，与其他产品兼容性差。2003 年安装的西门子温湿度巡测系统与空调系统不能联动；二号楼空调系统控制系统采用的软硬件均为德国西门子制造，通信采用开放式协议，与其他厂家的软硬件产品兼容性较好，但二次开发不到位，系统联动没有实现，机组运行不可靠。二号楼安装的温湿度巡测系统同样没有与空调系统联动，空调系统的控制是以回风管道内的温湿度传感器为依据，但由于送回风支管阀门没有自动控制，所以库房之间的温湿度差异较大。

中央档案馆空调系统改造以统筹考虑、立足长远、照顾原有基础为指导思想，坚持精心、依法、统筹、归口、齐全五项原则，紧密结合现场实际，在充分咨询和论证的基础上提出改造方案。

确定了中央档案馆空调系统改造总体需求的基本框架，主要包括：

1. 对一号楼空调系统进行较彻底更新，对二号楼空调系统进行适度升级改造，对自动化控制平台进行升级整合。

2. 总体设计上要充分考虑原有基础，基本保持原有格局。

3. 要充分考虑自动化控制技术和节能的应用。

4. 要统筹考虑与现有消防系统的衔接与配合。

5. 要充分考虑节能环保方面的因素。

本课题研究共取得 4 项主要成果：

1. 档案库房空调系统改造项目工作报告

工作报告分部从立项背景、实施过程、研究成果、经费使用和下一步工作五个方面全面总结了课题研究的所有工作情况。

2. 档案库房空调系统改造项目初步方案

初步设计方案首先确定了系统的功能定位和总体需求，并就系统形式、热湿负荷、冷热源湿源的选取、风系统的形式、机房布置、自动化控制等各个方面进行探讨，最终确定了热湿负荷维持原设计不变，温湿度、洁净度、换气次数、新风量等维持不变，将原来的 12 个独立系统合并为具备备份功能的四个大系统，库房内送回风系统不作改动，冷源采用风冷热泵机组，湿源采用锅炉房蒸汽和电加湿器，热源采用锅炉房蒸汽换热和电锅炉，自动化系统采用江森楼宇自控系统。

3. 中央档案馆档案库房空调系统现状分析

现状分析分别就中央档案馆一、二号楼档案库房的空调系统进行了论述。主要包括维护结构概况、现有设备系统形式参数等，设计情况、风系统的形式、设备的运行状况、使用寿命及实际使用年限存在问题、自动化控制等。

4. 档案库房空调系统改造项目需求分析

需求分析从一号楼空调系统更新改造要求、二号楼空调系统优化升级改造要求、控制平台等方面进行了全面细致的论述。

档案 2012 年优秀科技成果

蚕丝网及丝网加固保护技术设备研制

丝网加固双面字迹档案，作为一种安全有效的纸张保护技术在档案、图书、文物界得到充分肯定和应用。然而，长期以来，丝网批量生产与持续供应、丝网加固强度和缺乏设备等问题一直没有得到良好地解决。江苏省档案馆研制的第一代丝网编织机和丝网加固设备于 2009 年获得国家实用新型专利，将设备的研制推向了新阶段，但仍存在无法解决大批量生产、大幅面丝网生产、多种规格纸张加固和牢固度差、人工操作上质量上不稳定、黏合剂局限加固不均匀等问题，生产、加工能力和技术保护需求不相适应，严重阻碍了丝网保护档案成果的推广与应用。

2010 年由江苏省数字档案中心承担的"丝网安全保护档案应用工艺研究"项目，研制出多规格中国丝网成品和永乐 YL-01 丝网加固恒温粘压仪设备，在丝网新材料研发、丝网编织和黏合剂涂布等工艺改进、加固设备研究等方面取得了一系列重大突破。生产的蚕丝网产品外观平整、透明度好、抗张强度高，具有适用面广、加固寿命长、便于扫描复制的优点；研制的水溶性黏合剂，改善了丝网加固的可逆性，符合国际环保要求；电子雾化方式，保证了丝网上胶可控、均匀、规范；丝网加固低温粘压仪稳定、使用方便，适用于多种规格和大幅面纸质档案材料的丝网加固。2011 年通过专家鉴定，认为在技术上处于国内领先水平，对我国档案及文物技术保护工作产生深远的影响，具有很高的社会价值。具有填补国内国际空白的作用和很好的社会价值与经济价值，并将为国家构建档案安全保障体系作出积极的贡献。

一、项目的必要性和相关技术背景

（1）必要性：丝网加固双面字迹档案，作为一种安全有效的纸张保护技术在档案、图书、文物界得到充分肯定。然而，长期以来，丝网批量生产与持续供应、丝网加固强度和缺乏设备等问题一直没有得到良好地解决，存在生产、加工能力和档案技术保护需求不相适应的问题，无法满足国内外档案馆抢救档案的迫切需要，严重阻碍了丝网保护档案技术成果的推广与应用。

目前，现有蚕丝网的制作都是采用手工缠绕制成，不仅效率低、劳动强度大，而且制成的网形存在较多的错乱、重叠和不整齐。而对贴蚕丝网进行加热和加压时，往往都是手持电熨斗进行熨烫和按压。由于电熨斗在纸件上的作业面小及手持难以控制温度和压力均匀，因而导致蚕丝网粘接质量差、强度低、耐老化性不强和蚕丝网浪费多，并由此造成制作成本高和劳动效率低。因此，有针对性地解决大批量生产、大幅面丝网生产、多种规格纸张加固和牢固度差、人工操作上质量上不稳定、黏合剂局限加固不均匀等问题已成为当务之急。

（2）技术背景：双面档案技术保护，国际国内早就开展了这方面的研究和应用工作，目前通行的做法包括加膜法、涂料加固法和丝网加固法等。透明塑料膜加密封或日本绵纸加膜法，一是容易造成档案的厚度与重量成倍增加，档案字迹清晰度不高，影响文件的缩微和扫描复制；二是可能增加纸张的酸性，涂料加固法可逆性较差，油溶性的涂料还会造成易燃、污染等二次危害。丝网加固法透明性好、pH 值理想、清洁安全，在我国珍贵档案的抢救中发挥过积极的作用，应成为我国档案保护技术中优选的一种方法。具有广阔的市场前景和显著的社会经济效益。

二、项目详细科学技术内容

通过研究和攻关，研制出档案保护技术用机械化生产丝网编织设备和加固设备，整个操作全部在机械化、自动化过程中完成，效率有了极大的提高，质量更加稳定，操作更加简便。生产的蚕丝网产品外观平整、透明度好、抗张强度高，具有适用面广、加固寿命长、便于扫描复制的优点；研制的水溶性黏合剂，改善了丝网加固的可逆性，符合国际环保要求；电子雾化方式，保证了丝网上胶可控、均匀、规范；丝网加固恒温粘压仪稳定、使用方便，适用于多种规格和大幅面纸质档案材料的丝网加固。可以保证双面有字的纸件表面各处加固的蚕丝网受到均匀稳定的温度压力，从而提高蚕丝网的粘接质量和劳动效率。

（1）丝网用蚕丝：根据位于江苏镇江的中国农业科学院蚕业研究所和苏

州大学蚕桑研究所的蚕丝研究成果，以天然蚕丝的强度、粗细不影响阅读、缩微和扫描、符合机械化编织三个方面为条件，淘汰使用传统的天然单个蚕茧抽取的单丝，选择使用 29D 天然蚕丝（D，旦尼尔，表示茧丝的粗细程度单位，即 9000 米丝长重 1 克，定为 1 D），克服易断、不匀等问题，全面提高了丝网的强度，提高被加固脆弱档案的柔韧性和耐折度。丝网规格适合历史档案和古籍、报纸的 B5、B4 和 A4、A3、自由剪裁等多种规格，可灵活定制。

（2）丝网编织生产设备：经过多种设备比较和实验，选定以普罗马泰克斯公司的 K88 型挠性剑杆织机为原型进行技术改造，开展丝网大批量、多幅面生产。丝网幅面可调范围为 40－200cm，丝网密度可调范围为 40－80目，单台设备可生产 2 万米/月。生产的丝网平整、经纬适中、不易变形、易于加固，可以灵活定制，适合多种规格历史档案的丝网加固。

（3）水溶性黏合剂成分及配方。通过研究，淘汰使用聚乙烯缩丁醛，克服其硬脆、易碎裂和必须使用酒精化解的缺点，选用经过国际 ISO14000 环保认证的新型黏合剂——架桥改性共聚合水性树脂，即一种经济、环保、安全的水溶性黏合剂。改善丝网加固的可逆性，符合国际环保要求；电子雾化方式，保证了丝网上胶可控、均匀、规范。主要化学成分：聚酯、乙烯-醋酸乙烯共聚物和有机硅，配方比例为架桥改性共聚合水性树脂、水和其他；pH 值为 7—7.2，使上胶后的丝网偏弱碱性，不给所加固的纸张增加其酸性，起到保护纸张的作用；加固后的档案清水喷湿或用排笔上水，30 秒内丝网与纸张即分离还原，有效保护原件。

（4）喷胶工艺及设备。为解决加固均衡、防止脱落等问题，改变手工喷胶的方式，采用电子雾化方式，让丝网自动进入雾化室上胶，保证了上胶的可控性和均匀性，并在生产线上完成上胶后丝网的干燥及裁剪，达到了批量制作可备用的上胶丝网，保证了丝网上胶的标准性和统一性。单条生产线可生产成品 40cm×40cm 基本规格的丝网 15 万张/月，其余规格可按需要调整生产。

（5）丝网加固低温粘压仪设备。改变了原用的电熨滚压方式，将粘压温度设置在 70℃，研制成功丝网加固恒温粘压仪，命名为"永乐 YL-01 丝网加固恒温粘压仪"。按照保护人员加固保护的工作方法和习惯，结合手动脚踏和智能化控制，完成丝网与纸张粘合加固定型。根据所需加固保护的不同纸张的要求，控制和调节温度、压力及时间，工作电源电压 220V/50Hz，功率 3000W，预设温度 70℃，一次性加固最大幅面可达 40cm×60cm，如民国报纸等破损档案资料。

经过本项目一系列成果的应用和老化实验等，丝网加固后的纸张抗张强度大幅提高，纸张强度提高值分别由中性纸 147% 到毛边纸 450%，加固后的抗张强度平均提高达 237%；纸张耐折次数大幅增加，耐折次数提高值分别由中性纸的 386% 至宣纸的 6229%，经丝网加固后的耐折次数平均提高达 1886%。

三、项目成果与当前国内外同类研究比较

丝网加固双面字迹档案，作为一种安全有效的纸张保护技术在档案、图书、文物界得到充分肯定和应用。国外一些图书档案馆还将珍贵档案送到我国进行丝网加固。国内早就开展了丝网加固这方面的研究和应用工作。然而，长期以来，丝网批量生产与持续供应、丝网加固强度和缺乏设备等问题一直没有得到良好地解决，导致丝网加固档案这一保护技术方法难以持续应用。

目前档案、图书、文博部门通行的做法包括加膜法、涂料加固法和丝网加固法等。透明塑料膜加密封或日本绵纸加膜法，优点是加固方便、牢固，缺点一是容易造成档案的厚度与重量成倍增加，档案字迹清晰度不高，影响文件的缩微和扫描复制，二是可能增加纸张的酸性，且成本较高。涂料加固法可逆性较差，油溶性的涂料还会造成易燃、污染等二次危害。

丝网加固法透明性好、pH 值理想、清洁安全，在我国珍贵档案的抢救中一直发挥着积极的作用，具有广阔的市场前景和显著的社会经济效益。国内由南京博物院等部门制作的蚕丝网都是采用手工缠绕制成，不仅效率低、劳动强度大，而且制成的网形存在较多的错乱、重叠、不均匀和不整齐。在对贴在纸件表面的蚕丝网进行加热和加压时，往往是手持电熨斗进行熨烫和按压。由于电熨斗在纸件上的作业面小及手持难以控制温度和压力均匀，因而导致蚕丝网粘接质量差、强度低、耐老化性不强和蚕丝网浪费多，并由此造成制作成本高和劳动效率低，丝网生产断断续续供应不上，批量技术保护

加工能力低下，严重阻碍了丝网保护档案成果的推广与应用。

本项目成果彻底解决了丝网生产跟不上、丝网粘连不牢固、丝网加固慢的根本性问题，丝网加固的各类纸张经江苏省质量技术监督局纸张印刷产品质量检验站采用美国标准检测，复活了中国丝质书画保存上千年的科学依据，证明了丝网加固后纸张长期保存的价值和科学性。

四、项目的创新点和保密要点

本项目经过多次专家鉴定，认为主要技术创新点包括机械化生产多幅面蚕丝网、选用新型黏合剂改进上胶工艺和研制成功智能化丝网加固设备三大方面。

（1）纸张蚕丝网加固机、加固纸张用蚕丝网编织机 2009 年获得国家实用型专利，专利号分别为：ZL200820161732.9、ZL200820161733.3，具有自主知识产权。

（2）图书档案保护技术用丝网机械化生产和加固设备生产国内首创，是我国在档案保护技术领域取得的一项重大应用性成果，该成果在技术上居于国内领先水平，填补了蚕丝网机械化批量生产、国内国际蚕丝网加固多规格双面档案与文物的空白，实现了档案、文博纸张保护技术的革命；推动丝网加固技术真正完全走向应用，为促进丝网加固在各级档案、图书、文物保护部门抢救双面档案与文物的广泛应用提供了技术保障，具有很好的社会价值和经济价值，并将为国家构建档案安全保障体系作出积极的贡献。

（3）在丝网加固档案、图书和古籍，提高档案、古籍、报纸牢固度、耐折度、抗张强度上取得突破性成果，成功地延缓纸张老化和寿命的衰减，为古旧纸质档案、书刊报纸、文献的修复提供了一种更合适、安全、有效的方法。

（4）首次采用符合国家环保标准的弱碱性水融性黏合剂，避免酸性，提高被保护纸张的可逆性恢复度和加固后的牢固度。通过一系列工艺改造、生产实践和老化试验，尤其是高强度丝网的使用、低温均衡加压和水溶性黏合剂的应用，全面解决了以往对丝网加固技术的存疑，证明了蚕丝纤维蛋白的强度和化学稳定性，复活我国丝质书画保存上千年的依据，验证了丝网加固技术对纸张长期加固保护强度和耐久性作用。

（5）实现产、学、研三结合，为保证档案馆、图书、文博等单位开展丝网加固保护珍贵档案文献的工作，提供了设备、耗材和理论的有效支撑，切实提高了保护工作的效率和效益。

黏合剂配方、丝网编织和加固设备制作工艺需要保密。

五、项目成果应用情况

目前，专利已引起档案保护、图书文博等领域的关注，并在 2010 年 12 月国家档案局"国家重点档案抢救和保护技术应用推广会议"和 2011 年 6 月国家档案局"档案科技成果管理暨科技成果推广会议"上进行了介绍与推广，已在上海、浙江、广东、江西等省市产生了一定影响。在专利的应用上，研制出的丝网编织设备、喷胶设备、永乐 YL-01 丝网加固恒温粘压机设备、多规格加固用丝网成品，适应了不同档案馆抢救历史档案的需要，在档案、图书、文博的各个使用点已开展纸张丝网加固保护技术与抢救工作。

中国第二历史档案馆、江苏省档案馆、江西省档案馆、南京市档案局和南京市白下区档案局均进行了丝网加固技术的推广应用，对部分破损的民国纸张档案进行双面加固，一致反映加固过程操作简单，使用方便。加固后丝网和纸张黏合紧密，纸张强度得到显著增强，且不影响阅读、扫描或复印复制、保管，达到很好的保护效果。

此项成果的推广应用大大提高了工作效率，降低了生产成本，降低了档案修复加固人员的劳动强度，推动丝网加固技术真正完全走向应用，为促进丝网加固在各级档案、图书、文物保护部门抢救多规格、多幅面双面档案、图书与文物的广泛应用提供了技术保障，具有很好的社会价值和经济价值，并将为国家构建档案安全保障体系、抢救人类文化遗产、传承历史与文明发挥积极的作用。

（2009 年纸张蚕丝网加固机、加固纸张用蚕丝网编织机获得国家实用型专利，专利号分别为 ZL200820161732.9 和 ZL200820161733.3）

档案数字化成果质检体系及系统研究

一、课题的研究背景

各地各部门在档案数字化过程中形成了大量的档案数字化成果，然而无论是加工验收时还是接收进馆时，成果数据是否符合有关标准规范都是一个难以保证和衡量的问题。国内对档案数字化成果质检体系的研究还比较零星，缺乏系统完整的质检体系和具体指标。在档案数字化成果检测的实际工作中更缺少有效的技术检测手段，主要靠人工判断辨别，缺乏行之有效的实用工具，效率不高、准确性不高、可靠程度不高。为使档案数字化建设更加科学规范，提高各地各部门数字化加工工作的准确性、标准性，浙江省档案局于 2009 年专门向国家档案局申请课题"档案数字化成果质检体系及系统研究"立项，并获批准。

二、主要研究内容

课题研究内容主要包括建立数字化成果质检标准、规范数字化成果质量检测过程、制定数字化成果质量检测工具的软件需求并开发实现。

（一）建立数字化成果质检标准

档案数字化成果应该包括载体和数据内容两部分，而数据内容上又主要分成目录数据、图像全文数据两类。因此，档案数字化成果的质量检测体系应该既包括档案目录、档案全文的数据检查，又包括载体材质检查。

《电子文件归档光盘技术要求和应用规范》（DA/T 38—2008），规定了电子文件归档所用 CD-R/DVD±R 光盘的主要技术指标，光盘标签，光盘数据刻录及备份要求，性能检测、保存及使用要求，三级预警线设置及数据迁移策略，并提出了"档案级光盘"的概念，适用于我国档案部门电子文件的光盘归档和管理。我们在课题研究及实践中，采用这一标准，规定档案数字化成果数据须采用标准中描述的 CD－R 档案级光盘或 DVD±R 档案级光盘来刻录保存。在检测工具流程设计和软件开发过程中，我们还特地增加了光盘载体材质质量评分功能，要求达到一定分值以上的光盘才算合格。

关于数字化成果的数据检查，分成目录数据的检查，扫描图像全文的检查，以及目录数据和扫描图像全文的挂接关系检查。目录数据的检查主要是检查目录数据库的结构定义是否符合有关标准，包括确定档案目录的著录项、字段长度和内容要求。主要参考《档案著录规则》（DA／T 18—1999）有关要求。具体到每一种档案类型，如果它已有国家档案局对应的行业标准，则直接采用；如果没有国家行业标准，省里已有统一标准规定的，则采用省里的标准；还有一些档案类型的目录格式国家和省里都没有一个统一的标准，例如，馆藏的一些专题档案或期刊资料，则根据数字化加工方案中确定的目录结构和字段要求来检测，但是这些需要在使用检测工具检测之前预先配置。目录检查的重点是目录数据库字段有没有缺失，字段长度是否符合要求，必填的字段有没有空值，档号或其他唯一性的标识字段上有没有违反唯一性的数据等，档号字段是否由指定的一些字段组合拼接而成等等。

扫描图像全文的检查主要检查图像全文的文件格式、色彩模式、颜色深度、扫描分辨率、压缩格式等。检测的标准可以根据国家或省的有关规定来确定。具体到每一个数字化加工方案中，还可以根据具体的规定确定检测指标，如页面中有多色文字或红头、印章、彩色插图的档案，可要求是彩色扫描；文字偏小、密集、清晰度较差的档案，可适当提高分辨率要求等。

目录数据和扫描图像全文的挂接关系检查是指检查每一份图像文件的文件名与档案目录数据库中该份文件的档号的一致性和唯一性，即是否有一一对应的关联关系，防止造成"漏全文"（有目录应该有全文却没有全文）或"死全文"（有全文却没有目录）的情况，保证应该有全文的每一条条目都能找到对应的全文，每一件全文都能在目录库中找到相应的条目。当然，我们还要考虑到这样一种情况：某些档案出于保密、内容敏感、内容重复等原因，可能在实体档案和目录数据库中都是存在的，但是在数字化扫描的前处理区分扫描件和非扫描件时，被确定为非扫描件。这时，我们就需要在对最后的档案数字化成果进行质量检测时"记住"这些事实，并判断这些存在条目、没有全文的数据为合格，允许通过检查。这个问题我们在质检工具中也实现了：在目录数据库中允许存在一个标识字段，例如"不扫描图像"，当这个字段值为"Y"时，就表示这条记录所对应的档案不需要扫描全文，而不会盲目地报未找到挂接全文的错误。

（二）规范数字化成果质量检测过程

档案数字化加工的质量检测工作本应该是贯穿整个加工过程的，且每一个步骤每一个环节都有自己的检测重点、检测方法和检测要求。本课题重点研究的是数字化加工过程已经完成，已经初步形成数字化成果后的质量检测过程，这一检测过程可以由数字化加工单位自己在提交成果数据时进行，也可以由验收单位或验收人员在数据验收时进行，还可以是数字化成果向综合档案馆移交时由立档单位移交人及综合档案馆接收人进行。

检测的过程是先根据标准和数字化加工方案明确检测的项目和参考值，将这些项目和参考值输入告知计算机程序，由计算机程序对存储在硬盘或光盘上数字化加工成果进行"遍历"查验。检查的总体顺序：目录数据库结构、条目数据、全文图像、挂接关系、载体材质（若是光盘的话就查，若是硬盘就不查）。验收检测时，数字化加工单位的人员还在现场，通过质检工具查出的错误与问题可以及时反馈给加工单位，立即进行修改或返工，可以加强对加工过程的质量监督，提高成果数据的质量。进馆交接检测时，可以通过检测的手段对进馆数据进行全面的分析排查，对数据的总体质量情况作出一个判断，并给出错误和问题的明细列表，便于交接双方明确事实。

根据我们数字化加工和质量检测的实践经验来看，可能含有的错误类型有以下几种：存储材质不合格，目录表不存在、字段缺少、字段类型错误、必填项错误、字段内容超出宽度、全宗号错误、唯一性错误、重复数据等目录数据错误，图像打不开、空文件名错误、扩展名错误、图像格式错误、多余的图像格式、图像分辨率不符等图像错误，有图像文件没目录、有目录没图像文件等挂接关系错误。

（三）制定数字化成果质量检测工具的软件需求并开发实现

质检工具分为管理端和客户端两部分。管理端需能够对各单位各档案类型检测模板作灵活定义，包括检测项目，检测指标，挂接方式，是否需要指定不扫描图像标识等，主要完成检测模板的定义和倒出。客户端需根据管理端制定的模板对数字化成果数据进行检测，并给出总体情况统计和错误明细。检测工具客户端主要保证数字化成果的内容无逻辑错误。考虑到实际工作情况，还需要满足以下要求：支持多盘检测、支持检测进度暂存、支持一批数据多个目录数据库、支持错误定位、支持部分检测选择、操作界面友好等。其主要功能包括：目录数据库检验、影像文件检验、挂接检测、光盘检验、辅助功能、批量工具、检测结果输出等。

三、主要研究成果

课题研究成果包括软硬两方面。软的方面主要对目前国内已有的有关档案数字化加工的标准中涉及数据质量的各类指标进行了梳理分析，并根据多年来浙江省档案局（馆）数字化加工的经验以及累计发现的问题，逐个进行分析、归类、总结，形成一套较为完整的检测体系，包括切实可行的检测方法和指标。针对检测方法和过程，创新性地融合档案数字化加工质检和数据验收、数据接收的工序，提出类似于医院体检报告的检测理念，检测工具定位于数字化成果的质量检验，目的是明确成果的数据质量，而不是作为数字化加工阶段的改错工具。因此，检测工具重点在于给出质检报告，无论是加工验收，还是进馆接收，都让双方当事人对数据质量有一个统一的认可，但不直接修改成果数据本身。针对检测指标，通过收集资料、比较研究的方法，从目录数据、全文数据、挂接关系、存储材质等方面归纳、整理出了各个详细指标，形成了较为全面、切实可行的数字化成果质检标准。这使得我馆质检人员在具体工作时有据可依，对各地档案界同行的档案数字化成果质检工作也有一定的参考借鉴意义。

课题硬的成果是将档案数字化成果质检的需求和标准同先进的信息处理、图像处理等计算机技术相结合，研制开发了实用、灵活的质检工具。充分发挥计算机的作用，这在国内具有一定的创新理念。它不但能对海量的档案数字化成果数据进行较为全面的排查分析，准确报告数据的格式、逻辑、存储材质、技术参数等问题，而且能根据各地具体的标准规范和加工方案灵活设置检测模板和检测参数，具有更高的实用性和灵活性。它既适合档案数字化加工单位质量自检，也适合综合档案馆接收进馆检查，有助于提高加工单位和档案馆质检工作的效率，降低管理的成本，为各地档案信息资源建设提供有力的支持和保障。到 2011 年课题验收时，经过 1 年多的实际应用，取得了明显的应用效果。省档案馆对近年来本馆加工的馆藏档案数字化进行检测，共检测条目 113 万条，画幅 1023 万幅，初检合格率在 90％以上。全省各地市县档案局（馆）都免费使用了该检测工具。在 2010 年 44 家省级单位登记备份第一次移交的数据中，总共移交了 2.5 万条目录数据，23 万页扫描图像，经质检系统查出的各类错误总数达到了 4 大类（挂接错误、图像命名错误、条目格式错误、著录项错误），4000 多个，超过 10％的批次退回立档单位返工纠错，有效保证了入馆数据的质量。

大型集团化企业集中管控模式下的
档案管理系统建设

一、项目建设背景

在国家档案局的指导下，档案信息化建设不断深入。档案信息化是在新的形势下，档案工作发展的必然趋势，亦是企业发展的必然条件。2009 年 5 月由办公厅、信息化管理部组成档案管理系统试点工作组，并对中国石化全系统内各分、子公司通过现场调研和问卷调查的形式进行情况调研，总结出目前中国石化档案信息化的主要问题。根据这次调研情况，启动了中国石化档案管理信息化建设项目工作。

二、项目建设目标

中国石化档案管理信息化建设项目总体目标定位：

（1）实现档案管理向知识管理转变。建立一个平台（内容管理平台），一本手册（制度体系），一支队伍（运维支持）。

（2）实现由传统档案管理向企业内容管理转变，最大限度地保存企业生产经营改革发展所形成的各类文件材料。

（3）构建企业内容管理平台，实现信息资源共享。

为了达到这一目的，采用分阶段、有步骤的开展信息化建设工作，制定的具体目标：

建立自上而下的统一档案管理系统。实现档案信息资源的采集自动化、存储安全化、管理科学化、利用便捷化、服务人性化。

（1）制定统一的档案信息化建设标准规范。

建立中国石化范围都可以适用的档案业务管理标准规范。

（2）建立统一档案管理系统。

在中国石化范围建立统一的档案管理系统，以便在这个统一的系统上进行规范化管理和数据共享。

①进一步规范企业档案管理业务流程。

②通过统一档案系统的建立，规范各企业档案管理业务的操作，达到流程一致，统一管理。

③提升档案管理能力，实现 ERP 系统、总部 OA 系统、财务报表系统的电子文件的档案化管理。

进一步完善和提升 ERP 系统、总部 OA 系统、中国石化财务管理信息系统的电子文件的归档管理方案。实现档案管理系统与业务信息系统的有效衔接，确保电子文件的及时有效归档。利用与业务信息系统的有效衔接，将企业各业务信息系统中具有保存价值（属于归档范围）的数据及时有效归档至档案管理系统，进行统一、规范保管，保证"公司记忆"的真实性、完整性、长久性。

④提高档案的开发利用水平，进一步增强档案利用效率。

三、项目建设内容

中国石化档案管理信息化建设的主要内容包括：集团档案管理标准化建设、集团档案管理信息化系统、开放的通用业务数据归档接收平台、档案资源的共享与利用服务、集团型企业档案资源长久保管与安全保护体系建设、集团性企业档案信息化运维体系建设，共计六个部分。

1. 集团档案管理标准化建设

标准规范包括档案业务规范和信息化管理规范，其中档案业务规范主要包括：

- 《中国石油化工集团公司档案管理办法》
- 《中国石化档案分类规则》
- 《中国石化档号编制规则（含全宗管理)》
- 《中国石化档案利用管理规定》
- 《中国石化档案归档管理办法》
- 《中国石化档案统计管理规定》

档案信息化管理规范主要包括：

- 《中国石化档案信息资源共享规范》
- 《中国石化档案数字化技术规范》
- 《中国石化档案信息系统维护规范》
- 《中国石化档案信息系统管理规定》
- 《中国石化档案信息系统电子文件元数据方案》
- 《中国石化在线归档接口规范》
- 《中国石化数字档案馆建设规程》

2. 集团档案管理信息化系统建设

集团型档案管理系统应包含档案管理业务模块和业务系统电子文件归档模块。整体架构图如下所示：

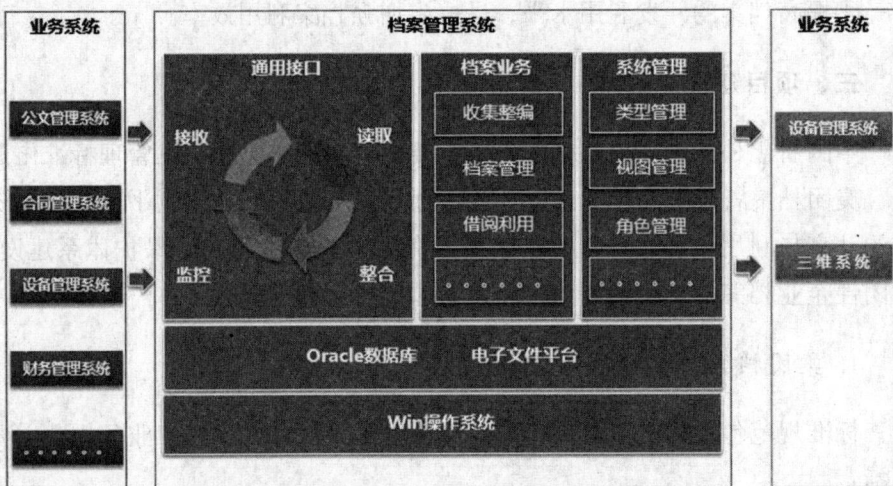

图 1

（1）档案管理业务模块

A. 客户访问：用户使用档案专业客户端与浏览器访问目标系统各种业务功能，包括档案的归档、保管和利用等业务，档案的查询、搜索和借阅等，以及编研和其他协作功能。例如：文档协作、交流讨论及信息发布等。

B. 业务应用：采用持久层应用架构，充分发挥 C/S 架构高性能与 B/S 高便利性的特点，充分利用 Web 服务的优势；AJAX 技术实现页面的无刷新和更好的用户体验；紧密结合中国石化档案业务，开发档案收集整编、档案管理、档案统计、档案利用、系统管理等功能模块。

（2）接口

A. 基于 SOA 架构的统一数据交换接口：面向服务的数据交换总线；基于 SOAP 和 XML 的统一消息格式。

B. 基础服务层：基于电子文件管理平台实现文档管理服务。

为实现功能需求，同时满足集团集中管控，中国石化档案管理系统采用如下图所示的拓扑架构图：

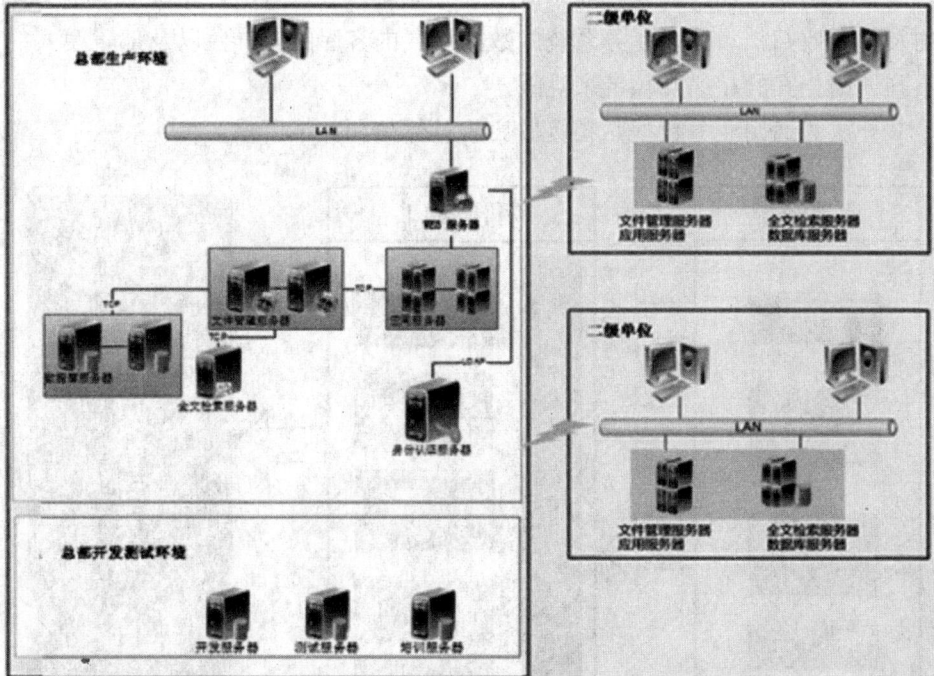

图 2

为便于各企业利用时不依赖总部至企业的骨干网，采用如上架构。各企业的电子原文保存在企业本地平台中，目录等数据保存在企业本地缓存数据库中，所有归档数据集中同步至总部核心，在总部核心系统内对机构、用户等进行统一管理。

　　档案管理系统在总部分生产、支持两个环境。其中生产环境满足中国石化档案管理系统的部署及运行，支持环境用于系统的开发、测试、项目管理、业务培训。企业生产环境为企业档案业务实际操作环境，满足企业日常档案操作的真实、有效、可靠。

　　3. 开放的通用业务数据归档接收平台

　　档案是各业务活动中具有保存价值的成果物的最终沉淀，档案管理系统是各业务系统中凭证性电子文件的保管中心，为了提高档案工作效率，提高档案收集的完整性，档案管理系统应与各业务系统进行衔接，确保电子文件的及时有效归档。然而业务系统的数据库或内容库的多样性以及部署模式的不同，给档案的在线归档带来挑战。

　　开放的通用业务数据归档接口集成总体架构如下所示：

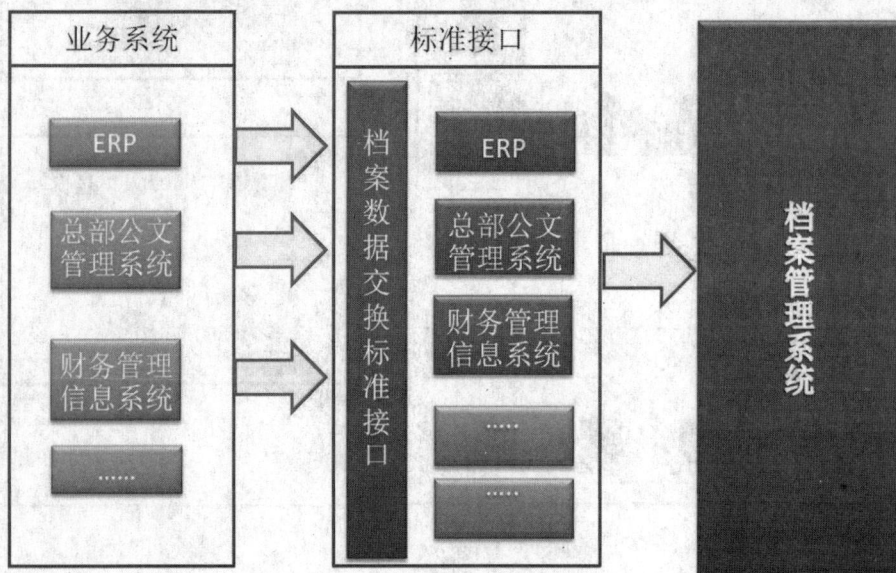

图 3

　　档案管理系统提供统一的数据交换接口，总部公文管理系统、ERP 系

074

统、财务报表等业务系统可通过数据交换接口，将需归档地数据文件成批次的推送至档案管理系统。送至档案系统中的数据文件经档案的收集整编流程，审批通过后成为正式档案。业务系统可以通过数据交换接口，查询以往推送的数据文件的归档状态。

档案管理系统集成接口内部架构具体说明如下：

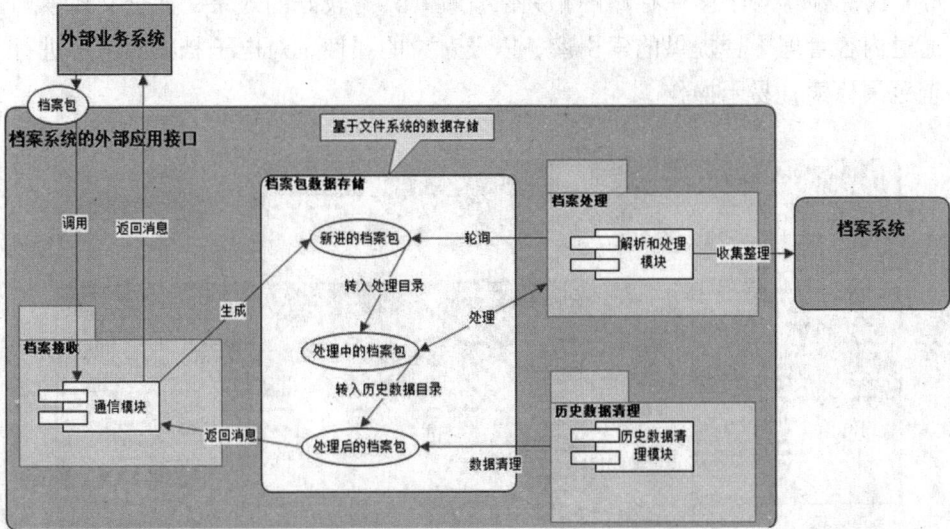

图 4

（1）档案系统与业务系统集成采用建立档案数据交换标准接口的方式，以提供良好的可扩展性、可重用性、可维护性和可管理性。

（2）档案数据交换标准接口提供与外围业务系统的接口规范、统一模型、数据交换格式定义等。

（3）业务系统主动调用档案数据交换标准接口与档案系统进行交互，即采用推送的方式将包含了元数据和电子原文的档案数据主动推送给档案系统。

（4）档案系统对业务系统推送过来的档案数据不做二次加工，保证档案数据的准确性和原始性。

⑤档案数据交换标准接口的日志与监测通过档案系统全局的日志与审计模块统一实现。

4. 档案资源的共享与利用服务

(1) 检索方式多样便捷

为了适应不同用户不同场景下对档案的查询，系统提供分类检索、跨库检索、全文检索等多种不同的检索方式。分类检索可以快速准确地命中目标；跨库检索对于多库存储的相关性查询，具有较好的效果；而全文检索则通过内容管理平台提供的索引库，以及对象的属性，对电子档案的内容进行全范围检索，易于操作。

图 5　检索方式

(2) 业务系统主动服务

业务人员在实际业务活动中其实会有很多需要对档案进行查阅利用的场景，由于业务操作的信息化，很多的业务行为也由信息化系统来展现，例如3D全息数字工厂系统，以三维模式展示工厂设备的位置、通道、参数信息等，可应用于各类模拟操作或教学培训等活动。

档案管理系统通过 WebService 接口，将工厂相关的土建、装置、电气、管线等的设计图纸、运行参数等基建档案资源，提供给该系统模型，用户可通过3D全息数字工厂直接查看。也就是以3D模型作为视图展示档案资源，提高档案的利用效果。

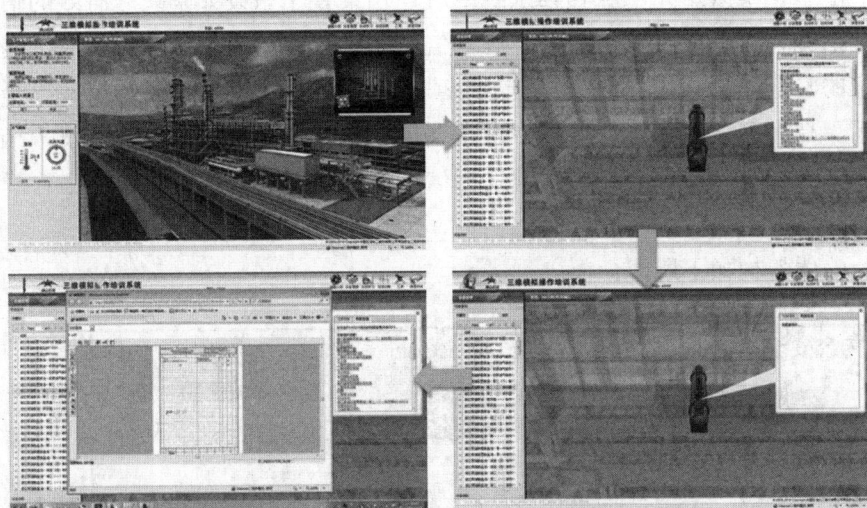

图 6

5. 集团型企业档案资源长久保管与安全保护体系建设

（1）标准格式要求

不同类型的电子档案，其存储格式也各不相同，在对业务数据归档时，通过标准化打印服务将数据转换为符合标准的元数据管理要求，和符合长期保存的 PDF 文件格式，保证其内容、属性在整理著录、归档保存、管理、检索利用的全过程中都不可篡改，符合电子文件长期保存的要求。

（2）长久保管方案

为适应信息化发展，档案管理系统在长期运行中必然升级更新，包括硬件、操作系统、数据库甚至应用软件的更换。采用标准归档保管格式以及数据完整无损迁移是电子档案数据长久保存的主要保存技术，即在保证数据内容真实性、完整性、可用性的前提下，将数据从一个系统转移到另一个系统的技术方法。档案系统在功能设计中，提供基于 XML 的封装的数据导出，电子档案从电子文件管理平台中解密，连同元数据一起打包，形成的数据包与计算机软硬件环境无关。

（3）安全保护措施

电子档案数据归档至档案系统中后，档案管理系统如果缺乏有效的信息安全措施，就会成为攻击对象，危害信息的机密性、完整性和可用性，侵害档案的安全保管利用。信息安全是一项复杂的工作，仅靠技术不能解决全部问题。档案管理系统运行过程中，必须加强安全管理，通过管理和技术相结合的方式相互弥补促进，更好地发挥信息安全技术的作用，保证档案管理和利用的安全。

整体架构如下所示：

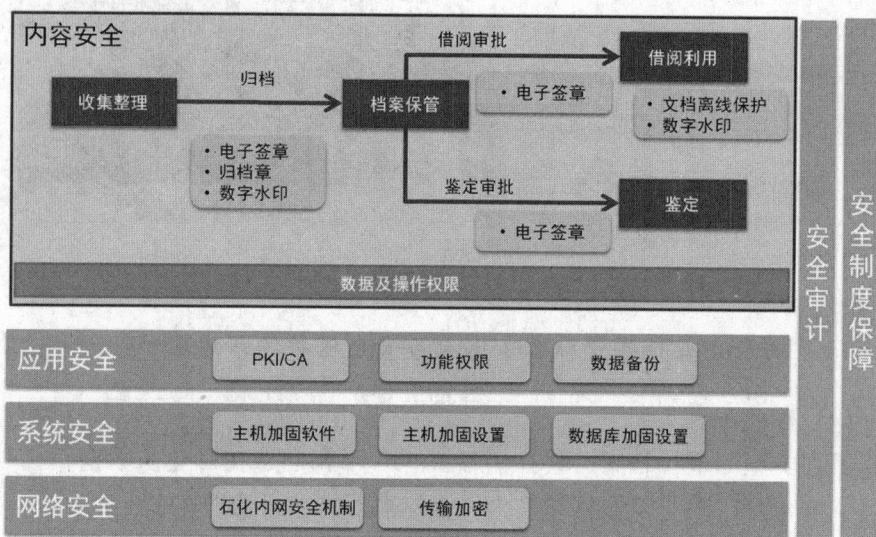

图 7

（4）备份与恢复策略

系统备份是中石化档案管理系统重要组成部分，核心备份包括数据库、文件服务器、应用服务器、索引服务器等信息，企业备份涉及两台服务器，磁带机必须挂接在文件服务器上，基于 Symantec BE 备份软件实现业务数据、配置信息、网站、操作系统等的安全备份与恢复。

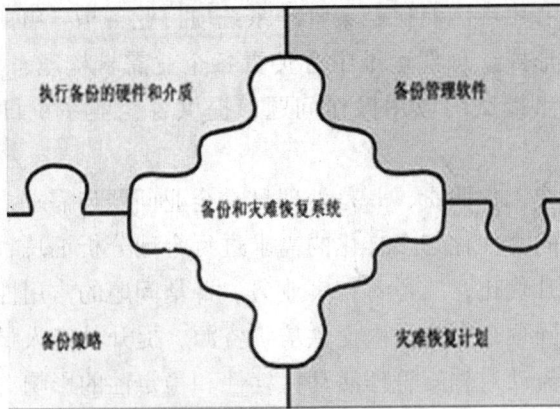

图 8

6. 集团性企业档案信息化运维体系建设

为了保障运维体系的标准、规范，由各企业（单位）运维小组和总部运维中心共同协商讨论并制定了中国石化档案管理系统运维流程，如下图所示：

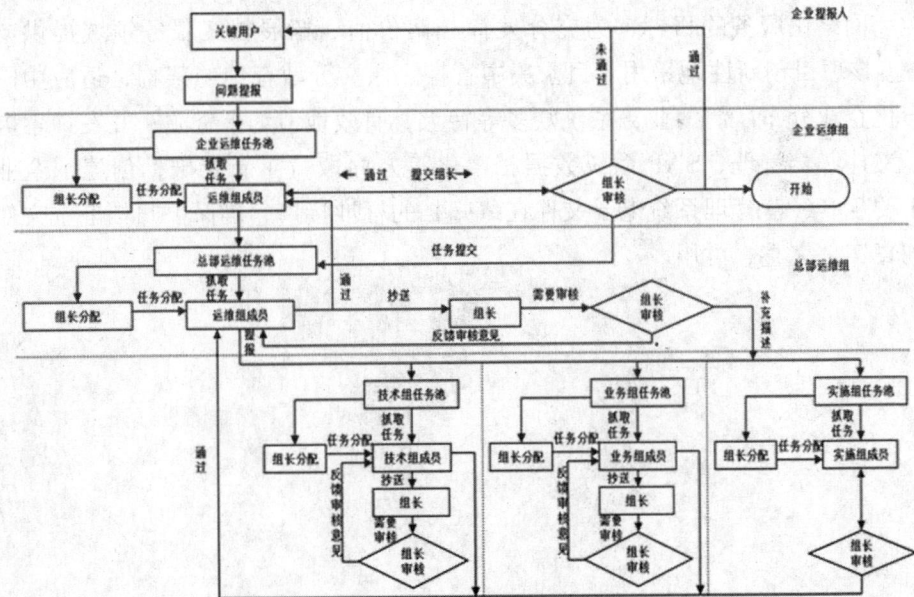

图 9

总部运维中心由中国石化档案管理系统项目业务指导组、技术组、测试组抽调骨干人员形成。总部运维中心负责各企业需求梳理、分类、标准化；解答企业运维小组提交的应用操作问题；提供各企业系统日常运维技术支持。

运维组的主要工作职责，一是处理日常企业问题与需求，对于集团型企业各分、子公司的个性化与多样化的需求进行合理分析汇总，并根据处理结果对档案系统提升优化；二是对档案业务、日常问题的常用性操作进行汇总整理，并根据不同分公司的需求提供培训资源，提升档案人员的业务和技术水平，应对人员流动对档案管理活动持续性和稳定性的影响。

四、项目建设成果

该项目建立了具有中国石化特色、统一规范的综合档案信息管理系统，实现了传统管理模式向数字化、网络化、集团化管理方式转变，促进了档案管理标准化规范化管理水平的提升，为推动企业档案信息资源一体化、集约化管理奠定了基础；实现了集团各企业档案信息资源共享，达到了集团化管控、网络化服务的目标，为充分发挥档案价值、拓展档案服务领域提供支撑。该项目创新性地采用了目录集中管控、原文分散存储的架构，适应中国石化企业分布广泛、业务系统众多等特点，有效地节约了资源；并在探索电子文件归档管理、SAP 系统数据档案化等方面取得了新突破，创建了企业主要生产经营管理系统电子文件在线归档的标准接口，确保了归档电子文件的真实、完整、可用。

档案安全保障体系中数字档案信息
异质备份策略与技术应用研究

一、项目概述

本项目获得 2012 年国家档案局档案优秀科技成果二等奖。项目编号：2010-X-2。项目自 2010 年 5 月开始，至 2011 年 12 月完成。完成单位：国家档案局档案科学技术研究所。

主要完成人：马淑桂、李玉民、曹燕、郝晨辉、徐亮、程春雨、黄静涛、李华峰、杜琳琳。

随着档案信息化建设深入发展和国家电子政务大力推进，数字档案信息呈现急剧增长趋势。如何长期安全保存这些数字档案信息，并提供有效利用，是关乎国家核心信息资源安全和档案事业发展的关键问题。

本项目跟踪国际相关领域研究进展，结合我国数字档案信息管理工作现状，开展数字档案信息异质备份策略及实施方案研究。针对 COM 技术与 COLD 技术的应用在三个方面开展 22 类实验，实验过程可靠，实验数据翔实。通过系统性研究，提出利用 COM-COLD 双套模式保存数字档案信息的策略，得出兼具前瞻导向意义和现实推广价值的研究结论：在目前技术条件下，COM-COLD 双套保存模式是解决数字档案信息长期安全保存和有效利用问题最为行之有效的方法之一。

本项目从理论和实践的角度提出了当前开展数字档案信息异质备份工作的最佳策略和实施方案。项目研究成果可直接用于指导我国档案部门的数字档案信息异质备份工作，为数字档案信息的长期安全保存和有效利用提供切实可行的操作方案。项目研究成果的广泛应用将进一步推进新技术、新设备、新方法在档案管理工作中的应用，进而促进档案安全保障能力的快速提升。

二、研究内容

1. 数字档案信息异质备份策略研究

通过分析数字档案信息长期安全保存与有效利用的核心问题，明确数字档案信息异质备份的任务和目标，研究 COM-COLD 双套存储模式在档案信息管理中的应用，提出具有前瞻导向意义和现实推广价值的数字档案信息异质备份策略，为档案安全保障体系建设提供必要的理论支撑和可操作方案。

2. COM 技术在档案管理中的应用研究

针对数字档案信息种类繁多的现状，从扫描产生的数字图像文件、DOC 等格式电子公文、CAD 图形文件等常用文件类型入手，以充分的实验为基础，研究相应的缩微技术选择原则、数据组织方式、数据传输方式，以及数据输出、胶片冲洗、质量控制、缩微品复制、存储等技术环节所应遵循的原则。

3. COLD 技术在档案管理中的应用研究

开展 COLD 技术应用实践研究，从光盘的选择、数据准备、数据组织、数据刻录、数据检测、数据备份等方面，包括不同扫描参数数字图像备份方案、COLD 光盘组织结构设计、COLD 输出质量控制方法等内容。针对 COLD 系统各工作环节，制定科学合理的工作流程和操作规程，提出各技术环节所应遵循的原则。

4. COM-COLD 双套存储模式在档案管理中的应用研究

开展 COM-COLD 双套存储模式在档案管理中的应用研究，包括 COM 缩微品与 COLD 光盘数据对应关系、数字档案数据组织方案、数据一致性保证研究、数据证据性保证研究等内容，提出 COM-COLD 双套存储模式所应遵循的基本原则。

5. 制定相关标准规范

根据研究成果，从档案工作实际出发，制定相关标准《计算机输出缩微品（COM）和计算机输出光盘（COLD）双套存储电子档案的要求和应用规范》，在满足数字档案信息有效利用的同时，实现其长期安全保存，为档案信息安全保障体系建设提供标准支撑，使其科学化、规范化发展。

三、研究过程

项目组按以下步骤科学周密地开展课题研究。

1. 前期调研

通过实地考察，网络、文献调研等多种方式了解、掌握国内外在数字信息长期保存和有效利用方面的最新研究成果。选取具有代表性的档案馆，了解其数字档案信息管理现状，以 COM 与 COLD 技术在数字档案信息管理中的应用，以及数据的组织方式、格式等方面具体情况。梳理、分析调研结果，形成理论性成果。

2. 研究方案制定

制定总体研究方案，确定具体研究内容及研究方法。制定实验方案，确定针对哪些具体关键技术及影响输出质量的因素等问题开展实验。

3. 实验及数据分析

分别从 COM 技术、COLD 技术、COM-COLD 双套存储模式在档案管理中的应用三方面开展实验研究。其中 COM 技术在档案管理中的应用主要开展了曝光量实验、密度实验、扫描参数、色彩模式、解像力、格式转换方式等方面共计 16 项实验，COLD 技术在档案管理中的应用主要开展了光盘组织结构和输出质量控制 2 项实验，COM-COLD 双套存储模式在档案管理中的应用主要开展了不同扫描参数数字图像备份策略、COM 缩微品与 COLD 光盘数据对应关系研究、数字档案数据组织方案研究、数据可靠性保证研究 4 项实验。

4. 研究报告、技术标准及应用指南撰写

根据实验分析结果，撰写本项目研究报告、《数字档案信息异质备份技术实用指南》，起草标准征求意见稿。

四、研究成果

1.《数字档案信息异质备份策略与实施研究报告》

本研究对国内外数字信息长期保存和有效利用方面的最新研究成果，及我国数字档案信息管理工作现状进行广泛深入的调研和分析，并开展大量针对性实验，提出数字档案信息异质备份策略及可操作方案。本报告具有现实

指导意义和前瞻导向作用，可满足数字档案信息长期安全保存与有效利用的要求，将在一定程度上推动档案安全保障体系建设的发展。

2.《数字档案信息异质备份技术实用指南》

本指南主要介绍了如何利用COM-COLD技术对数字档案信息进行双套存储，从而实现COM缩微品和COLD数字光盘之间的异质备份。

本指南具有较强的可操作性，主要内容包括COM系统工作流程、操作规程；COLD系统工作流程、操作规程；COM-COLD双套存储模式所应遵循的原则等内容。

3.《计算机输出缩微品（COM）和计算机输出光盘（COLD）双套保存数字档案的技术规范》（征求意见稿）

本标准列入2010年档案工作行业标准制定计划。标准从档案工作实际出发，主要针对COM-COLD双套存储模式在数字档案信息管理中的应用情况，规定了对数字档案进行COM-COLD双套存储的技术要求和应用规范，以确保数字档案的长期安全保存和有效利用。在保证数字档案信息长期安全保存的同时，实现其有效利用，为档案信息安全保障体系建设提供标准支撑，使其科学化、规范化发展。

五、研究结论

通过本项目研究，我们认为：

1. COM-COLD双套存储是异质备份的切实可行的策略

作为数字档案信息常用的存储载体，缩微胶片和光盘具有各自不可替代的优势，同时也有无法克服的劣势。缩微品是经过时间检验的稳定可靠的信息存储载体，且具有可直读性和不可更改性，是数字档案信息长期安全保存的最佳介质，而光盘应用时间较短，其长期稳定性和可靠性尚未经过实践检验，但与缩微品相比，光盘有着利用便捷的优势。研究和实践表明，任何一种存储方式对于数字档案信息的长期安全保存都是不可替代的，应将两种方式共同应用于数字档案信息管理过程中，以确保数字档案信息的长期安全保存和有效利用。因此，COM-COLD双套存储是异质备份的切实可行的策略。

2. COM-COLD双套存储可以有效保证数字档案信息的可靠性

档案的可靠性是档案凭证作用的重要保证。本课题研究结果表明，保证

COM-COLD 双套存储成果的可靠性，应从工作流程的规范化和关键技术的应用两方面提出要求。在课题成果之一《计算机输出缩微品（COM）和计算机输出光盘（COLD）双套保存数字档案的技术规范》中，要求 COM 缩微品制作各工作环节应遵循 GB/Z 20650－2006 提出的程序和建议，所产生的缩微品不应该有任何改变、剪切或修理，除此之外，还提出应用打印时间印章、缩微品印章等技术处理方式，及对档案原件中签名信息的处理，来保证 COM-COLD 双套存储成果的可靠性。

3. COM-COLD 双套存储的实施应以科学研究为技术支持

科学研究的目的在于为事业的发展提供支撑，为领导决策提供依据。为了避免由于缺乏科学合理的规划而造成的"一拥而上"等现象的发生，避免给档案事业的发展带来重大损失，COM-COLD 双套存储工作的广泛开展，需要首先进行系统化的科学研究，解决数字档案信息存储过程的凭证性保证、关联索引等技术问题，确保数字档案信息真实、完整、可用和安全。

4. 合理的工作流程和严格的操作规程是异质备份工作科学开展的保证

为保证异质备份工作实现流程化管理和规范化操作，需要以严谨、系统的科学实验为基础，针对 COM-COLD 双套存储过程中涉及的各个环节，制定科学合理的工作导则、实施细则，应针对各环节中涉及的典型设备提出常用操作的参考参数，以形成实用技术手册，为异质备份系统的技术整合及实际运行提供实用指南。

5. 标准体系的建设是异质备份工作规范化开展的支撑

标准是规范和协调工作秩序的技术依据，是信息传递的载体，也是实施可持续发展战略的重要保证。标准先行是相关工作得以规范有序开展的先决条件。目前，COM-COLD 双套存储实现电子数据存档方面已出台了国际标准 ISO 11506，该标准从宏观角度提出了 COM-COLD 双套进行电子数据存档的模式，针对的是所有的电子数据，具有广泛的适用性，而缺乏档案工作的具体要求。针对我国档案工作的实际情况，在本课题中，对 COM-COLD 双套存储数字档案的相关标准展开了科学研究，起草制订了《计算机输出缩微品（COM）和计算机输出光盘（COLD）双套保存数字档案的技术规范》。

六、项目的创新点

(1) 提出了兼具前瞻性和系统性，切实可行的异质备份策略及实施方案。以广泛的调研基础，通过扎实的课题研究，提出以计算机输出缩微品和计算机输出光盘双套存储方式实现档案信息异质备份的策略实施方案，兼具前瞻性和系统性，且切实可行。通过策略的实施可以解决档案信息长期安全保存和有效利用这一档案管理工作的难点问题。

(2) 以充分的实验为基础的关键技术应用研究，为异质备份工作的科学开展提供了技术保障。在充分、扎实的实验及分析总结的基础上，提出具有前瞻导向意义和现实推广价值的档案安全保障体系中数字档案信息异质备份策略，为档案安全保障体系建设提供必要的理论支撑和技术保障。

(3) 课题研究与标准制定同步进行，为异质备份工作的开展提供了标准支撑。本课题制定的档案行业标准《计算机输出缩微品 (COM) 和计算机输出光盘 (COLD) 双套保存数字档案的技术规范》，为相关工作的开展提供标准支撑，使档案信息异质备份工作更具科学性、规范性。

(4)《数字档案信息异质备份技术实用指南》对 COM-COLD 双套存储工作流程、操作规程进行了明确规定，对 COM-COLD 双套存储数字档案信息具有可操作性、指导性，以推动异质备份工作广泛开展。

档案异地安全备份系统项目简介

该系统有机地结合了当前最新的计算机软件和硬件技术，突破了传统的备份系统的界线，采用 3.5 寸 SATA 磁盘作为存储介质，内置管理系统并可脱离计算机独立使用，在安全、便捷、低成本、低能耗等方面有着突出的表现。另外，系统还采用 RAID 技术避免了硬盘损毁带来数据丢失的风险；采用软件技术对档案数据加密存储，避免非法得到数据导致泄密的可能；系统采用硬件解密的技术方案，杜绝了黑客暴力破解数据的途径；系统采用 AV、VGA 等输出方式，颠覆了档案电子数据必须有计算机支撑的固有档案利用模式；系统中采用 MD5 技术，为每一份电子档案文件建立了独一无二的"数字指纹"，确保档案有任何变化均能发现，同时为以后建立数字签名奠定了应用基础。本项目将为应付由突发自然灾害（地震、火灾、水灾等）引起的档案信息毁灭性破坏提供了有效的解决方案。

1. 项目的必要性和相关背景

为保证珍贵档案的绝对安全，国家档案局提出了实施重要档案异地备份的要求，目前全国各级国家综合档案馆都在组织开展对馆藏电子档案数据和电子文件的异地备份工作。各地结合各自情况和技术能力，采取了多种方式的异地备份手段。主要有：在线远程异地备份、磁带异地备份、光盘异地备份、磁盘异地备份等方式。

在线远程异地备份前期建设、设备投入巨大，日常线路租用、运行维护费用较高，对使用、管理、维护有很高的技术要求，对于档案馆对动态实时更新要求不高的馆藏数据备份而言，性价比不高；磁带异地备份存在异地数据查看、检测困难，光盘异地备份由于单张光盘存储容量有限，导致光盘数量大、光盘存储安全可靠性低。

磁盘存储技术经过多年的发展，特别是近年来 SATA 技术的兴起，大容量磁盘的价格进一步下降，性能价格比更好，采用磁盘备份已成为大势所趋。采用磁盘进行异地数据备份具有数据容量大、异地携带运输方便等优势。同时，本项目研究和采用的其他技术方法也适于对于档案数据异地备份。

独立移动磁盘阵列存储架构，磁盘阵列存储架构，支持多种 Raid 模式，包括 RAID0，RAID1/10，RAID3，RAID5，Combine，ClearRAID，可以极大提升磁盘的安全性能。

磁盘数据自安全保护，自安全磁盘设计理念，融合了自安全存储技术和密码保护技术。采用安全边界、访问控制模块和加密引擎设计。

磁盘数据的完整性校验，磁盘数据的完整性保护是磁盘数据保护的重要内容，也是难点之一。对于长期异地保存的电子数据，对数据的完整性保证有着很高的要求。采用密码学原理，采用 hash 算法对磁盘数据的完整性进行检查校验。

磁盘存储备份作为今后大容量数据存储备份的趋势，集合磁盘阵列技术、磁盘数据自安全保护、磁盘数据自校验等先进的磁盘数据安全技术，可以成为今后档案馆异地备份的一种先进技术。

2. 项目详细科学技术内容

《档案异地安全备份系统》项目是以天津市档案异地安全备份具体业务为背景，以异地安全备份相关技术信息为基础，有效地结合了软硬件各方面性能，开发出的一套既安全又简便的异地安全备份系统。

本系统主要技术性能指标：

存储安全：本系统采用 3.5 英寸磁盘作为存储介质，并支持各种 Raid 格式。

信息安全：本系统信息已特有加密形式保存，保存在异地不用当心数据流失而引起的信息泄密问题。

便捷性：本系统可以脱离计算机使用，直接外接显示器、投影仪、电视机等显示设备即可使用。并且实际体积不到 1/4 立方米，方便异地搬运及储存，必要时可以租用银行保险柜保存。

定期自检：本系统针对以往异地安全备份系统备份后自检功能的不足，(例如光盘备份要检查光盘数据是否损坏，需要每张光盘打开读取)。所以本系统特别开发了备份数据自检功能，用户可以非常方便地定期检查数据的正确完整性。

3. 项目成果与当前国内外同类研究的比较

该项目成果对档案馆异地备份方式方法进行研究分析和论证，为全国各级各类档案馆开展异地备份工作提供分析指导。开发的档案异地安全备份系统，具有携带方便、存储数据容量大、易于操作、现场数据检测便利、使用维护简单等优势，有着良好的应用需求和市场推广前景。

该项目研发，符合国家档案局对当前加强档案安全的指导性要求。

4. 项目的创新点和保密要点

（1）项目研究过程中采用 RAID5 模式，系统可安装 4 块 2TB 存储容量的硬盘，做完 RAID5 后，有效存储空间能达到 5.5TB，基本已满足档案数据异地备份的要求。

（2）采用自行研发的专用的数据拷贝程序，应用多线程拷贝，多缓存技术和边拷贝边读取需拷贝文件夹和文件的技术方案，大大提高了拷贝的速度。

（3）针对磁盘损坏而丢失数据的问题，采用 RAID5 的技术方案，即使一块硬盘损坏也不会丢失数据。当硬盘出现故障或者检测出更多坏道时，系统采用简单明了的示警装置和数据恢复机制。

（4）采用了分级检查的策略，拷贝数据过程中，同时建立档案元数据信息。

（5）在数据输出方案上采用多种方式。主要包括 USB3.0、eSATA、AV（复合视频）和 VGA（Video Graphics Array，即视频图形阵列）4 种输出方式。

（6）项目从两方面解决设备运输和存放问题，一是数据加密存储，二是定做了军方使用的安全箱来运输和保存。

（7）追加过程中可能存在更替或者篡改档案数据的风险。对此，通过多线程的方式对选取的磁盘的文件进行遍历，读取文件的大小、创建时间、文件 MD5 值等等，把这些数据保存到数据库里。

5. 项目成果应用情况

近几年国家财政大力支持档案信息化工作，全国各地档案信息化工程建设陆续展开，通过多种技术手段，将历史纸质文件加工成电子数据并保存在我们的存储阵列中提供查询利用，数据的安全性和稳定性就成为我们最为关心的问题之一。特别是在应对各种自然灾害（地震、火灾、水灾等）时，我们就需要建立异地安全备份的解决方案，如果向全国省、市、县级档案馆推广和使用本项目，将取得明显的社会效益和经济效益。

数字档案信息安全管理策略研究

近年来，随着数字档案的不断产生和积累，数字档案信息安全引起了国家档案局的高度重视。基于国家档案局提出的建立档案安全保障体系，中国移动湖北公司充分地认识到数字档案信息安全工作的重要性，为此展开了系统的、专门的研究工作，取得了一定的成绩。

在研究报告中，本课题组采取理论研究与实践紧密结合的方式，以理论研究成果促进本单位实践工作开展为手法，系统地构建了数字档案管理安全管理策略。本课题主要研究内容分三个部分：

第一部分主要研究了数字档案信息安全管理理论，通过研究现状的梳理、相关概念的剖析，分析了数字档案信息安全管理的背景、研究综述、研究方法、研究内容及创新，为深入研究本课题内容提供参考。

第二部分是本课题研究的主体，分两篇。

上篇，采取总论—分论的形式，系统全面地研究了数字档案信息安全相关理论，包括"总论"和"分论"两个层次。"总论"即第2章"数字档案与数字档案安全"、第3章"数字档案安全管理概述"，为各种具体的数字档案安全策略的研究奠定基础。"分论"含第4章"数字档案信息安全管理的技术策略"、第5章"数字档案信息安全管理标准策略"、第6章"数字档案信息安全管理制度策略"，重点研究了数字档案信息安全管理的主要方面。通过上述总论—分论的形式，系统地构建了数字档案安全管理策略理论。

下篇，为数字档案信息安全管理实务，根据实际工作需要，以中国移动湖北公司数字档案安全管理策略为例，具体地研究了数字档案管理策略的主要层面，含第7章"中国移动湖北公司数字档案信息安全管理组织"、第8章"中国移动湖北公司数字档案信息安全管理制度"、第9章"中国移动湖北公司数字档案信息安全技术策略"，是上述理论研究成果的具体应用。其中，组织机构方面，湖北公司建立了数字档案信息安全的常规性组织专门机构和非常规性机构，是数字档案安全的基本保障；制度建设方面，从档案工作一般制度、数字档案安全管理专门制度两个层面进行了建设，形成了一岗双责、二重领导、"三化"理念、"四全"模式、"五纳入"机制的"一二三四五"制度体系；技术层面，通过开发的 OA、AMS 系统的有效对接，形成了遵循萨班斯法案、从 OA 到 AMS 的"4A"技术平台和"4W"技术模式，为数字档案安全管理提供了技术保障。

第三部分，即第 10 章，为"研究总结"，概括了本课题研究的主要内容，指出了本研究成果的广泛参考价值。

在上述研究的基础上，通过国家档案局查新以及课题评审，本课题在如下方面进行了创新：

（1）初步地形成了一套比较完整的数字档案信息安全管理的理论体系，为深入系统地研究数字档案信息安全管理理论奠定了基础。

（2）系统地建立了一套以数字档案信息安全技术为核心、标准为先导、制度建设为关键的立体化数字档案安全安全管理的立体化的实践策略，对于指导数字档案信息安全管理实践工作具有重要的指导作用。

（3）专门地开发了一个卓有成效的管理与控制数字档案信息安全的集成化、增强版 4A 安全管控平台，通过对众多应用、系统、设备的用户账号进行有效管理，搭建了一个全省统一用户管理的、面向系统资源和业务应用的 4A 平台，实现了本省内管理信息系统的统一账号（Account）管理、认证（Authentication）管理、授权（Authorization）管理和账号安全审计（Audit），提升管理信息系统安全性和可管理能力。

（4）科学地研发了一套成熟的全天候、全程保证数字档案信息安全的技术方案，形成了"全过程（Whole course）""全痕迹（Whole trace）""全控制（Whole control）""全用户（Whole users）"的"4W"技术模式，为确保文件从生成到归档过程中的安全提供了保障，并通过系统自动升级实现全天候、文档安全一体化的安全技术防范效果。

上述创新中，理论研究成果，为深入系统地研究数字档案信息安全管理理论奠定了基础，对国内外研究具有一定的引领作用；实践研究成果，尤其是"以数字档案信息安全的技术为核心、标准为先导、制度建设为关键的立体化数字档案安全安全管理实践策略"，与以往单一地强调技术的做法有着很大的差别；技术方面，基于安全设计的"4A"技术平台和"4W"技术模式，是重要的创新。

上述研究成果不仅直接为中国移动湖北公司的数字档案安全提供了保障，也有助于为其他行业或机构提供参考。截至目前，该成果不仅在中国移动通信集团湖北有限公司孝感分公司、荆州分公司、十堰分公司、黄冈分公司、襄樊分公司以及中国移动湖北公司通信技术工程有限公司得到了应用，在重庆市档案馆、武汉市国土资源和规划信息中心、武汉大学信息管理学院、武汉都市环保工程技术股份有限公司等单位也有了应用，取得了很好的应用效果。

电子档案异质异地备份模式研究

本项目分别从项目研究背景及意义、电子档案异质异地备份现状、电子档案异质异地备份面临的问题及应对策略、电子档案异质异地备份管理模式、辽宁省档案馆电子档案异质异地备份管理实践五个方面进行了充分阐述和深入分析。将不同国家与不同地区的电子档案异质异地备份现状相比较，分析各自的管理理念、管理方法、管理技术及管理成效，对研究推动及发展我国电子档案异质异地备份模式提出我们的看法和指导思想；从认识与机制、资金、异地备份选址、异地介质的管理、电子档案安全备份等方面面临的问题加以分析，解决电子数据长期安全备份的困难，同时又不影响电子数据优势的充分发挥；以国家、地方或行业规范为基础，根据电子档案的文件格式、保存期限、涉密等级、利用频率等因素，形成了备份方式制度化、备份业务全程网络化、备份介质及备份流程管理规范化、电子档案备份管理智能化、介质状态检测及分级预警自动化、电子档案多方位综合化检索的电子档案异质异地备份管理模式，该模式为电子档案异质异地备份存储管理提供了全方位的管理方法和技术手段，适用于各级档案部门，供其参考。

本项目采用理论研究、文献综述、实证研究相结合的方法。对备份全过程中的备份介质选择、备份流程、工作规范、备份介质检测、状态预警、迁移策略等都进行了深入的研究，制定出了一套切实可行的管理模式。同时根据制定的管理模式自主研发了电子档案异质异地备份存储管理系统软件，增强了电子档案异质异地备份存储的安全性、科学性、可操作性和准确性。

本课题具体研究内容分为以下五个部分。

一、项目研究背景及意义

美国 9·11 事件，中国汶川地震，日本福岛地震、海啸、核泄漏等众多国内外突发事件的发生，唤起了人们对危机及其管理的关注。早在 2008 年 8 月国家档案局就明确要求各级国家档案馆建立异地备份基地，开展电子档案异质异地备份。按照国家档案局要求，各级国家档案馆已完成档案异地备份基地的建立，对所保管的重要档案数字化成果与电子文件实行异地保管，部分档案馆对重要的电子文件进行脱机多介质拷贝，施行异质备份。目前，在开展电子档案多介质异地保管工作中，亟须创建电子档案异质异地备份管理参照模式。

本项目旨在为防范天灾和突发事件的破坏，保证电子档案和纸质档案数字化成果在其生成、保存和利用过程中不遭到破坏、更改和泄露，确保电子档案的真实性、完整性、机密性和长期可用性，形成一套适用于各级档案馆和档案部门的备份方式与备份介质选择标准化、备份业务全程网络化、备份流程规范化、电子档案备份管理智能化、介质检测预警自动化、分析决策科学化的电子档案异质异地备份模式，并在此基础上开发电子档案异质异地备份存储管理系统，为电子档案异质异地管理提供全方位的管理方法和技术手段。

本项目的实施，可实现省、市、县多级电子档案异质异地管理。建立跨地区、跨部门的电子档案异质异地备份综合管理平台，建立全方位的电子档案保管体制，完成各种介质电子档案资源收集、比对、整合、存储、查询、远程恢复，实现电子档案数据多介质多保管地点对应检索、交换与共享。

二、电子档案异质异地备份现状

分别从国外、国内，对不同国家与不同地区的电子档案异质异地备份现状来比较，分析各自的管理理念、管理方法、管理技术及管理成效，对研究、推动和发展我国电子档案异质异地备份的策略提出我们的看法和指导思想。

国内方面，分析比较了目前档案异地备份的两个主要模式——馆际互备和区域/行业电子文件中心，并列举了各自的实践案例；以"主题"为检索项，以"档案""电子文件"和"异地备份"为词条，在中国期刊全文数据库中对发表于 2009～2011 年期间的论文进行检索，对我国电子档案异质异地备份理论研究的热点、深度和广度进行了统计分析。国外部分，介绍了美国、英国、澳大利亚等发达国家在电子档案异质异地备份方面已取得的成就及先进做法，具体到其管理体制、管理理念、建设标准、建设模型、采取的技术方法以至建设目标等。

三、电子档案异质异地备份面临的问题及应对策略

这里分别从认识与机制、资金、异地备份选址、异地介质的管理、电子档案安全备份等方面面临的问题加以分析，解决电子数据长期安全备份的困难，同时又不影响电子数据优势的充分发挥。目前电子档案管理主要面临以下几个问题：缺乏权威法规与相关规范，认识不到位、机制未理顺，资金需求量较大，异地介质管理难度大，电子档案存储介质寿命短，读取技术和设备更新快、易失密等。但在现有条件下，如果对电子档案的所有信息内容都进行异质备份，就会浪费有限的资源。要做好电子档案异质备份，必须明确其工作任务，分别从内容信息、结构信息、背景信息三个方面对电子档案进行异质备份。并归纳了在实际工作中必须统筹解决好的六个问题，具体包括：

1. 统筹规划，强化风险意识；
2. 科学论证，构建标准体系；
3. 持续开发，有效利用档案资源；
4. 关注发展，做好技术更新；
5. 抢救濒危档案，实施保护性备份；
6. 搞好保障，建立应急措施；
7. 理顺机制，确保档案信息安全。

四、电子档案异质异地备份管理模式

在考虑制定电子档案异质异地备份模式时，我们以国家、地方或行业规范为基础，根据电子档案的文件格式、保存期限、涉密等级、利用频率等因素，形成一套适用于各级档案馆和档案部门的备份方式制度化、备份业务全程网络化、备份介质及备份流程管理规范化、电子档案备份管理智能化、介质状态检测及分级预警自动化、电子档案多方位综合化检索的电子档案异质异地备份模式，为电子档案异质异地管理提供全方位的管理方法和技术手段，供各级档案馆及档案部门参考。

备份方式制度化要点是合理选择备份方式和备份技术，根据计算机设

备、网络情况，综合不同容灾方式设计出满足自己需要的备份制度。备份业务全程网络化方面首先是统一标准，其次需要尽可能地不改变各个接入厅局和各级档案馆的系统运行方式，既要实现统一的备份管理又要保持各自系统的独立性，借助远程传输、数据加密、虚拟专网等技术，搭建涵盖电子文件备份管理全过程的网络平台，实现从备份制作、接收、保管到恢复、利用的全程网络化运作模式。备份介质及备份流程管理规范化方面一是要合理选择备份介质，二是建立规范化的管理方式。电子档案备份管理智能化能够提高效率、降低成本，还可以对系统进行全程监控和动态跟踪，提高安全保密性。介质状态监测及分级预警自动化是对多种存储介质的状态进行分级和自动预警，实现备份介质物理状态和存储环境的动态跟踪和远程监控，并对记录的介质物理状态检测信息生成状态报告，用于统计分析和决策。电子档案多方位综合化检索是在电子档案异质异地备份存储各阶段记录并保存的相关信息，建立各信息之间的关联，实现本地或者异地备份的电子档案的多方位综合化检索。

五、辽宁省档案馆电子档案异质异地备份管理实践

辽宁省档案局（馆）从 2007 年开始进行全面的调研和深入的研究，通过建立异地备份库等形式，对本级重要档案及电子文件实行异地备份，对重要的电子文件还要实行异质备份。本部分首先介绍了辽宁省电子档案备份中心的建设实践，包括建设思路、建设原则、建设依据，备份系统及其技术特点。

辽宁省档案馆还分别与广西壮族自治区档案馆、宁夏回族自治区档案馆签订异地备份协议，建立数据互援备份中心，进行数据互备。在电子档案备份介质的选择上，辽宁省档案局（馆）采用多介质存储的方式，同一内容的档案使用不同的介质备份多套。现阶段主要使用光盘、磁带、缩微胶片和移动磁盘阵列进行档案的备份，介质选择技术成熟稳定、市场占有率高的产品以保证质量。

辽宁省档案（局）馆还开发了电子档案异质异地备份管理系统，系统采用 C/S（客户端/服务器）模式，可在网络环境通过多客户端实现系统各功能流水作业。系统主要功能包括电子档案异地保管的内容管理、介质管理、

介质存储管理、介质存储授权管理、介质状态检测及预警、电子档案综合检索、电子档案异地保管状态报告和系统管理功能。同时根据电子档案异地异质备份的六个过程，即电子档案的整理和审核、电子档案备份介质制作、备份介质的登记管理、备份介质检测、电子档案装具的封存管理和综合检索预警与状态报告，研发了具有自主知识产权的电子档案存储管理系统软件进行规范化的管理。该系统已在辽宁省档案（局）馆及省内各市档案（局）馆应用，省馆及各市档案馆已将需备份的电子数据存入可移动磁盘阵列，并将备份介质送至辽宁省电子档案备份中心异地保管。

本项目研究内容涵盖面广，涉及了电子档案前期脱机存储、后期介质装箱、异地装具及存储介质检测、文件级目录信息编辑与检索、数据远程恢复等一系列问题，对电子档案异质异地备份的全过程进行了安全、科学、高效、规范的管理，整体层次分明，条理清楚，有理有据，具体理论应用到位，技术方法全面，具有很好的借鉴和指导作用。

辽宁省档案馆已将电子档案异质异地备份管理模式应用到实际工作中，在实践中进行了有益的探索，为各级各类档案部门在信息时代如何确保电子档案的真实性、有效性和长期可读性提供了应用实例。

本项目的研究规范、操作规程及电子档案异质异地备份管理系统可在各级档案馆、档案部门的电子档案本地、异地异质备份工作中应用，将有效提高电子档案脱机存储的工作效率，使电子档案异质异地备份工作规范化、科学化、流程化，增强电子档案异质异地备份工作的安全性、科学性、可操作性，为档案安全体系建设发挥有力的推进作用。

建设工程项目数字档案管理功能需求与实现方式研究

　　"建设项目数字档案管理功能需求与实现方式研究"是国家档案局2009 年度科技计划项目（项目编号为 2009-X-10 号），由武汉中央商务区投资控股集团有限公司和武汉市档案局共同承担，武汉泰坦软件公司、武汉飞天智能工程有限责任公司协助完成，2012 年 11 月获国家档案局优秀科技成果二等奖。

　　项目组针对 CBD 项目档案形成的特点，着重对武汉商务区集团拥有的大量城市建设信息资源中的土地征收补偿、房屋征收补偿、储备土地供应和工程建设项目类的纸质、电子文件（档案）的管理功能需求与实现方式进行了深入的实践与探索。系统地研究了 CBD 项目数字档案管理功能需求、功能框架体系构成、功能作用以及各项功能实现的方式方法等内容，主要涉及以下五个方面：

　　1. CBD 项目数字档案管理功能框架体系的规划与设计。规划设计的组织管理、应用、网络、数据、标准和技术支撑六大体系，体现了 CBD 项目数字档案管理功能需求及其实现方式，形成了 CBD 数字档案的科学管理体系，最大限度地整合、开发和利用 CBD 数字档案信息资源。

　　2. CBD 项目数字档案信息组织功能设计与实现——标准体系建设。研究制定的档案分类体系、档号编制规则、档案信息基本架构以及数据编码、元数据等一系列规范标准，形成了 CBD 数字档案管理的标准体系，使 CBD 数字档案信息得到共享和深层次的开发利用。

　　3. CBD 项目数字档案资源建设功能与实现方式。采取"四结合"（与系统开发、项目建设、日常业务管理、实体档案管理相结合）和"两统一"（统一电子文件归档管理、统一档案数字化技术操作规程与要求）的办法，使 CBD 数字档案资源能充分满足其自身管理、CBD 建设、数字城市建设以及广大人民群众利用的需求。

4. CBD 项目数字档案管理应用系统的开发。综合运用多层架构与对象—关系映射模式，动态页面和 Ajax、在线扫描、RFID 等技术，实现了代码之间的松耦合与不同数据模型之间的映射，实现了文件与档案、实体与信息、管理与利用的有机融合。是一套对档案信息资源进行全程管理与监控的，具有强大服务功能的跨行业、跨地域、跨时空、共建共享的档案信息管理系统。

5.《区域性建设档案管理工作实务》著作的编辑出版。本书以档案和档案工作理论为基础，以区域性建设档案工作实践需求为导向，以区域性建设档案信息化建设为重点，突出强调当代区域性建设档案工作发展动向，从基础知识、制度建设、业务建设三个方面系统地揭示了区域性档案管理工作的主要内容。

经过两年多的研究，主要取得了以下 3 项研究成果：

1. 提出并构建的 CBD 数字档案管理模式、"项目级—案卷级—文件级"三维元数据模型，以及编制的 CBD 项目数字档案信息分类表和数据编码表，为区域性建设项目数字档案管理提供了范例。

2. 开发的 CBD 项目数字档案信息管理系统，改变了目前档案管理系统都只适用于管理经过规范整理的档案的现状，实现了从文件产生开始直至归档、利用的全程管理，即文件随时形成、随时登记、随时利用、随时整理、随时归档等，将传统静态的档案管理转变为动态管理模式。首次将数据编码与电子标签技术引入建设项目档案管理，对文件生命周期的全过程实施管理和监控，实现档案的实体与信息的一体化管理，为区域性建设项目数字档案管理提供了一个实用的技术支撑平台。

3. 编辑出版的《区域性建设档案管理工作实务》，属国内首部区域性建设档案工作著作。本书以多年区域性建设档案管理工作实践与探索为基础，以"精要、易懂、好用"为编写原则，着眼于实际应用，着力于档案业务技能的提高，突出实际与可操作性，是一本通俗易懂，具有较强规范性、实用性和操作性，适合区域性建设档案工作者和管理者学习使用的"工作手册"。

国家档案局档案科学技术研究所对项目研究成果查新的结论为："尚未见对建设项目数字档案数据进行分类编码并将数据编码与实体分类（或信息分类）相结合的公开报道，也未见将 RFID 技术应用于档案管理系统的公开报道。"

　　国家档案局的评审专家一致认为：该项目研究成果具有较高的理论水平和很强的实用性，对 CBD 建设项目数字档案信息管理工作具有引领作用，为城市区域性建设项目数字档案信息管理工作提供了成功的经验，具有较强的推广应用价值。项目研究成果达到了国内同行业领先水平。

　　本成果的不足之处：一是需要逐步加大数据运行量，不断优化应用系统；二是需要进一步总结建设项目档案管理的经验，不断完善规范标准体系。

集成式机关数字档案室建设的策略研究

一、成果简介

（一）建设背景

数字档案室建设是信息化条件下机关和基层企事业单位档案工作发展的重要内容和必由之路，也是各单位适应信息化发展，加强电子文件和电子档案管理、促进数字档案资源建设、提升档案信息化利用服务水平的必要手段和迫切任务。但是，从现状看，目前数字档案室建设往往停留在"单点"建设状态，即主要根据并局限于建设单位的自身需要，仅仅满足机关、企事业单位在信息化条件下对电子文件、档案"收、管、用"的自身工作需要。这种"单点"建设的数字档案室存在分散自建、各行其是、互相割裂的问题。

（二）建设目标

集成技术方法的运用显然是解决上述问题的一种有效技术方案，通过制定实施统一的标准规范，建设统一的技术平台，使各单位档案业务挂接和勾连；通过档案管理策略、技术平台、利用服务、保障体系等多方面集成，整合和共享档案信息资源。近年来，云计算的技术应用和快速发展使信息技术发生翻天覆地的变化，也日益成为助力档案信息化发展的新契机。云计算以其强大的计算能力、高度虚拟化技术、可靠的数据存储和安全保障以及低成本投入等特点正在积极地影响档案信息化工作发展，为档案信息化诸多应用系统特别是数字档案室向集成方向发展提供了技术支撑。

2010 年，上海市金山区档案局馆对集成式数字档案室建设进行了探索和实践，利用区政务信息网络平台，研发了"金山区集成式机关数字档案室管理系统"，将分散在全区各立档单位的档案数据，进行资源整合和统一管理，档案局馆还能对各立档单位的档案工作如文件归档整理、重点档案登记、档案接收进馆等进行远程在线监督、指导。

本课题正是在认真总结金山区集成式数字档案室建设经验基础上，深入探索现代信息技术环境下数字档案室的建设方法论，提出集成式数字档案室的各方面建设策略。

（三）总体思路

本课题研究由上海市档案局牵头，以金山区档案局为主体，汇聚上海中信信息发展股份有限公司、上海大学档案学系的研究力量，充分发挥"产、用、研"三方面的资源优势，以科学性、实用性和指导性为原则，以"集成式"为突破口和着力点，创造性地提出了区域性数字档案室建设及运行的理论和实施策略，并成功开发应用了金山区集成式机关数字档案室系统，实现区域内机关数字档案室平台共用、资源共建、信息共享及标准统一、安全可控。

（四）主要论点

1. 集成式数字档案室强调的是"内合外联"，内合是基础，外联是开拓，没有内合，即系统内部碎片化，就无法外联；没有外联，即数字档案室停留在单点、单干式建设，自给自足式运行，就无法实现数字档案室效益的最大化。

2. "集中"只是物理上的汇聚，"集成"则是逻辑上的整合。传统档案实体管理强调集中，电子档案信息管理强调集成。

3. "集成式数字档案室"是在系统工程科学方法的指导下，根据用户需求，采用先进的信息技术，将离散的系统内部各要素，及其与外部有关系统的关系进行整合，使之融合成为有机的、整体的、新型的档案室信息化系统。

4. 集成式数字档案室的内涵：

数据资源集成，包括非结构化数据结构化、异构数据同构化、数据存储集中与分布相结合的统一配置。

信息系统集成，包括网络集成、硬件集成、系统软件集成和应用软件集成。

服务方式集成，包括档案检索功能的集成、档案传播和利用管理方式的集成等。其中关键是解决"一门式"集成服务的问题。

保障体系集成，包括系统建设组织方式、运行管理的模式、档案管理业务职能和档案信息流程、档案管理标准规范集成、档案安全控制措施集成和人才队伍集成等。

（五）技术方案

结合金山区档案局的项目实践和应用实践，构建了集成式数字档案室的理论模型：

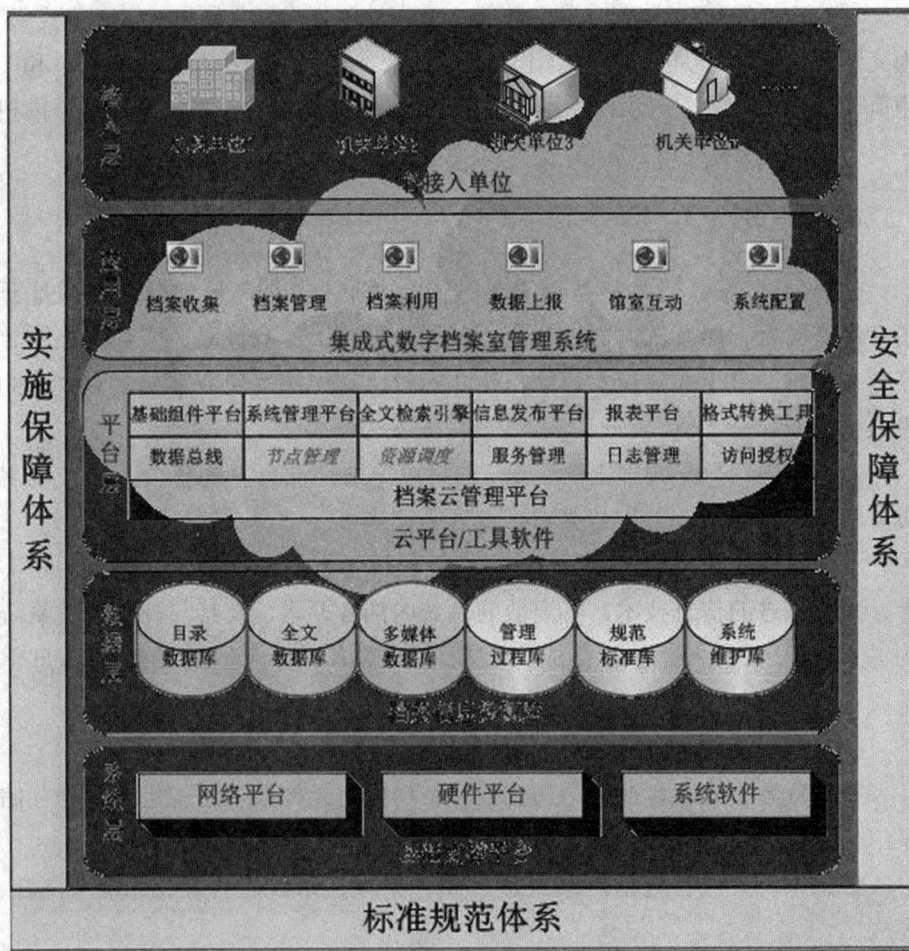

上图展示的集成式机关数字档案室管理系统模型由系统层、数据层、平台层、应用层、接入层共五层，以及标准规范体系、实施保障体系、安全保障体系三大体系组成。通过"数据物理集中、权限逻辑分离"的基本思想，以及管理集成、技术集成、应用集成等信息集成和集成服务方法，实现包括各立档单位档案收集、管理、利用、上报移交、年检、系统管理与维护、台账等管理功能以及档案局（馆）在线业务督导等功能。该系统的目标旨在不仅方便各机关的档案管理员完成文书、照片、音像等档案数据库和现行文件数据库的建立，实现档案全过程、规范化管理，还可以共享利用同一区域内不同单位产生的档案信息和现行文件信息，并实现网上数据报送以达到"资源共享、工作互济、优势互补"的目的，从而建立起区域内统一、标准、规范的档案应用系统和档案信息资源库，为数字档案馆建设奠定坚实基础。

在集成式机关数字档案室管理系统建立后，通过政务网上的档案信息资源共享平台为区域内的机关单位提供档案信息的集成服务。其中，档案信息的用户同时也是档案信息的提供者，即区域内的各机关立档单位。充分利用数据层所集成的资源，在平台层向用户提供网络化、集成和可定制的信息服务。在协助用户管理本单位档案信息的同时，就能"一站式"获得全部集成服务系统的资源，并能获得及时反馈。与此同时，通过互联网网站等形式还可以为社会大众提供档案信息的集成服务。最终，使集成式机关数字档案室系统成为区域数字档案馆建设的重要组成部分。

二、创新点

（一）第一次系统地阐述了集成式数字档案室的理论框架，研究揭示了集成式数字档案室的概念和内涵，论述了集成与集中的区别，构建了集成式数字档案室的理论架构模型，提出了集成式数字档案室建设的规划策略、资源策略、管理策略和服务策略。

（二）通过构建区域性集成式机关数字档案室系统，在国内率先提出"档案行业云"的概念，使软件即服务的云计算模式率先真正得到应用，并且取得了良好的应用效果，极具推广价值。

（三）第一次将"内合外联"的集成思想应用于区域性数字档案室建设实践，不仅实现了金山区全区从档案局馆到立档单位到村居委档案管理工作的三级贯通，更为全市范围馆室一体化模式的推广应用奠定了基础。

三、成果推广应用情况

本课题在理论和对策研究的基础上，研制推广了"金山区集成式机关数字档案室管理系统"，作为对本课题研究成果的实证试点。该项目采取统一建设、统一推广应用的做法，以集成式数字档案室建设为动力，实现了金山区机关电子文件的收集、整理、进馆和共享利用等全过程管理，其子系统包括"在线远程业务指导监督""集成式机关数字档案室资源建设""信息资源共享服务平台建设"。其中"集成式机关数字档案室资源建设"子系统又包括"金山区多媒体档案管理系统""金山区档案信息交互平台""金山区档案信息网站"三部分。为了保障系统的运行，金山区建立和完善了与数字档案室运行相配套的档案管理规章制度，规范了有关档案管理业务流程。该系统已经推广应用至金山区的机关、街镇等 92 家区级单位和 124 个村、84 个居委会档案室。集成式数字档案室建设在金山区取得了良好的应用效果。

鉴于金山区集成式机关数字档案室建设的顺利进行，上海市档案局已将金山区档案局关于集成式数字档案室的管理系统、理论模型、标准规范等一些通用模式借鉴到《上海市数字档案室建设指南》（试行）的制定工作中。浙江、安徽、广西等省区市的档案局馆也来金山参观，学习借鉴金山的做法。

档案级光盘选用与存储规范研究

　　本课题是一项软科学课题研究。课题从理论和实践两方面展开论述，采用文献综述法、内容分析法、统计分析法、经验借鉴法、实践总结法，对档案级光盘选用与存储管理现状、相关理论、经验借鉴、实践工作及发展方向进行了研究。为档案级光盘的开发利用、光盘档案规范化管理做了有益的探索。

　　课题从光盘存贮存在的问题入手，在理论上结合国内外研究历史与现状，从光盘备份介质的选择标准、光盘存贮内容、光盘介质检测、光盘保护环境、数据迁移等方面做了研究。针对档案级光盘选用与存储管理的相关规范、光盘使用与存储现状和光盘技术的基本特征，深入剖析了课题的时代和技术背景；考察了国外发达国家及地区在档案级光盘选用与存储管理经验及光盘技术相关领域的最新技术和发展方向；统计了最近几年来辽宁省各单位和全省12个市的光盘使用情况，并对光盘进行了针对性检测，分析了目前档案级光盘选用与存储管理现状、发展前景，建立了一整套完整、合理、规范的建议和有效措施。在实践上以辽宁省电子档案备份中心工作为契机，在实际工作中总结经验，同时借鉴国内外相关工作经验和规范化措施，形成了具有本省特色的光盘选用与存储规范。最终形成3万多字的研究报告和0.5万字的工作报告。

　　本项目研究内容主要有七个部分。

一、研究背景及意义

　　随着档案信息化的日益发展，电子档案资源飞速增长，电子档案的存储载体也越来越多。光盘虽然存取速度相对于磁盘较慢，但由于具有可以随机访问、存储成本低、信息保存时间长的特点，目前已经成为电子档案存储的重要载体。市面上光盘种类繁多，品牌杂乱，磁盘存储与数据传输面临诸多安全问题。如何选用符合国际标准的档案级光盘是档案部门面临的重要课题。本项目旨在建立档案级光盘选用和存储的规范体系，指导各级各类档案部门正确选用光盘介质，有效利用光盘存储数据，规范光盘检测方法以及光盘介质的长期保管。经过实践，辽宁省档案馆采用磁盘、磁带、光盘等多介质的存储与备份，并提出相应的存储与备份规范，旨在合理选用、规范管理、实现安全。

二、国内外相关情况

本部分从国内外两个方面对光盘标准和规范情况进行分析总结。

国内方面，国家档案局发布的 DA/T 38—2008《电子文件归档光盘技术要求和应用规范》对我国电子文件的光盘归档和管理工作起到了很好的规范作用。但 DA/T 38—2008 的规范性引用文件如今大多已经有了更新的版本，光盘技术也有了很大的改进，因此有必要对 DA/T 38—2008 行业标准进行与时俱进的研究。

国外方面，日本、北美及欧洲工业化国家已逐渐形成了独立的光盘产业，各大光盘厂商相继发布技术标准并进入了商业化大规模生产。

三、光盘存储数据情况调查及存在的问题分析

统计了 2003—2010 年辽宁省各单位光盘备份情况和辽宁省电子档案备份中心光盘接收情况，并对全省 12 个市的光盘存贮情况、光盘品牌、光盘保存方法进行了调查，发现了光盘存储面临的诸多问题，如品牌杂乱、不重视刻录过程、使用不规范、缺乏备份意识等。

四、档案级光盘选用与存储规范的制定原则和思路

目前我国档案光盘使用的业务规范、技术标准和管理规则大多各行其是，缺乏统一明确的权威性标准，本节提出了档案级光盘选用和存储规范的制定原则和制定思路。光盘选用和存储规范的制定应满足系统性、先进性、现实性、兼容性和权威性原则。具体实施应该在国家有关电子文件管理的总

的框架下进行，要依据光盘存储数据的流程，分步骤地制定和完善，在光盘的采购、数据光盘的刻制、光盘管理系统的设计开发、光盘的技术检测、保管场所的选建等环节来规范和执行。

五、档案级光盘选用与存储规范内容研究

该部分对档案及光盘的相关规范、影响光盘数据长期保存的因素、档案级光盘选用和建立系统工程的必要性以及光盘检测与数据迁移进行了详细的论证。

首先给出了光盘的相关概念、定义和分类，档案级光盘是耐久性到达特定要求的可记录光盘，其各项技术优于工业标准。档案级光盘的归档寿命大于 20 年。并基于光盘的结构、成分等自身特点对影响光盘数据长期保存的因素，包括光盘介质成分、数据存储、保管环境、人为管理等进行了详细探讨。在此基础上对选择档案级光盘的必要性进行了分析，档案级光盘在选择材料加工、工艺和出厂质量检测方面都有严格的技术指标；刻录倍速低，刻录质量更稳定、更可靠；档案级光盘产品具有可追溯性；注重刻录数据的"可保存性"而非"易刻录性"。除了"档案光盘"本身质量的适合档案存储的高标准技术要求，还要建立"档案光盘"使用、保存和数据监测、迁移的规范要求，使相关部门在使用"档案光盘"时做到有章可循、有法可依。

同时指出档案级光盘选用与长期保存是一项系统的工程，是以海量电子数据为对象，以档案级光盘为载体，用专业化的方法，科学的管理，通过数据获取、数据处理、光盘编辑、光盘刻录、光盘印刷和光盘检测等一系列手段，解决数据的完整、准确、有效地迁移和光盘制作的问题，保证电子数据的安全和长期有效可读。

此项工程应包括两个部分：

第一是选择档案级光盘作为电子档案数据存储载体，以国内标准为准绳，选择正规厂家或大品牌的光盘，并且成批量购买，且一定要有国际标准化组织的检测合格的证明资料，光盘要与刻录设备配套使用。

第二是开发软件系统完成数据的处理和光盘的刻录制作，档案级光盘

的数据处理和光盘刻制工作很复杂，开发一套应用软件实现集系统管理、数据获取、数据处理、光盘刻录、盘面打印、光盘检测于一体的功能架构可以给光盘的制作带来事半功倍的效果，并指出软件系统应具有的系统特点和功能模块。

关于光盘检测与数据迁移方面，首先讨论了光盘检测的技术指标，包括块错误率、不可校正错误、奇偶校验内码错误、奇偶校验外码失败、信号不对称度、抖晃、跟踪误差、聚焦误差。指出了档案级光盘保存环境、工作环境和检测环境要求，以及档案级光盘的三级预警线。光盘老化也是影响数据存储安全的重要因素，由于光盘面世时间尚短，通常采用加速老化试验，将光盘置于比行业标准规定的正常使用条件还苛刻的环境条件下（高温、高湿、强光、酸雾等），强制老化，获得其加速的失效时间数据，采用适当的失效模型来推算光盘在正常使用条件下的寿命特征。

还需要根据数据重要程度划分光盘备份等级，普通级归档光盘一式 3 份，一份供查阅使用，一份封存保管，一份异地保存。频繁（重要）级归档光盘一式 4 份（或更多份），二份供查阅使用，一份封存保管，一份异地保存。

要定期检测归档光盘，检测时间周期根据预警线等级而定。当归档光盘的 BLER 或 PIE 达到或超过规定的三级预警线或出现不可校正错误时，应立即进行数据迁移。

六、辽宁省光盘选用及技术规范研究实践

本部分介绍了辽宁省在电子档案数据脱机备份载体的研究，档案级光盘存储载体选择、存储规范制定方面的进展和经验。

课题组从 2008 年开始，就先后与北京清华同方、日本太阳诱电株式会社有过交流合作和实地考察。在开展调研和实地考察的同时，邀请专家对课题组人员进行现场培训，并以讲座和座谈的形式对光盘存储特别是档案级光盘的选用与存储、光盘检测技术、光盘管理理论进行论证，对档案级刻录设备的使用进行研究和对比。

经过充分调研和认真比较，辽宁省档案馆电子档案备份中心选用了符合

ISO/IEC 10995 国际标准、DA/T 38-2008 国内标准的由太阳诱电株式会社生产的 DVD-R 国际档案级光盘，并于 2010 年 8 月，在辽宁省内 12 个市级档案馆开展档案级光盘使用试点工作，为 12 个市免费配备 JVC 光盘刻录设备及备份中心专用的档案级备份光盘。

七、光盘存储介质的发展趋势

本部分对光盘技术和产品的发展趋势进行了展望，未来光盘市场将朝着几个大方向发展，包括环保和可回收、大容量、抗划伤、体积更小和使用更加方便。

一是单片光盘容量更大，蓝光光盘的单面单层的容量为 25GB，单面双层格式容量可达 50GB，但大容量的趋势是不可置疑的。

二是未来的光盘更抗划，能提供更多的可靠性和损害保护。采用"超硬"涂层或其他保护技术，以增加光盘对抗灰尘、脏污或是刮伤的能力，减少外界对光盘的损害，增加光盘的保护性。

三是盘体体积更小、盘片更薄。

随着光盘数量的不断增加，存储空间也成为一个问题。"薄"盘除了具有轻巧体积外，其超高的韧性更是为了防止盘片遭到意外的破坏，归根结底还是使数据能够得到更长久的保存。

四是光盘材料更环保、可回收，采用用"绿色"材料制造的光盘不会对环境造成污染。

五是操作更加人性化、应用更方便。

作为保存数据来讲，能够使数据准确和快速地完成存储过程是很重要的，容量和速度的一再提升都是为提高效率，将来的刻录应用会变得更加简单、快速、精确和人性化。

总之，当前我国档案级光盘的使用与研究机遇与挑战并存。一方面，机遇上是难得我们有比较好的外部研究环境，有一支档案保护的研究队伍，各级档案部门对光盘档案也十分重视，我们可以奋起直追，缩小与国外在这方面的差距；另一方面，我们面临的困难也很多，档案保护队伍相对弱小，人员素质较差，设备相对陈旧，管理滞后，这些都是我们必须面对的困难，同时对工作提出了新的要求。

在宏观方面要加强档案级光盘管理与规范，建立光盘档案保护的保障体系，实行规范化和标准化管理，加强人才队伍建设。

微观方面采取切实可行的方法来保护档案级光盘。选择与技术力量强、设备先进的光盘生产厂家合作；严把验收关，必要时要提供光盘读取的配套软件；严格按照标准定期检测，及时迁移；严格执行档案级光盘相关制度。

档案 2013 年
优秀科技成果

国家电子文件支撑平台系统建设项目

电子文件的大量形成，是信息时代的一大特点，它给档案工作带来了新的难题，即怎样保证归档电子文件真实、完整、安全、可用，使档案工作者面临新的考验。电子文件具有易被改动、易被窃取、易于传播、易于丢失的特性，特别是它还是一种不能直接识读而必须依赖于特定的设备和软件才能被读取的信息，这就使电子文件的管理大大地不同于对其他文件的管理。管理好电子文件，关系到国家和社会历史记忆的长期保存，关系到人类文明的传承延续。对电子文件的管理，必须解决好它的保真、保密、保存、保读取等巨大难题，尤其是对专门负责档案信息长久流传的档案工作者来说，怎样确保今天的电子文件在几十年、几百年后还能被人们有效地读取利用，更是一个需要特别注意的重大问题和特别要解决好的根本问题。我国档案部门非常注重电子文件管理问题，并在抓研究、抓规范、抓试点方面做了大量工作。但是由于我国信息化建设起步较晚，关于电子文件管理的研究也相对薄弱，对比国外一些电子文件管理先进的国家以及国内的实际管理需求看，电子文件管理远未达到理想的目标。为此，由国家档案局档案科学技术研究所牵头，联合馆室司、技术部和信息中心等有关人员组成了项目组，开展了"国家电子文件支撑平台系统建设"课题研究工作，并通过专家评审。

一、设计理念

工具化、组件化、模块化的基础兼容性业务构建支撑平台。课题开展之初，项目组就以工具化、组件化和模块化的理念，将电子文件全程管理所需的工具软件、业务与功能组件、基础支撑系统和共性业务系统统一纳入电子文件支撑平台的建设中，并实现全国产化环境下稳定运行，因此该平台是基础、兼容的共性业务构建支撑平台，并非办公自动化系统。所谓工具化，是指支撑软件以工具形式研发，既可灵活应用于本系统，也可供其他系统灵活调用，减少了支撑软件的局限性，工具化让软件系统在结构上更容易随需应

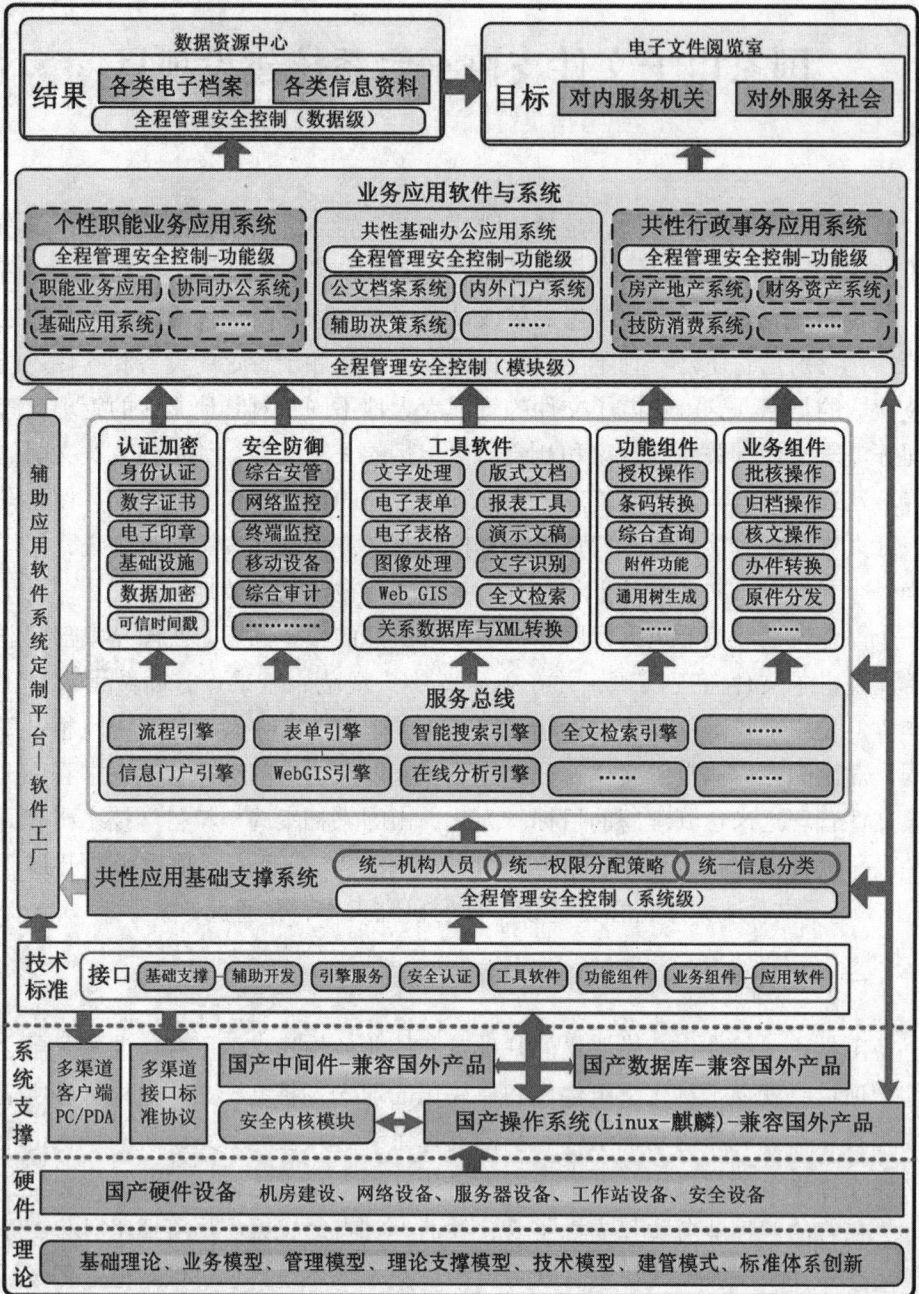

结果

数据资源中心
| 各类电子档案 | 各类信息资料 |

全程管理安全控制（数据级）

目标

电子文件阅览室
| 对内服务机关 | 对外服务社会 |

业务应用软件与系统

个性职能业务应用系统
全程管理安全控制-功能级
| 职能业务应用 | 协同办公系统 |
| 基础应用系统 | …… |

共性基础办公应用系统
全程管理安全控制-功能级
| 公文档案系统 | 内外门户系统 |
| 辅助决策系统 | …… |

共性行政事务应用系统
全程管理安全控制-功能级
| 房产地产系统 | 财务资产系统 |
| 技防消费系统 | …… |

全程管理安全控制（模块级）

辅助应用软件系统定制平台—软件工厂

认证加密
| 身份认证 |
| 数字证书 |
| 电子印章 |
| 基础设施 |
| 数据加密 |
| 可信时间戳 |

安全防御
| 综合安管 |
| 网络监控 |
| 终端监控 |
| 移动设备 |
| 综合审计 |

工具软件
文字处理	版式文档
电子表单	报表工具
电子表格	演示文稿
图像处理	文字识别
Web GIS	全文检索
关系数据库与XML转换	

功能组件
| 授权操作 |
| 条码转换 |
| 综合查询 |
| 附件功能 |
| 通用树生成 |
| …… |

业务组件
| 批核操作 |
| 归档操作 |
| 核文操作 |
| 办件转换 |
| 原件分发 |

服务总线

| 流程引擎 | 表单引擎 | 智能搜索引擎 | 全文检索引擎 | …… |
| 信息门户引擎 | WebGIS引擎 | 在线分析引擎 | …… | …… |

共性应用基础支撑系统
统一机构人员　统一权限分配策略　统一信息分类
全程管理安全控制（系统级）

技术标准

接口 | 基础支撑 | 辅助开发 | 引擎服务 | 安全认证 | 工具软件 | 功能组件 | 业务组件 | 应用软件 |

系统支撑

| 多渠道客户端 PC/PDA | 多渠道接口标准协议 | 国产中间件-兼容国外产品 | 国产数据库-兼容国外产品 |

| | 安全内核模块 | 国产操作系统(Linux-麒麟)-兼容国外产品 |

硬件

国产硬件设备　机房建设、网络设备、服务器设备、工作站设备、安全设备

理论

基础理论、业务模型、管理模型、理论支撑模型、技术模型、建管模式、标准体系创新

116

变，而且在软件开发、管理与维护成本上都大大降低。组件化，是指根据业务需求，系统提炼出在业务办理过程中的通用业务需求和共性功能需求，分别以组件的形式供相关功能模块调用，实现了软件复用，提高了软件生产效率和质量，缩短开发的周期，降低开发成本。模块化，是指将基础支撑系统、业务系统的通用功分解并提炼出来，进行模块化处理，以系统的耦合性和局限性，提高功能模块组合的灵活性、可扩展性。在系统搭建过程中通过有效开发接口便可根据需求变更快速组装。同时为系统的长期发展奠定基础。兼容性，是指整个平台立足于国产软硬件环境，研发的全系列国产软件产品，运行环境不受操作系统、数据库和中间件等限制。业务构建，是指平台可以根据不同用户的需求，快速地构建业务系统，并能降低业务系统开发成本，提升软件开发效率及缩短软件开发周期。

二、研究内容

课题根据国家对电子文件管理的要求，通过分析各类机关和综合类档案馆两类主体的电子文件管理业务需求，研究文书类、多媒体及科技类等不同类型的电子文件格式，对电子文件从生成、流转、发布、归档、移交、保管、利用、销毁等全过程业务进行梳理、归纳、整合和优化，提取其中的共性业务需求，设计电子文件全程管理业务需求模型，形成了课题所需电子文件技术标准与规范体系，以此为基础研发电子文件共性基础支撑软件、共性工具支撑软件、共性通用功能组件、共性业务功能组件和共性办公应用系统等一系列软件产品，提出我国流式文档和版式文档标准的一体化解决方案和关系型数据库长期保存整体解决方案，实现在自主可控环境下的系统研发和系统集成，所有软件在国产 CPU/OS 装机服务器、客户端环境下稳定运行，形成功能较为全面的电子文件支撑平台系统。课题在研究过程中注重成果的推广和应用，软件系统分别在电子文件管理的前端和后端不同单位开展了试点示范和测试工作，取得了良好的社会效益。

三、主要研究成果

1. 电子文件全程管理业务需求模型

课题在分析我国电子文件管理现状的基础上，研究了电子文件管理相关理论，梳理了电子文件全程管理业务需求，设计了具有共性特点的电子文件全程管理业务需求模型。电子文件在流转过程中按照业务主体（机关、团体、企业事业单位和其他社会组织为一类，综合类档案馆为一类）划分可将全程管理分为电子文件前端控制阶段和综合类档案馆电子档案管理阶段。电子文件前端控制通过电子文件形成与办理阶段（电子公文办公业务）、电子文件归档与移交（机关档案室归档阶段业务）、电子文件保管与利用（机关电子文件信息发布业务）等过程完成电子文件源头控制，从源头上控制电子文件元数据信息，统一电子文件格式。综合类档案馆电子档案管理是电子文件后期管理阶段，机关档案室将电子档案移交的过程中，其业务主体由机关、企事业单位或其他社会组织转变为综合类档案馆，综合类档案馆电子档案管理包含收集、管理、保管、利用等功能。

电子文件全程管理业务需求模型总结了各类电子文件格式的特点，设计了统一的电子文件管理格式，对电子文件流式文件处理、电子文件版式文档处理、多媒体电子文件格式、科技类电子文件格式都有涉及，提炼了各类电子文件格式形态及管理工具与管理要求。特别是对我国自有的"标文通"格式进行深入研究，分析了"标文通"格式与国外技术支持的文件格式的区别，总结出以"标文通"为中心的流式文档、版式文档业务需求。

电子文件全程管理业务需求模型归纳了电子文件管理系统和电子文件资源的安全需求，将安全控制体系贯穿电子文件管理的全过程。安全控制体系由两个子体系组成，即权限访问控制体系和加密认证体系。权限访问控制体系和加密认证体系相互交叉共同作用于电子文件支撑平台系统和电子文件资源，保证了电子文件全程管理的安全需求。

电子文件全程管理业务需求模型设计了电子文件支撑平台的硬件需求、基础软件需求、统一接口调用及集成需求。硬件需求的重要特性是在支持Intel装机的国外硬件的前提下，要兼容支持国产龙芯、龙梦等CPU装机的硬件设备。软件基础软件需求的重要特性是在支持以Windows为代表的国外基础软件运行环境的前提下，要兼容支持以中标麒麟为代表的国产基础软件运行环境。统一接口调用及集成需求的重要特性是支持松散耦合的系统集成调用、支持跨平台部署运行。

电子文件全程管理业务需求模型是电子文件管理的综合模型，是实现电子文件支撑平台系统软件、编制电子文件全程管理标准规范的重要依据。

2. 标准规范体系

课题开展研究之初，我国已实施了《电子文件管理暂行办法》《电子公文归档暂行办法》《数字档案馆建设指南》等较为宏观的管理措施，同时也制订了《文书电子文件元数据方案》《基于 XML 的电子文件封装规范》《中文办公软件文档格式标准》等细化的标准，但缺乏成体系的电子文件管理标准规范。课题根据共性业务需求模型，编写了以《电子文件全程管理业务需求指南》《电子文件全程管理业务数据标准》《非关系型数据格式标准》《电子文件全程管理调用接口规范》《电子文件全程管理系统测评规范》《多媒体档案管理规范》《关系型数据库与 XML 转换标准》《音频档案元数据规范》《自主可控环境下电子文件管理系统测试方法》等为主要内容、符合课题研究目标的电子文件全程管理标准规范体系，主要的标准规范分为三类：需求类、服务类和测试类标。

需求类标准规范，将电子文件形成与办理、归档与移交、保管和利用环节与实际业务需求相结合，梳理、归纳了电子文件管理系统建设中必需的、共性的、基础的业务功能需求，与电子文件全程管理业务需求模型相对应。

服务类标准规范，从技术角度定义了电子文件全生命周期所需的业务数据、功能和接口。业务数据标准用于规范业务数据格式，统一业务数据交换协议和数据报文格式，确保电子文件全程管理软件系统采用安全可控的信息交换技术，实现业务数据的共享和交换，主要包括元数据、关系型基础数据和非关系型数据标准。其中关系型基础数据标准包括办公业务、电子档案管理、文件发布利用、共性应用支撑平台和共性业务与功能组件等；非关系型数据标准主要包括文字编辑、版式文档，表格与报表数据等。

测试类标准规范，主要针对电子文件管理系统的功能、效率、安全可靠性、兼容性、易用性和用户文档等指标进行测试。其中功能测试采用黑盒测试方法，测试过程中对系统安装手册和系统使用手册进行检查；安全可靠性、易用性和兼容性测试结合功能测试完成；效率测试采用自动化测试和人工测试相结合的测试方法。

3. 软件系统

依据需求模型和标准规范体系设计开发的电子文件支撑平台系统，实现了电子文件全生命周期所需的基本软件功能。这些软件包括 4 个共性办公应用系统、3 个共性支撑软件、9 个共性工具支撑软件、27 个共性功能组件和业务组件、6 个加密认证软件。

4 个共性办公应用系统包括电子文件办公系统、电子文件归档管理系统、电子文件信息发布系统、综合档案馆电子文件管理系统共 4 个应用系统。主要实现了电子文件形成与办理、归档与移交、保存与利用等全程管理功能，并且针对不同的电子文件格式分别实现相应的软件处理功能。

3 个共性支撑软件是实现以上 4 个应用系统的基础，支撑着 4 个应用系统的构建与运行，具体包括统一机构人员、统一信息分类、统一权限设置共三个支撑软件。主要实现用户单位对机构人员、岗位、权限，共用信息的分类与设置。

9 个共性工具支撑软件包括电子文件文字编辑软件、版式文档转换与阅读软件、电子表格软件、电子表单软件、报表工具、全文检索软件、应用辅助定制平台软件、地理信息系统软件、XML 数据转换软件。这一系列工具软件与 4 个应用系统集成在一起，基本实现了电子文件全程管理所需的功能。

27 个共性功能组件与业务组件，是基于办公业务实际情况提炼出符合国情的业务模型、管理模型、安全保密模型形成的共性应用解决方案。这些组件可被各类共性电子文件子系统使用。通过建立业务组件，实现办公资源信息系统之间各模块的重用度，提高软件的生产效率和质量。

6 个加密认证软件实现了电子文件全程管理中的安全需求，通过对涉密文件使用加密、填加电子印章、数字签名、使用可信时间戳、身份认证等技术手段，实现了电子文件形成与办理、流转与保存过程中的安全保密。这些技术都基于公钥基础设施实现。

4. 国产软硬件环境下的系统迁移

课题的总体目标之一是按统一标准、自主创新、同步研发全系列的 Java-B/S 版国产化软件产品——"电子文件支撑平台系统"。由于国产硬件、基础软件还处于初步发展时期，其产品功能和性能与国外同类产品还存在较大的差距，要想实现电子文件管理在国产环境下的一体化解决方案，必须先对服务器、客户端全部国产化产品进行组合适配。课题通过与国内软硬件产

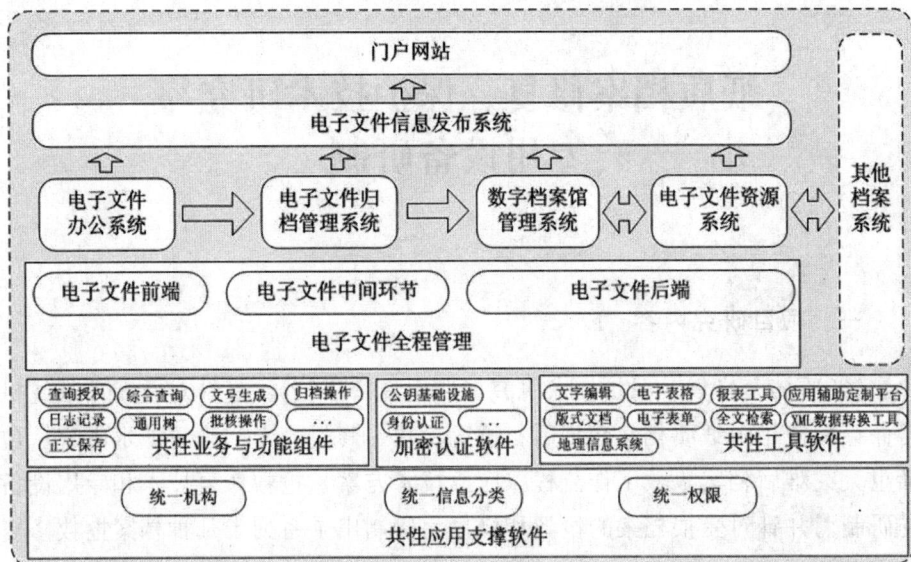

品厂商的合作，对国产服务器、国产客户端、国产操作系统、国产中间件、国产数据库的各类产品进行组合适配研究，搭建了满足用户需求的可靠的全国产化运行环境，提高了国产环境下运行电子文件支撑平台的稳定性与整体响应速度，满足了电子文件支撑平台系统的正常运行。在国产化产品研究过程中，形成了基于现有国产基础软硬件优化适配组合方案，总结出了国产化运行环境的重要瓶颈及优化方法，实现了全国产化运行环境中实现硬件加密认证的技术。

四、总结

课题研究过程历时三年，在各参加单位和人员的通力合作下，依托专业公司的技术力量，按计划圆满完成了各项任务和要求。电子文件管理工作是一项复杂的系统工程，课题的开展为这项工作作出了有益的探索。党的十八大报告中明确指出要"提高原始创新、集成创新和引进消化吸收再创新能力，更加注重协同创新"，今后，我们将紧密结合档案科研工作实践，根据十八大报告提出的"实施创新驱动发展"的战略，认真做好电子文件研究工作，为"五位一体"的中国特色社会主义建设提供服务。

纸质档案修复、保护技术研究与
专用设备研制

一、项目研究内容

《纸质档案修复、保护技术研究与专用设备研制》，是针对重大灾难或日常保存和使用中纸质档案受损后，进行抢救、修复的专门修复技术研究。包括重大灾难后档案抢救工作流程、应急技术方案、抢救修复技术和专用设备的研制。并针对受损档案的抢救和修复，研制出了系列十几种档案抢救修复专用设备。

1. 通过对水泡纸质档案干燥和档案砖揭粘修复的研究，研制出了档案真空干燥设备；

2. 通过对污染档案的清扫、清洗的研究，研制出了多功能修复工作台和档案清扫机；

3. 通过对破损纸质档案修复研究，研制出了绿色环保的破损档案纸浆修补机；

4. 通过对褪色（自然褪色、水泡褪色）纸质档案字迹显色（物理）技术研究，研制出了高光谱成像字迹恢复设备；

5. 通过对纸质档案无氧包装技术研究，研制出了档案真空充氮密封包装机和专用包装袋。

二、项目成果

（一）灾后受损档案抢救、修复工作流程

"制止灾后受损纸质档案的继续损毁技术流程"是一种重大自然灾害后对灾害中受到损害档案进行抢救、修复的技术工作程序。它包括准备、抢救、应急和修复等过程。

第一步：应急抢救准备工作

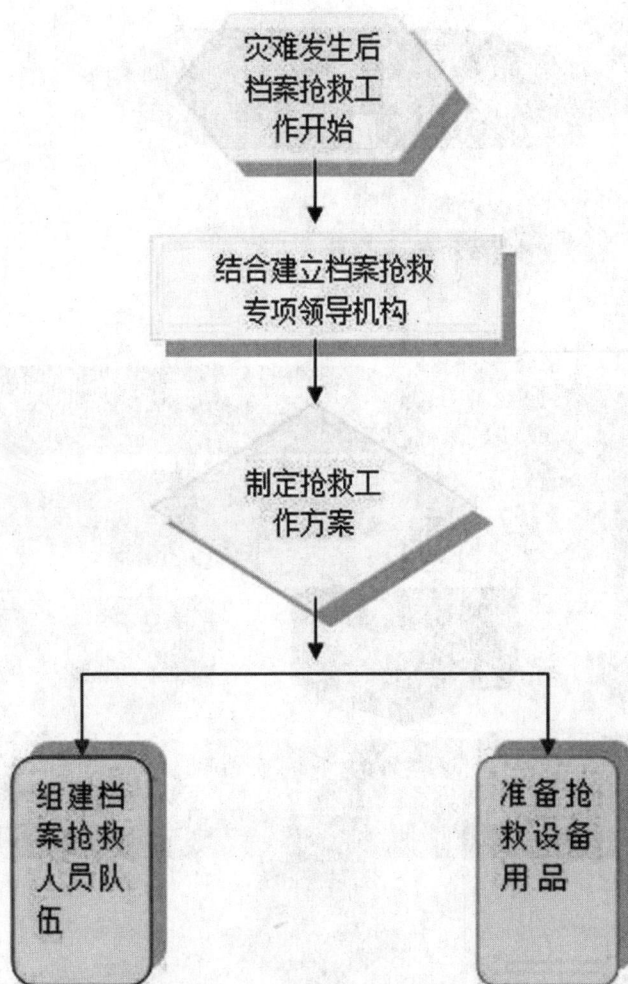

灾难发生后
档案抢救工
作开始

↓

结合建立档案抢救
专项领导机构

↓

制定抢救工
作方案

↓

组建档
案抢救
人员队
伍

准备抢
救设备
用品

第二步：档案抢救应急工作

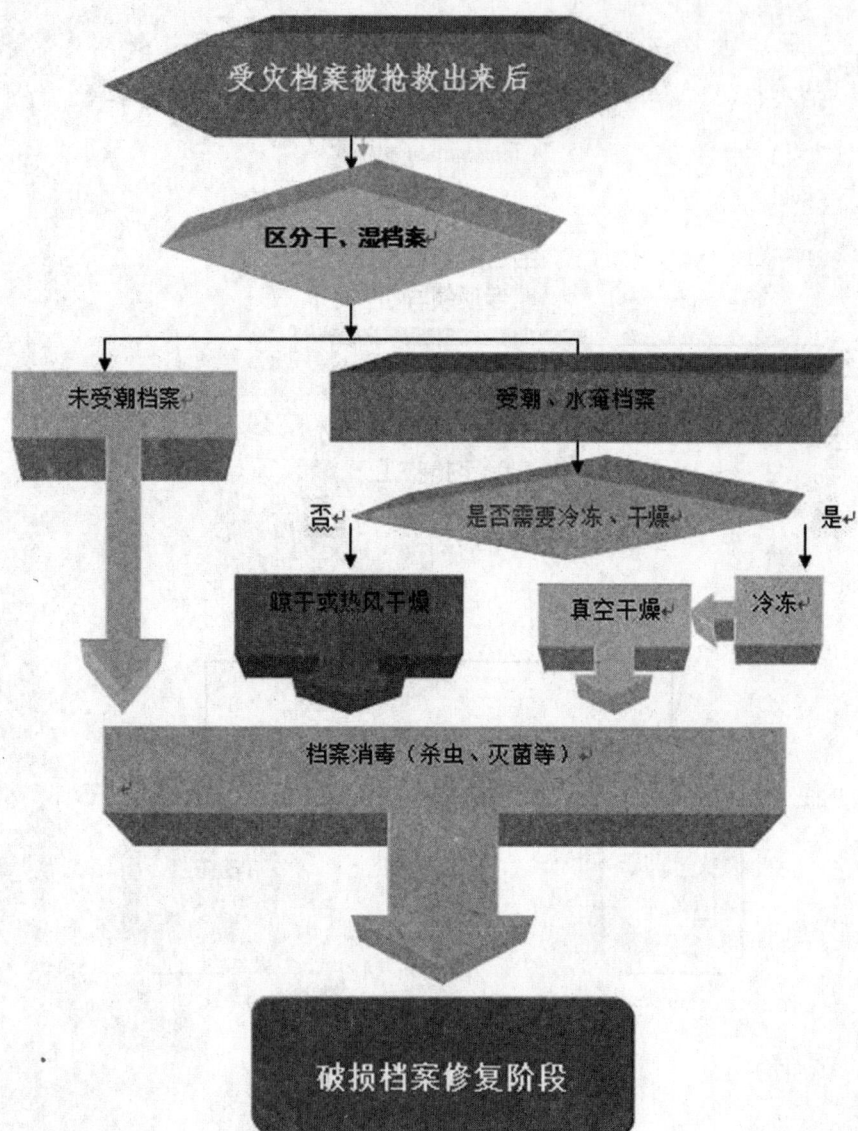

```
                    受灾档案被抢救出来后
                            │
                            ▼
                      区分干、湿档案
                     ┌──────┴──────┐
                     │             │
                  未受潮档案      受潮、水淹档案
                     │             │
                     │             ▼
                     │      否 ← 是否需要冷冻、干燥 → 是
                     │         ↓                    ↓
                     │    晾干或热风干燥    真空干燥 ← 冷冻
                     │         │             │
                     ▼         ▼             ▼
              档案消毒（杀虫、灭菌等）
                            │
                            ▼
                     破损档案修复阶段
```

124

第三步：档案修复工作

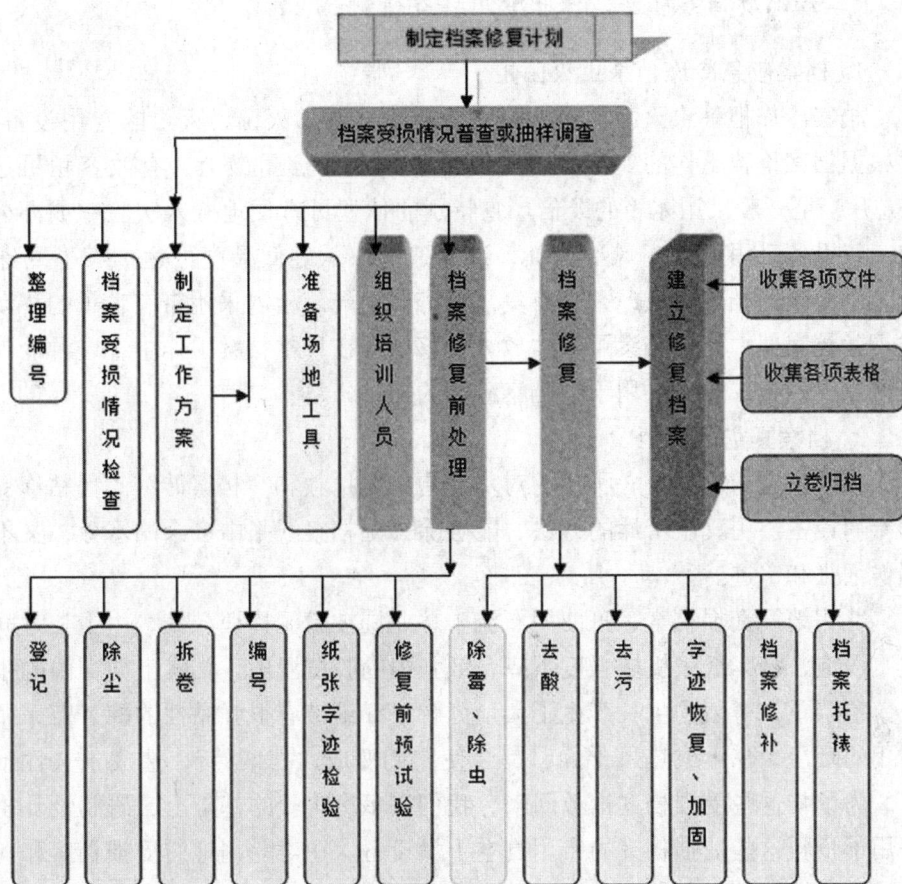

```
                    ┌─────────────────────┐
                    │    制定档案修复计划    │
                    └──────────┬──────────┘
                               ↓
              ┌────────────────────────────────┐
              │    档案受损情况普查或抽样调查      │
              └────────────────────────────────┘
```

整理编号	档案受损情况检查	制定工作方案	准备场地工具	组织培训人员	档案修复前处理	档案修复	建立修复档案

收集各项文件

收集各项表格

立卷归档

登记	除尘	拆卷	编号	纸张字迹检验	修复前预试验	除霉、除虫	去酸	去污	字迹恢复、加固	档案修补	档案托裱

（二）纸质档案修复、保护技术研究

1. 水泡纸质档案干燥技术

2. 纸质档案砖修复揭粘技术

3. 污染档案的清扫、清洗技术

4. 破损纸质档案的纸浆修补技术

5. 褪色（自然褪色、水泡褪色）纸质档案字迹显色（物理）技术

6. 纸质档案恒湿无氧包装技术

（三）纸质档案修复、保护专用设备研制

1. 档案应急冷冻柜杀虫灭菌柜

档案冷冻柜杀虫灭菌柜是一种用于档案抢救、灭菌、灭虫的专用设备。它根据档案抢救工作的实际需要进行开发设计，容量较大，有效容积可达880升，是一般家用冰箱的4倍。它特别的体型可方便地搬入实验室或办公室。该设备采用大功率风冷设计，冷冻速度快，最低温度可达-28℃，可杀死各个虫龄的档案害虫，并具有臭氧灭霉菌功能。柜内采用带有轮子的移动式钢丝档案架，整柜档案可整体放入、移出。在日常档案工作中，这种冷冻柜杀虫灭菌柜，还可以用于"档案砖"的揭粘修复。

2. 档案真空干燥柜

档案真空干燥柜是一种用于对水浸泡档案抢救和"档案砖"的揭粘修复的专用设备。用真空干燥的方法，能够除去湿档案纸张中多余的水分，又不损伤纸张和字迹。

北川地震受损档案、舟曲泥石流中林业局被淤泥掩埋档案，由于长时间被水浸泡，档案纸张机械强度下降，纸张中的胶被浸出，档案上面霉菌的生长繁殖严重，霉菌的生长产生了大量分解纸纤维带有很强黏性的酶。若采用常用的晒干、晾干或热风干燥，都会使它们变成"档案砖"，造成永久性损害。为了将这些受损档案抢救回来，我们在多次实验的基础上，研制设计出来用于抢救这些受损档案的专用真空干燥设备。在对北川地震受损档案和舟曲泥石流掩埋档案的抢救应用中，效果良好，达到设计要求。真空干燥技术的应用，也使舟曲林业局在泥石流灾难中受损害的档案，干燥后的档案没有发生粘连，没有成为"档案砖"。

3. 档案自动清扫机

档案自动清扫机是一种用于档案表面灰尘清扫的专用设备。可用于日常的档案管理工作中，也可对重大灾难中受损档案进行抢救。档案、图书在长期的存放中，表面会落满灰尘，档案自动清扫机成功地解决了传统打扫卫生时"灰尘大搬家"的现象。清扫机由自动感应的振动除尘区、密闭负压的清

扫工作室、无级变速的清扫轮和定向高压气流组成了立体清洁工作流程，被清扫下来的灰尘被负压气流带入集尘袋中，可定期进行清理。档案、图书自动清扫机可连续工作。速度可视档案、图书被污染程度由操作人员选择。

4. **多功能档案修复工作台**

多功能档案修复工作台是一种用于纸质档案清洁、修复的专用设备。它能为档案修复提供负压、净化、调湿、双向照明四种工作条件。多功能档案修复工作台的密闭透明工作罩将修复台内外空间隔离开来，打开工作台上的排风开关，工作罩内就形成了一个密闭近似负压的工作空间，在此工作空间中，可对档案文献进行除尘、除霉，刷掉的灰尘、霉菌等粉尘被吸入集尘净化装置内，有效地防止了修复工作中造成的二次污染。对已老化、发脆破损的纸质文件进行整理和揭粘档案砖时，多功能修复台可对工作空间进行加湿，按照设定的湿度阈值，自动控制修复台内空气湿度。适当提高纸张湿度，可提高纸张的耐撕裂、耐折强度，可有效避免在进行揭粘、翻动、分页等整理时损伤档案。双向照明的方式，给工作人员提供了良好的视觉条件。俯视照明和透照明的工作条件，使修复人员更全面、清晰地观察了解文件的破损情况，更方便了对破碎档案进行细致修补。

5. **环保纸质档案纸浆修补系统**

档案纸浆修补系统是一台对破损档案用纸浆修补的专业设备。受损档案破损情况复杂多样，用传统修补、裱糊的修复技术效率比较低，难以满足对破损情况复杂档案的修复。纸浆修补机可以对破损档案进行整张缺损修补，取得了满意的效果。QYZ 系列纸浆修补机是为 A1 以下幅面范围多处破损纸质文件进行修补的一种专用设备。

6. **气动档案压平干燥机**

档案压平干燥机是一种用于纸质档案整平的专用设备。档案用纸浆修补后，需要对被修补处进行压榨、烘干。适当的压榨力、烘干温度，才能使"补丁"与档案原件牢固结合。压平干燥机可以提供 600×800 幅面，800kg 的压力，和室温至 80℃连续可调的干燥温度。使用者可根据需要，调整档案压平干燥机的烘干温度，以适应不同纸张档案修复的需要。

7. **手动档案压平干燥机**

手动档案压平干燥机是一种用于纸质档案整平用的专用设备。

8. 手动档案压平机

手动档案压平机是一种用于纸质档案整平用的专用设备。

9. 吸附式档案修复装置

吸附式档案修复装置是一种档案修复工作的辅助工具。利用这个工具，可以不用拆开案卷，用其做支撑，对卷内档案文件进行修补、去污、清洗等修复工作。支撑档案文件的不锈钢板网工作面是空心的，其腹腔与吸尘器连接，可提供连续可调的负压。在上面修复档案文件时，档案文件纸张会紧贴在台面上，所使用的化学试剂也会从纸的背面被吸除。

10. 透射式档案修复装置

透射式档案修复装置是一种档案修复工作的辅助工具。利用这个工具，可以不用拆开案卷，用其做支撑，对卷内档案文件进行修补。支撑档案文件的发光工作面是钢化玻璃制作的，其内部装有 LED 光源灯，可提供白色透射式光源。在上面修复档案文件时，给工作人员提供了良好的视觉条件，档案修复人员可对被整理纸质文件进行俯视和透视，使修复人员更全面、清晰地观察了解文件的破损情况，方便对破碎档案进行细致修补。

11. 档案褪色字迹物理方式恢复技术研究

档案褪色字迹物理方式恢复技术研究是一种利用红外光光谱分析测定物质化学成分的原理，利用档案褪色档案文件上字迹部分与纸张的成分上的差异，捕获其在特定频率红外光下反射的差异图像，拉大字迹与纸张的显色差，再用计算机图像处理软件加大档案文件字迹影像对比度，来达到恢复褪色档案字迹的方法。

三、项目获得专利情况

在上述的技术研究中有"档案真空干燥柜"和"档案纸浆修补机"分别获得了国家发明专利。

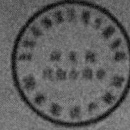

证书号第1469293号

发 明 专 利 证 书

发 明 名 称：纸质文件真空干燥机

发 明 人：孙洪鲁

专 利 号：ZL 2012 1 0370213.4

专利申请日：2012 年 09 月 29 日

专利权人：孙洪鲁

授权公告日：2014 年 08 月 27 日

  本发明经过本局依照中华人民共和国专利法进行审查，决定授予专利权，颁发本证书并在专利登记簿上予以登记。专利权自授权公告之日起生效。

  本专利的专利权期限为二十年，自申请日起算。专利权人应当按照专利法及其实施细则规定缴纳年费。本专利的年费应当在每年的 09 月 29 日前缴纳，未按照规定缴纳年费的，专利权自应当缴纳年费期满之日起终止。

  专利证书记载专利权登记时的法律状况。专利权的转移、质押、无效、终止、恢复和专利权人的姓名或名称、国籍、地址变更等事项记载在专利登记簿上。

局长
申长雨

第 1 页（共 3 页）

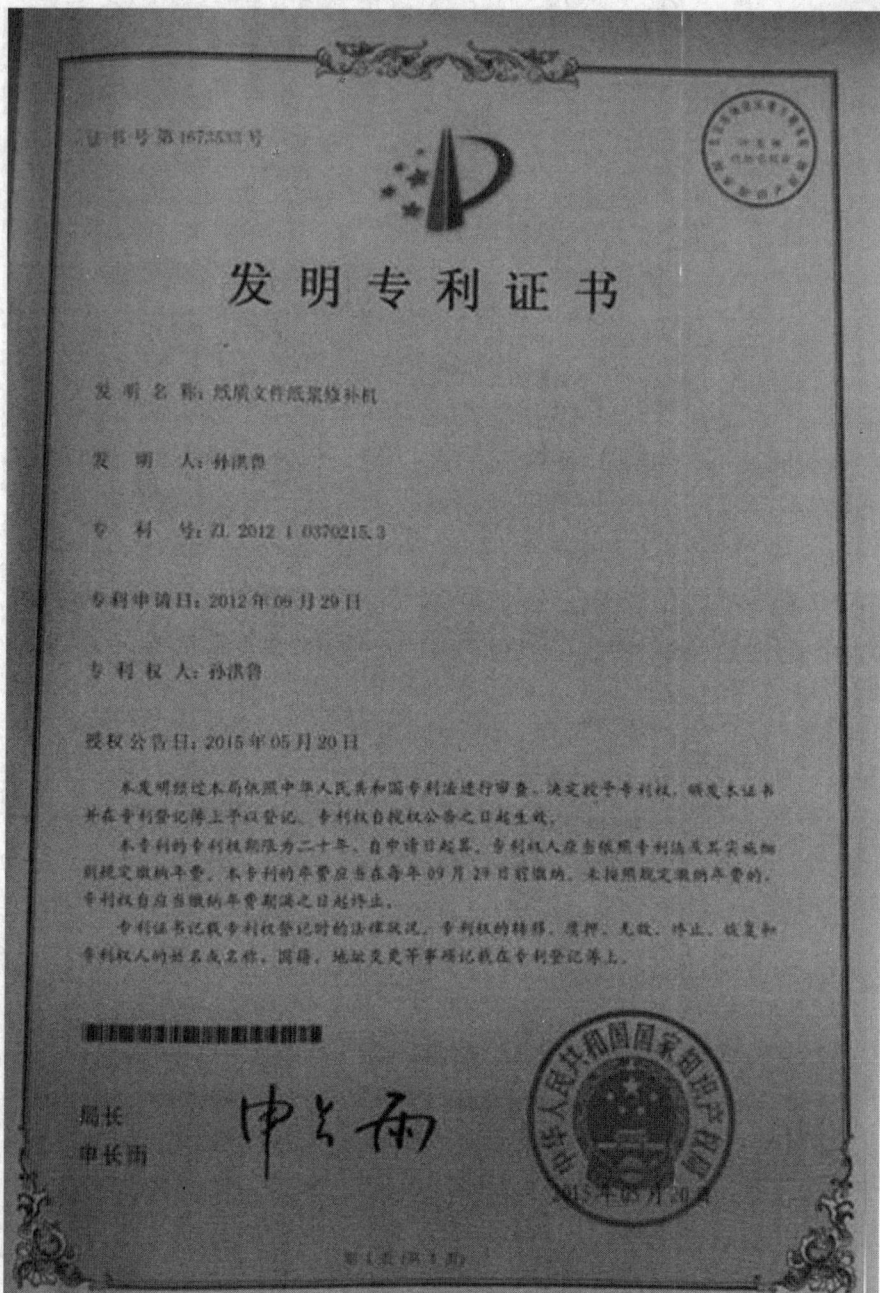

证书号第1672533号

发 明 专 利 证 书

发 明 名 称：纸质文件纸浆修补机

发 明 人：孙洪鲁

专 利 号：ZL 2012 1 0370215.3

专利申请日：2012年09月29日

专 利 权 人：孙洪鲁

授权公告日：2015年05月20日

　　本发明经过本局依照中华人民共和国专利法进行审查，决定授予专利权，颁发本证书并在专利登记簿上予以登记。专利权自授权公告之日起生效。

　　本专利的专利权期限为二十年，自申请日起算。专利权人应当按照专利法及其实施细则规定缴纳年费。本专利的年费应当在每年09月29日前缴纳。未按照规定缴纳年费的，专利权自应当缴纳年费期满之日起终止。

　　专利证书记载专利权登记时的法律状况。专利权的转移、质押、无效、终止、恢复和专利权人的姓名或名称、国籍、地址变更等事项记载在专利登记簿上。

局长
申长雨

第 1 页（共 1 页）

天然脱酸剂在档案文件脱酸中的应用

天然脱酸剂是天然原料经提取、过滤、挥干后发酵得到的，无毒无害，绿色环保。基于上述原因，国家档案局档案科学技术研究所、广东省档案局、广东工业大学和广州市余平文史典籍保护实业有限公司（原广州市余平图文实业有限公司）经过多次协商，在广州市余平文史典籍保护实业有限公司使用多年的图书用天然脱酸剂基础上，于 2011 年向国家档案局技术部申报课题并立项（课题编号为 2011-B-06），开展"天然脱酸剂在档案文件脱酸中的应用"研究工作。课题于 2013 年 3 月通过了国家档案局技术部组织的鉴定。课题在以下几个方面开展研究并获得了相应成果。

一、天然脱酸剂脱酸条件、脱酸效果研究

采用四种天然植物脱酸剂 TS1、TS2、TS3、TS4 对酸化纸张进行浸泡脱酸，通过单因素实验考察了温度、脱酸时间、脱酸剂稀释倍数对脱酸效果、纸张脱酸前后颜色变化的影响。结果表明：TS1、TS2 效果不明显，TS3、TS4 效果较好。研究确定了 TS3、TS4 脱酸最优条件：温度 60℃，时间 40min，TS3、TS4 原液。

二、天然脱酸剂混配效果研究

将 TS1、TS2、TS3、TS4 按一定比例进行混配，应用配方均匀设计方法确定达到最好脱酸效果的最佳配方。最佳配方为 TS1 和 TS4 混合配制的脱酸剂，两者比例为 0.2456：0.7544。最佳配比脱酸剂对线装古籍和民国档案都有很好的脱酸效果，同时提高了纸张的机械强度。参考 ISO 10716—1994，测定了纸张脱酸后的碱残留量。

三、最佳脱酸效果天然脱酸剂的成分分析及其主要成分的表征

研究发现天然脱酸剂中含有有机碱（如茶生物碱、烟碱、咖啡碱、黄藤

素等)、碱性无机盐等碱性物质。用红外、紫外和质谱对天然脱酸剂经分离纯化后得到的主要成分进行了表征。

天然脱酸剂的脱酸机理:天然碱性物质一部分与纸张中的酸性物质发生中和反应,一部分残留于纸张中,使纸张长期呈弱碱性。

四、250L 规模天然脱酸剂生产工艺条件研究

将所用老茶、带壳茶籽、烟草全株、麦秸秆、稻草、蚕蜕、金皇后、红豆草、黄藤等天然原料粉碎成 0.1～5mm 大小的颗粒并混合在一起,原料总重 50kg,加水 100L,在 15～50℃下自然发酵 24～180h,过滤并加入防腐剂,即得纸张脱酸剂。其 pH 值为 7.1～8.5。

五、纸张加压雾化脱酸研究

研究获得了高性能的天然脱酸剂后,设计了一套加压雾化脱酸装置,以提高脱酸效果。加压雾化脱酸装置由气泵、雾化器、脱酸反应器、集液器等部件组成。采用加压雾化脱酸法对纸张进行脱酸处理,雾化后的脱酸剂有效成分高,脱酸效果好;加压雾化脱酸法适用于不同种类的脱酸剂,具有工艺简单、操作方便、容易进行较大规模处理等优点。

广州市余平文史典籍保护实业有限公司应用课题成果,为广州市房地产档案馆、杭州市房产档案馆、汕头市房地产档案馆等单位进行了档案脱酸处理,为暨南大学、华南农业大学、华南理工大学、中山市图书馆等单位进行了古籍脱酸处理,效果良好。

天然脱酸剂原料均为纯天然产物,来源丰富,价格低廉,可大批量生产。天然脱酸剂性质温和,对环境和人体无害。加压雾化脱酸法适用于不同种类的脱酸剂,具有工艺简单、操作方便、容易进行较大规模处理等优点。

纸浆修复档案操作规程研究

上海市档案馆《纸浆修复档案操作规程研究》课题获 2013 年度国家档案局优秀科技成果二等奖。在国家档案局组织的课题评审会上，专家们一致认为该课题研究最突出的贡献是：有效地解决双面有字破损档案的修复难题，加快对破损档案的抢救进程，提高档案修复水平，研究成果具有重要的理论基础及实际操作价值，填补了国内档案界对破损档案抢救技术领域的空白，为我国的档案保护事业发展水平的提升作出新的贡献。

一、课题立项的背景

2002 年，我馆从美国博物馆服务公司引进一台纸浆补洞机。纸浆补洞机是一种利用植物纤维对档案破损处进行填补的设备，该设备最早产于 60 年代的英国，之后在英、美、法、德、比利时、加拿大、俄罗斯、日本、新加坡等国家的图书馆、档案馆广泛应用，近几年中国香港、澳门的档案馆也在使用该机修复档案。

在我国内地，我馆是国内首家引进该设备对破损档案进行修复的单位。记得这台机器交给我们的时候，国外专家到上海给我们做了简单的培训，但之后在实际操作过程中，由于国内档案纸张特性与国外纸张特性完全不同，国外的修复经验无法应用于我国档案纸张的修复。修复后的档案少则一周，多则三个月，补上的纸浆便会脱落，重新露出一个犹如黑洞般让人心碎的破洞，试了多次，依然如故。为此我们查阅了大量资料，走访了上海造纸研究所、上海造纸机械厂，了解纸浆的种类、造纸的工艺流程，考察国家图书馆自制的纸浆补洞机使用情况，邀请香港和澳门的专业人员到上海进行交流，了解使用该机的经验。在我们边学习、边摸索，边试验、边总结的不懈努力下，终于掌握了纸浆修复档案的知识或技能。本课题设立的目的，就是要把我们在实践中掌握的知识和技能总结提炼，研究出一套适合我国各类破损纸张修复的操作规程，为档案修复技术科学化、规范化作出贡献。

二、研究内容

一是了解纸浆补洞机的结构及工作原理；二是分析纸张纤维构成对档案修复的作用，提出相应要求并建立档案纸张纤维图册；三是分析工作室环境、修复用水、保护衬纸、打浆机、压机和晾干架等一些辅助设施设备、材料对档案修复的作用，提出配套方案；四是提出纸浆配制工艺要求，制定纸浆用量计算方法；五是对操作规程进行了系统设计，提出修复原则、修复机理、操作方法、质量要求及注意事项；六是制定纸浆修复档案操作规程。

三、实施过程

课题组选取上海市档案馆馆藏破损的家谱档案和租界档案，因为家谱档案纸张是手工纸，租界档案纸张是机械纸；设备选用纸浆补洞机；辅助设备有水处理设施、打浆机、压机和晾干架；纸浆原料选用净皮和棉连类宣纸、牛皮纸及机械纸，并将其撕碎浸泡后打浆成纸浆；实验仪器选用电脑显微镜、酸碱度计、纸张拉力机等。

刚开始试验的时候，补上去的纸和原来的档案用纸无法紧密结合，稍稍用力就会脱离（见下页图1）。后来我们收集了多种档案用纸，将这些纸张编号打成纸浆，用电脑纤维镜进行观察，建立纸张纤维的图谱（见图2），再对破损纸张进行纤维测定，对照图谱找出匹配的纸浆原料，撕碎浸泡打成纸浆。然而再次试验还是失败，原因是纸浆形成的纸张与档案原件的纸张含水率不一样，在干燥过程中不同的收缩率导致补上去的纸张与档案原件脱离。课题组多次研究，认为要使不同收缩率的纸张牢固结合，在干燥过程中必须施以机械方法，用压机对修复好的档案边干燥边压平。为此我们制作了一个干燥柜，利用去湿机对干燥柜内的空气进行去湿，使其湿度保持在35%～50%，将修复后但还湿的档案放入压机，待档案干燥七成左右从压机中取出，揭开保护纸（修复的时候，用于保护档案的衬纸），重新加入干净的保护纸再次送入压机后晾干压平直至完全干燥平整，这个方法解决了补纸脱落的问题。在保护档案衬纸的选择上，经过比较分析，最终采用聚酯材料组成的无纺布。为了去除自来水中的金属离子和杂质，我们安装了反渗透去离子水处理设备，使修复用水达到纯净中性并对档案具有清洗功能。在不断的试验中，我们掌握了纸浆配料的方法、操作技能和工艺流程。

图 1

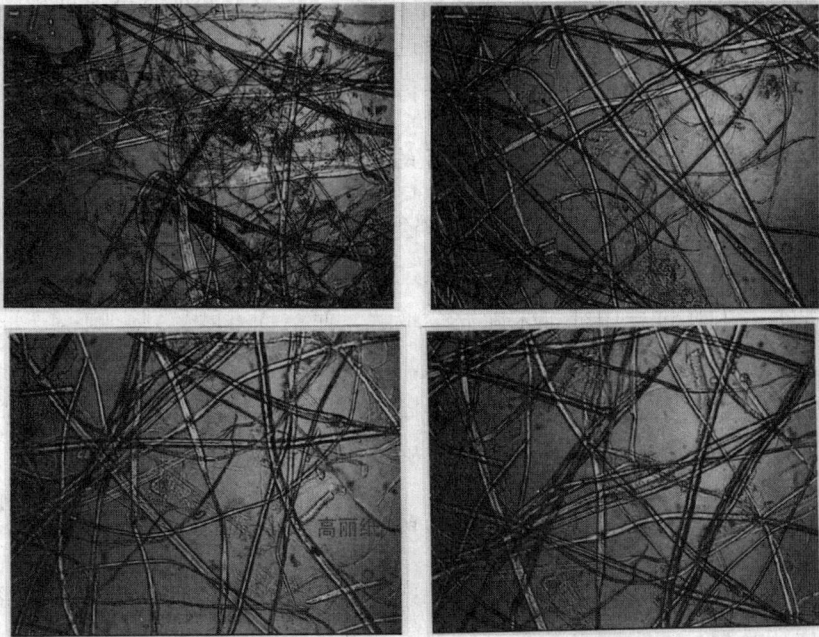

图 2

四、研究成果评价

(一) 掌握了纸浆补洞机的结构及工作原理

纸浆补洞机的结构分为两部分,一个是修复区,另一个是蓄水区。修复区看上去像一个方形漏斗,漏斗上方是修复槽,呈凹形状,设有进水管、筛网、栅格和不锈钢支架,用来放置需要修复的破损档案;漏斗下方呈锥形状,锥形底部设有水管,用途是当抽水泵将修复槽中的水从漏斗中快速抽出时,漏斗下方形成局部真空产生负压,使纸浆能尽快注入纸张的破损处并牢牢结合。蓄水区在箱体的侧面,与修复区之间通过阀门、水管和抽水泵连接,组成一个水循环系统。

纸浆补洞机的修复原理类似于手工造纸的抄纸工艺。手工造纸是利用筛网将纸浆悬浮液造纸从水里捞出来,纸浆补洞机是利用水位急速下降产生的负压,使纸浆悬浮液顺着水流方向快速注入纸张破损的地方,借由非编织聚酯材料透水不透浆的特性,让纸浆悬浮液在纸张破损的地方迅速堆积,形成一层纤维紧密交错的新纸张,之后经过吸水、压平、干燥、裁切、装订,填补进去的纸浆就和原来的纸张合为一体了。

(二) 解决档案修补后容易脱落的问题

在修补过程中,我们发现破损档案经修复后,修补处容易脱落。经分析,一是由于修补纸与档案原纸干燥过程不一致,结合部位产生绷裂;二是由于纸浆在制作过程中纤维未能完全疏解,使结合牢度受到影响;三是修补纸和档案原纸干燥程度不一致。为此,课题组分析了常用档案纸张材料和纤维构成,建立纸张纤维图谱,精确选择修补用纸,精心设计了干燥柜等辅助设备,精准控制干燥空间的温湿度,确保修复质量达到要求。

(三) 选择对档案修复具有帮助的辅助材料和设备

一是水处理设备,在纸浆修复档案工作中,水不仅使得纸浆更为溶解,也可清洗破损档案纸张上各种清洗剂。二是打浆机,打浆就是利用机械设备对纸浆中的纤维进行疏解、适度切断和分丝帚化,使之具有较高的弹性和可塑性，制成符合修复要求的浆料。三是压机和晾干架，压机负责对纸张压平，晾干架负责晾干吸水材料和修补后还有些湿的档案。四是保护纸，为防止水流对破损档案纸张造成伤害，需要用衬纸保护档案。合适的保护纸必须具备柔软、耐久性、亲水、透水不透浆性、快速干燥、无污染等特性。五是选择净皮棉连类宣纸、牛皮纸、机械纸等为制浆原料，适当选用与修复纸张纤维相近的原料制成混合纸浆。六是选择具有高吸水性的吸水材料，吸除修复后档案的部分水分，帮助档案干燥。七是选择网格平整密实，且具有高透水性的筛网，用来承托衬纸，使纸浆均匀吸附于档案的破损处。八是选择聚酯封条，制作适合档案大小的修复区域。

（四）制定纸浆混合液的配方和确定纸浆用量的方法

一是纸浆混合液的配方。档案纸张的材质分为手工纸与机制纸两种，不同配方的纸浆混合液对档案修复的质量有很大影响。手工纸多以麻、树皮、竹为主要原料，纤维柔韧、细长，有较好的绒度和强度，弹性好；机制纸以阔叶木和针叶木为主要原料，纤维短而粗，含有较多的木质素，一般较易发黄变脆，针对这两种纸张的修复，纸浆配方也有不同。手工纸修复配方宜选用与档案纸张纤维类型相似的纸张为纸浆原料，如宣纸、毛边纸、棉纸等。机制纸造纸原料比较杂，纯纸浆粘结性较差，在无添加剂的情况下，较难与档案原纸结合，修复时除了选择纤维相同的机制纸纸浆外，可适量加入宣纸、棉纸等中长纤维纸浆，提高粘结能力。

二是确定纸浆用量的方法。过少的纸浆会造成补纸空洞，出现砂眼等情况，过多的纸浆会造成补纸过厚，不易与档案原纸牢固粘合，同时也容易在档案表面堆积纸浆。所以合适的纸浆用量，可以提高档案修复的质量。基本纸浆量计算方法：公式：$M = V \div V_1$。其中：M：基本纸浆量；V：待修复档案所需修复的体积；V_1：每 mL 纸浆可修复的纸张体积。V 的计算：公式：$V = S \times d$。其中：V：待修复档案所需修复的体积；S：待修复的面积；d：待修复档案的厚度。V_1 的计算：公式：$V_1 = (S_1 \times d_1) \div M_1$。其中：$V_1$：每 mL 纸浆可修复的纸张体积；$S_1$：纸浆板的面积；$d_1$：纸浆板厚度；$M_1$：制作纸浆板使用的纸浆量。

（五）形成了纸浆补洞修复档案的操作规程

课题组分析了纸张种类及其纤维形态，提出了纸浆悬浮液的配置方法；提出了工作室环境、修复用水、保护衬纸、打浆机、干燥间、压机和晾干架等修复环境、设施和材料的具体要求，形成了纸浆补洞修复档案的操作规程。

五、纸浆修复档案操作规程

（一）修复前准备

（1）仔细检查档案原件的状况，判断是否适合纸浆修复，并做好登记、备案工作。核对档案原件的全宗、目录、案卷号码及页码；确定档案原件的总页数、大小尺寸、装订方法、破损情况及污染程度；修复前应检查档案字迹材料遇水或有机溶剂泅化、扩散、褪色等情况，破损过于严重和泅化、扩散、褪色的档案不适合纸浆修复，重要的案卷须拍照留底。（2）拆卷并处理。记录档案的原始装订状况，以便修复完成后恢复原貌；拆开档案，必要时应编页码，防止顺序错乱；平整页面，如果有粘连要揭开。档案单页平铺放置；清洁档案表面，去除档案纸张表面的附着物，如霉菌等；若破损处呈刀口状，需要将残破处用刀刮或打磨成毛边，便于修复时纸张纤维的紧密结合。（3）根据待修复档案纸张的不同类型，配置不同的修复纸浆。（4）配衬纸和覆盖纸。（5）使用 pH 试纸检测水质。

（二）修复中处理

（1）向纸浆补洞机储水箱注水。（2）将进水阀门打开，向修复槽注水至下标志线。（3）将残留在筛网下的气泡从边缘排出，放入衬纸。（4）将破损档案纸张平铺在衬纸上，档案应居中放置、展平，均匀浸润湿透，不得重叠、错位。（5）放下筛屏并固定，将进水阀门打开，注水至上标志线。（6）加入适量纸浆（详见确定纸浆用量的方法），搅拌至均匀分布。（7）打开排水阀门和排水泵，迅速取出筛屏，将水抽尽。（8）在档案纸张表面放上覆盖纸，轻压使其均匀贴附在档案纸张上，不可移动。将覆盖纸、衬纸连同档案纸张一起取出修复槽。(9) 取出后夹入吸水材料之间,放入干燥柜内的压机压实。(10) 保持干燥柜内的温度、湿度直至档案纸张含水量达到 30%。(11) 将档案取出,用牛角刀或竹签揭去衬纸和覆盖纸。

(三)修复后处理

将修复后的档案进行整理、裁切、折页、平整、装订等工序。(1) 整理。将修复件按拆卷时编过的页码依次排放,检查档案修复处有无脱开,补纸有无砂眼、厚薄不均等情况。(2) 裁切。将修复件以档案原件尺寸为标准按页裁切,裁切时不得损伤档案信息,尺寸较大的档案可由外向内折叠,也可从上向下折叠。(3) 装订。检查档案是否完整,有无缺页、漏页、错页等情况按照档案的原始状况重新装订,尽量保留档案的原有风貌。(4) 入库。档案修复完成后,应将有关修复情况填入卷内备考表。填写内容:卷内修复情况说明、修复人、整理人、检查人、日期及相关事项。办理入库保管交接手续。

(四)修复质量要求

修复边缘无崩裂现象,档案纸张与补纸粘结牢固;补纸无空洞、砂眼、厚薄不均等情况;接缝处拼接应准确无误,字迹拼对端正;修复后档案纸张无机械损伤,正反两面均无皱褶,手感平整、光洁。

六、结语

本课题研究涵盖了纸浆修复档案的各个技术环节,解决了纸浆修复档案的应用难题,为纸浆修复档案提出了具体的技术指导,概括来说具有以下特点:

(一)具有创新性

一是对纸浆修复档案技术和中国档案纸张现状的一次融合。课题组通过对国外纸浆修复档案技术的学习,结合中国档案纸张的特性,经过长期工作实践积累,形成了一整套纸浆修复档案操作规程。二是对纸浆补洞机结构进行了改进,使其适合我国档案纸张的特点。三是设计了修复辅助设备,找到更合适的修复材料，改进了工艺，为纸浆修复档案技术在我国的进一步开展奠定了基础。

（二）具有指导性

纸浆修复档案技术在国内尚未得到大规模的普及，本次课题的研究，将大大推动这项技术在国内的推广，为解决目前传统修裱方式修复速度慢、人力投入大的缺陷提供了一个有效的技术手段，具有较强的指导意义，对加快推进档案修复进程，提高档案修复水平具有积极作用。

（三）具有科学性

课题组采用多种技术手段开展研究，并将研究结果通过实践进行检验。一是不同破损档案对不同纸浆显示出不同的亲和性，课题组通过对纸张纤维的分析找到了原因，并通过长期的修复实践证明了这种分析结果。二是课题组经过多方调研，最终确定了修复破损档案所需纸浆量配方公式。

（四）具有实用性

本次课题的研究，源于对多年来纸浆修复档案实际工作的总结，各个技术环节在长期的实际工作中反复比较，逐步完善，得到了大量工作实践的证明，具有非常强的实用性。

（五）具有系统性

本次课题的研究不仅仅局限于操作规程的研究，而是对修复原理、材料、设备、工艺、环境等各个方面开展了全面的探索，对纸浆修复档案技术的各个环节进行了系统的阐述，是对纸浆修复档案技术的一次完整的、系统的总结。

档案仿真复制技术应用与工作指南研究

一、项目简介

"档案仿真复制技术应用与工作指南研究"项目列入国家档案局 2011 年科技项目计划（项目编号：2011-B-01），由国家档案局档案科学技术研究所、湖南省档案局（馆）、江苏省档案局（馆）共同完成。该项目获 2012 年度国家档案局优秀科技成果二等奖。

该项目围绕基于数字影像技术的档案仿真复制工作，针对不同年代、不同载体（各种纸张、丝绢等）、不同字迹类型的档案原件，根据复制件的不同用途，分别进行档案仿真复制实验，从仿真复制系统建设、工作流程、操作规程、管理制度、关键技术应用等方面开展研究，进行档案仿真复制资源库系统和仿真复制工作知识库的建设，提出基于数字影像技术的档案仿真复制工作的整体解决方案。以研究成果为基础，编制《档案仿真复制工作指南》，出版学术专著《档案仿真复制》，为档案仿真复制工作的科学开展提供指导。

二、研究内容

1. 档案仿真复制系统建设方案研究

根据档案仿真复制工作的需要，开展调研工作，提出合理的设备选型和环境搭建方案。该方案包含从高端到经济适用型等若干套典型的档案仿真复制系统，具备对纸张等类型档案进行仿真复制的工作环境和工作条件，广泛适用于不同规模、不同需求的档案部门。

2. 档案仿真复制工作流程和操作规程研究

档案仿真复制技术是一门综合技术，具有专业性强、技术要求高等特点；档案仿真复制工作环节较复杂，主要包括高精度数字信息采集，图像处理，纸张特性文件制作，打印输出，后期制作，色彩管理等诸多环节。本研究以充分的实验为基础，针对典型的档案类型，对档案仿真复制系统各工作环节及操作，制定科学、规范、系统的工作流程和操作规程，并对仿真复制件制定相应的管理办法。

3. 档案仿真复制关键技术应用研究

从档案仿真复制工作实际需要出发，对重点和难点技术制定相应的技术应用指南，使技术应用更明确和更有针对性，解决工作中的难点问题，提高技术应用水平。主要包括以下几个方面：

（1）高精度数字信息采集技术。主要包含通过扫描和拍摄等不同方法，实现图像信息的高精细度和色彩的高逼真度采集。

（2）数字图像处理技术。主要包含数字图像的裁剪、调整、修复、调色、格式转换等处理技术，以提高数字图像质量，保证输出效果。

（3）仿真复制系统色彩管理技术。主要包含仿真复制仪器设备颜色校准技术，以及色彩管理流程，制作介质文件的 ICC 特性文件等。

（4）档案信息同介质备份技术。主要包含以纸张为代表的不同介质的选择标准、档案数字影像信息输出技术，以及介质的处理技术等，从输出环节和介质方面来提高仿真件与原件的相似度。

4. 珍贵档案数字影像资源库建设研究

用于制作仿真件的档案原件多为档案中的瑰宝，为保护这些珍贵原件，应减少原件调阅次数，努力做到"一次处理，重复利用"。应将经过精细处理的仿真数字图像作为重要资源放入珍贵档案数字影像资源库中存储，实现珍贵档案数字影像资源的快速利用和有效管理。珍贵档案数字影像资源库的建设主要包括以下几个方面：

（1）制定科学合理的珍贵档案数字影像资源库组织结构、存储方式和备份策略等管理规范。

（2）将仿真复制工作中产生的大量数据（包括原始图像数据、制作过程图像数据和最终输出图像数据，以及产生数字图像的设备型号、使用参数等背景信息数据），科学合理地存储到珍贵档案数字影像资源库中。

（3）建立珍贵档案数字影像资源库示范系统。针对具体业务需求，编制珍贵档案数字影像资源库示范系统软件，实现资源库的有效管理。

5. 档案仿真复制知识库建设研究

仿真件的制作要经过复杂的色彩处理、图像处理、纸张测试等环节的调试工作，经验的积累非常重要。因此，本项目收集并总结了档案仿真复制工作相关的显性知识（例如操作规范、技术文档等）和隐性知识（例如技巧、经验、难点注意点等），并进行整理和加工，构建了档案仿真复制知识库示范系统，提供知识库建设解决方案。知识库的建设将通过知识管理系统，实现档案仿真复制相关知识的采集、整理加工、传播使用、维护以及更新升级，为档案部门的相关工作提供有力的知识保障。

6. 档案仿真复制工作指南编写

在上述研究的基础上提炼具有共性和指导价值的内容，进行整理和汇总，最终形成档案仿真复制工作指南。

三、主要成果

1.《档案仿真复制技术应用与工作指南研究报告》

研究报告以调查研究、实验探索验证、实际工作经验和研究分析为基础，提出基于数字影像技术档案仿真复制工作的整体解决方案，可为档案部门开展档案仿真复制工作提供科学、规范、有效的技术方法和相关指导。

2.《档案仿真复制工作指南》

《指南》围绕基于数字影像技术的档案仿真复制工作，系统、全面提出了档案仿真复制的工作流程、操作规程、技术方法、管理制度等，涉及工作规划、系统建设方案、色彩管理、前期准备、图像采集、图像处理、图像输出、仿真件后期制作与质量检查、数据库建设等多个方面。本《指南》能够指导档案仿真复制工作科学开展。

3. 学术专著：《档案仿真复制》（ISBN 978-7-5063-6712-7）

本专著是一本实用性较强的工具书，共计 10 万余字。在《指南》的基础上更加深入、细致地介绍了档案仿真复制每个工作环节的基础理论、技术方法、操作步骤、技巧及示例。本专著可为档案仿真复制工作人员以及档案专业师生提供学习与参考借鉴。

4. 论文集：《档案仿真复制技术的探索与实践》（ISBN 978-7-5105-0049-7）

本书由国家档案局科研所和中国档案学会文献影像技术委员会组织编纂，共选用论文 32 篇。该书的出版对仿真复制技术的推广应用与交流起到积极作用。

5. 档案仿真复制数据库管理系统

本系统保存了仿真复制工作中产生的重要数据资源，做到"一次处理，重复利用"，减少原件调阅次数，有效保护档案原件，实现档案数字资源的有效管理和快速利用。

6. 档案仿真复制知识库

档案仿真复制知识库的建设，实现档案仿真复制相关知识的收集、整理加工、传播使用、维护以及更新升级，可为档案部门的相关工作提供有力的知识保障。

7. 档案仿真复制常用输出介质样册

将仿真复制工作中常用的输出介质制作成样册，可帮助工作人员对输出介质形成直观的认识与理解，以供在档案仿真复制工作中参考。

8. 发表论文

课题组成员在正式出版的档案专业著作或者省部级以上期刊发表论文共计 14 篇。

9. 学术交流

课题组成员在中国档案学会影像技术委员会 2011 年年会和 2012 年年会、全国文献影像技术标准化技术委员会 2011 年年会、全国档案工作者 2012 年年会等学术会议上基于课题研究成果进行学术交流。

四、项目创新点

1. 首次系统创建了基于数字影像技术的档案仿真复制工作体系架构

以大量实验研究和实际工作经验为基础，研究分析了档案仿真复制工作的发展演变过程和应用技术特点，首次系统创建了基于数字影像技术的档案仿真复制工作体系架构，提出了基于数字影像技术的档案仿真复制工作的整体解决方案，为促进档案仿真复制工作的科学开展提供理论支撑和技术保障。

2. 首次编写出版了档案仿真复制工作领域的学术专著

在课题研究的基础上提炼具有共性和指导价值的内容，进行整理和汇总，编写出版了档案仿真复制工作的学术专著《档案仿真复制》。该书围绕基于数字影像技术的档案仿真复制工作，提出了相关基础知识、管理制度、技术方法、工作经验、操作技巧等，具有较强的系统性、实用性，可进一步推动档案仿真复制工作的科学开展。

3. 首次研制开发了档案仿真复制数据库管理系统

根据档案仿真复制工作的需要，首次研制开发了档案仿真复制数据库管理系统。珍贵档案数字影像资源库的建设，实现对档案仿真复制过程中产生的数据（数字图像、技术参数、元数据等）的保存与利用；档案仿真复制知识库的建设，实现对仿真复制工作的相关知识、经验技巧等的系统管理，方便工作人员进行归纳总结和查阅学习。

4. 系列化研究成果填补了珍贵档案保护与利用领域技术应用研究的空白

具有指导意义的《档案仿真复制工作指南》、实用性较强的学术专著《档案仿真复制》、仿真复制工作者的交流平台《档案仿真复制技术的探索与实践》、可以实现档案数字资源的安全有效管理和快速利用的"档案仿真复制数据库管理系统"和"档案仿真复制知识库"等研究成果系统性强，能够很好地对珍贵档案保护与利用领域相关工作起到强有力的技术支撑作用，填补了该领域技术应用研究的空白。

5. 创新性采用多种研究方法相结合的方式开展研究

采用理论研究、调查研究、实验探索与验证等理论与实践相结合的研究方法，以理论知识为依据，针对实际工作中的问题，开展重点难点技术实验，结合档案仿真复制工作中的实践经验，形成从工作指南到学术专著及管理系统等系统、科学、规范的系列化研究成果。

五、成果应用

本项目的研究成果已在国家档案局档案科学技术研究所、湖南省档案局（馆）、江苏省档案局（馆）的档案仿真复制工作中得到全面应用，具有良好的推广应用价值。先后为上百家单位进行珍贵档案仿真复制技术服务，并参与了 2013 年国家博物馆展出的纪念毛主席诞辰 120 周年档案展、2014 年邓小平故居陈列馆展出的纪念邓小平同志诞辰 110 周年档案展、为"雷锋家乡学雷锋"——毛泽东同志发表"向雷锋同志学习"题词 50 周年档案展等专题展览的珍贵档案仿真复制工作。

　　本项目的研究成果可为档案馆、博物馆、纪念馆等开展档案仿真复制工作提供科学有效的技术方法和相关指导，对促进档案仿真复制工作的科学开展具有重要意义。

智能低温冷冻库在档案杀虫中的应用研究

在众多的理化杀虫方法中，以低温杀虫较适用于处理纸质档案。且低温冷库能很好地解决档案发生大面积虫害时快速杀虫的问题。本项目中智能低温冷冻库是采用可编程逻辑控制器（PLC）控制制冷设备进行调控温度，利用缓慢循环降温软件系统使冷库内温度缓慢阶梯性降低，该系统可解决现有冷冻设备降温速度无法控制的难题，避免在冷冻过程中产生"玻璃体"生物效应，具有操作简单、节能环保等优点。同时在监控低温冷库内温度变化和档案材料内温度变化两方面都做了定量研究实验，以计算杀虫的有效时间，避免出现害虫假死现象，确保杀虫效果。还解决了档案在低温冷冻杀虫过程中的"受潮"变形问题。

本项目以福建省档案局（馆）建立的智能低温冷库作为实验基地，实验试虫由国家档案局档案科学技术研究所提供，以花斑皮蠹、黑毛皮蠹为主要研究对象。实验过程中通过观测冷冻库内和档案内部的温度变化，分别描绘出各个不同时间段的降温曲线图。整个冷冻杀虫实验过程需要约 120 小时（约 5 天），其中通过缓慢循环降温从常温（约 16℃）至－40℃用时约 36 小时；温度保持在－35℃～－40℃循环用时约 36 小时；库房回温至常温用时约 48 小时。实验结束后，将档案试虫取出观察，发现实验试虫致死率为100％，完全达到了杀虫效果。实验后，对出库的档案检测分析，发现低温冷冻杀虫实验对档案纸张含水量没有明显影响。

项目研究内容包括：

一、智能缓慢降温软件系统

本项目为了能更精确掌握低温冷冻杀虫的深冷温度、冷冻时间、纸张含水量变化和冷冻杀虫效果等实验目的，利用自主研制的低温温度计探头，对低温冷冻库内和档案材料内部温度变化都做了定量研究，计算杀虫的有效时间，结合智能缓慢降温软件系统，确保达到杀虫效果。智能缓慢曲线降温软件系统是在基于PLC的智能型降温调速器原理的基础上，实现了智能缓慢曲线降温控制系统的自动化。主要用于控制冷冻设备，使冷库内温度按特定降温曲线进行阶梯性缓慢降温。其电路由智能降温软件控制中心压缩机开启电路等组成。系统操作界面采用触摸式彩屏显示，操作更方便，可以任意设置冷冻时间，降温速度，降温时间，循环周期和循环时间等。具有设备非正常运行时的报警功能；带有独立的极限温度保护器能起到保护作用。

二、智能低温冷冻库档案杀虫应用研究

智能低温冷冻库建设首先参照中华人民共和国国家标准：冷库设计规范（GB 50072—2010），冷库墙体具有良好的绝缘、绝热效果，有效解决了冷冻杀虫过程中温度下降过快的技术难题。智能低温冷冻库建设的主要指标：库房总面积约 20m²，冷库体积约 60m³；温度调节范围：0℃～－40℃（库内温度）；恒湿调节范围：40％～45％RH；智能低温冷冻库采用 PLC（可编程逻辑控制器）控制制冷设备，利用智能缓慢降温软件系统使库房内温度缓慢阶梯性降低，并使冷库维持在一定的深冷温度下（－36℃～－40℃）连续循环降温，能避免产生"玻璃体"生物效应。通过对花斑皮蠹、黑毛皮蠹、烟草甲进行低温冷冻杀虫实验，害虫致死率为 100％，对档案纸张含水量没有明显的影响。

本项目研究将冷库容积扩大至 50～60 m³，在降温曲线上实现了创新，填补了国内低温冷冻杀虫技术通过缓慢曲线降温在大型冷库内应用的空白。能有效解决大面积遭受虫害的档案快速杀灭害虫。该技术具有操作简便、成本经济、无污染等诸多优点。

本项目研究在低温冷冻杀虫技术上有新的突破：利用 PLC 在降温曲线上实现了创新，可有效控制降温速度及时间，确保杀虫效果。同时将冷库容积扩大至 50～60m³，填补了缓慢曲线降温在大型冷库档案杀虫应用研究方面的空白。符合绿色环保和可持续性发展的要求，可以在全国档案部门推广应用。

原始地质资料管理技术研究及示范

一、项目概况

原始地质资料是地质工作形成的原本档案，属于专业档案。对我国经济和社会高速发展具有重要支撑作用。但是受我国原始地质资料数量巨大，长期分散保存于地矿、煤炭、石油、冶金、有色、建材、化工、铁道、海洋等不同行业系统的基层单位，存在家底不清、管理标准不统一、现代化管理程度低等问题，制约了整个社会对地质资料的共享服务。为解决以上问题，全国地质资料馆在地质大调查项目中申请经费开展原始地质资料管理相关技术研究，旨在借鉴现代档案管理技术，进行原始地质资料立卷归档规则、数字化技术研究；研发清理管理系统；开展清理技术方法研究与示范，摸清家底，推进社会共享服务。

二、项目研究内容与成果

本项研究是一项融合档案、地质、信息技术等多方面知识的综合集成研究，在技术、标准和管理方法及示范方面均有创新，研究成果已经在政府，地调、地矿、煤炭、石油、冶金、有色等行业基层地勘单位，地质资料馆藏机构得到应用，采集的原始地质目录信息通过网络为社会公众提供服务。

1. 原始地质资料立卷归档规则研究

《原始地质资料立卷归档规则》是按照《标准化工作导则》的基本原则编制而成。包括前言、引言、范围、规范性引用文件、术语和定义、归档范围、分类、编号与编目、立卷归档基本要求、纸介质文件材料和电子文件立卷归档一般要求，以及 3 个附录。其中分类是研究重点，打破了专业分类，根据原始地质资料的形成规律、形式特征和内在联系，案卷内的原始地质资料划分"底、测、观、探、样、试、录、像、综、文"10 类，并明确了各类的范围。

原始地质资料立卷归档规则是我国首次研制统一的原始地质资料管理标准，并由国家档案局发布。较以前的同类研究，统一了专业分类，提高了普适性，解决了电磁介质资料立卷归档问题，已经在全国推广应用，在全国属首创，处于国内行业领先地位。

2. 原始地质资料数字化技术研究

充分结合原始地质资料多种载体类型及数据格式，开展文本数据、图像数据、矢量数据加工分析研究，确定原始地质资料数字化基本技术方法。形成原始地质资料数字化技术指南，主要包括范围、规范性引用文件、术语和定义、原始地质资料数字化基本要求、扫描数字化技术流程及要求、矢量数字化技术流程及要求。

研制的《原始地质资料数字化技术指南》适用于多种载体类型原始地质资料，规范了扫描（照相）与矢量化技术工作流程要求，尤其是对地质图件GIS矢量化技术进行详细研究。

3. 原始地质资料清理管理系统研发

针对原始地质资料管理及清理工作的要求，按照原始地质资料集成管理机制，采用展现层、存储层、组件层、接口层多层结构模型设计开发系统，明确地将功能展现、业务逻辑、数据操作、数据模型及数据库存储分离开来，达到分散关注、松散耦合、逻辑复用的目的，运用工厂设计模式实现了对多种数据库类型的支持，实现资料著录、资料查询、资料统计、单位信息管理、数据库管理五大功能，完成系统测试。

研制的原始地质资料管理系统与国内档案相关管理系统比较，具有模块化、人性化、易操作等特点，采用多层次结构设计，易于扩展，软件是专用系统，取得软件著作权证。

4. 原始地质资料清理技术方法研究

研究制定完备的原始地质资料清理依据、清理原则、清理范围、清理内容以及清理工作流程。清理重点工作是根据著录技术要求获取原始地质资料案卷级及文件级各个著录项信息，形成目录数据库。难点是解决老资料分类标准与新立卷归档规则不一致问题。

研究的原始地质资料清理技术方法研究与实际结合紧密、可操作性强，与清理管理系统配套使用，对摸清家底，提升管理水平有重要指导作用。

三、项目主要创新

1. 首次通过国家档案局发布原始地质资料立卷归档规则，统一了分类和解决电子文件立卷归档的问题

从概念和属性来看，原始地质资料又称原本地质档案，是重要的专业档案组成部分。尽管长期以来原始地质资料属于地质矿产主管部门管理，但立卷归档实质还是遵循档案的理论及标准规范。在总结原有区测、普查勘探、物探化探、水文工程地质、石油地质、海洋地质、地质测绘等各专业地质工作形成的原本地质档案立卷归档办法的基础上，并考虑现代信息技术发展产生的大量电磁载体的地质档案立卷归档，首次创新性打破了专业界限，对各专业地质档案实行统一分类，同时拓展立卷归档规则适用范围，将电子载体的档案纳入立卷归档范围，实行信息管理与纸介质资料进行统一分类。

本标准规范同时首次通过国家档案局进行发布，提升了标准的高度和应用广度。

2. 开发原始地质资料管理和清理工作开发专用系统

按照资料信息集成管理机制，采用展现层、存储层、组件层、接口层等多层结构设计达到了分散关注、松散耦合、逻辑复用的目的，运用工厂设计模式实现了对多种数据库类型的支持，使系统能灵活适应不同用户的部署环境，对象缓存和单实例设计模式提升了系统性能又能易于资料管理人员操作使用。基于上述技术为基础研发的系统能应对原始地质资料复杂管理，是具有较强实用性的软件。

3. 研究了原始地质资料数字化技术方法

充分结合原始地质资料载体类型及数据格式，开展现代 OCR 技术、空间数据数字化技术、图像信息数字化检索技术等研究，确定原始地质资料数字化基本技术方法。开展文本数据、图像数据、矢量数据加工分析，从数字化加工、数据格式选择、数据后期处理等多方面确定工作流程。参照标准编制原始地质资料数字化技术指南，主要包括范围、规范性引用文件、术语和定义、原始地质资料数字化基本要求、扫描数字化技术流程及要求、矢量数字化技术流程及要求。

4. 研究形成完备的原始地质资料清理技术方法

研究制定完备的技术方案，包括清理依据、范围、内容、工作流程等，进行"底、测、观、探、样、试、录、像、综、文"十大类清理，获取原始地质资料案卷级及文件级各个著录项信息，形成具有清晰数据结构的数据表，简单、规范的代码表，确定以信息为核心的清理思路，提出了老资料分类标准与新规则对应原则，解决老资料分类标准与新立卷归档规则不一致问题后，清理工作需要根据《原始地质资料立卷归档规则》等相关规定，制定完备的原始地质资料清理依据、清理原则、清理范围、清理内容以及完善的工作流程。清理工作的核心是，配套软件编制了案卷级和文件级清理项著录要求。

各级国家综合档案馆电子文件接收流程设计
及接收数据检验策略研究

一、概述

福建省档案局《各级国家综合档案馆电子文件接收流程设计及接收数据检验策略研究》课题获 2013 年度国家档案局优秀科技成果二等奖。评审专家一致认为，该课题研究设计了电子文件接收的馆、室工作无缝衔接流程，提出了一套电子文件接收与检验过程管理策略与模式，具有重要的理论和实践意义，对于各级国家综合档案馆开展电子文件接收工作，具有较强的参考价值和指导作用。

电子文件具有信息非人工识读性、系统依赖性、信息与载体可分离性、信息易变性、信息存储高密度性以及信息可操作性等纸质文件所没有的特点，对各级国家综合档案馆电子文件接收工作提出了新的任务要求。福建省档案局在十几年档案信息化建设的基础上，结合近年来参加国家档案局"国家电子档案接收和长期保存系统建设试点项目"和数字福建"福建省电子文件与电子档案接收中心""福建省证照档案信息数据库"等重点项目实践，针对我国电子文件接收现状，系统规划设计和研究确定了电子文件的接收流程以及接收数据的检验策略，从整体上构建了一套安全、稳定、规范的电子文件接收体系。

二、成果简介

（一）设计电子文件接收流程

课题组通过研究接收过程中各环节可能面临的问题，提出了电子文件接收的管理要求和操作规范，在流程设计中充分考虑了立档单位与档案馆之间的协同性，注重对电子文件接收流程的全程管理，确保电子文件接收工作的规范性、可行性和安全性。

1. 接收工作要求

课题组详细分析了电子文件接收的特点和接收业务流程的变化，提出了电子文件接收的工作要求和质量要求。工作要求主要包括法律法规和标准规范的要求、稳妥可行的接收方案、加强电子文件检验工作等；质量要求主要包括保证电子文件的真实性、完整性、有效性、规范性、系统性这五方面。通过对接收工作各方面要求的具体阐述，有效地规范了电子文件接收工作。

2. 接收流程环节设计

由于电子文件接收流程涉及的环节比较多，课题组将接收流程按立档单位和档案馆两个层面进行设计。一是立档单位方面，首先做好电子文件移交前准备工作，将其设计为鉴定、整理、著录、检验、封装、压缩打包、加密、数据导出、标注标签九个工作环节，并对每个环节应完成的具体工作步骤和要求进行详细描述；准备工作完成后，立档单位办理交接手续、签字盖章后，通过在线或离线方式向档案馆移交电子文件。二是档案馆方面，首先对收到的电子文件依次进行拆包、解密、解压缩、验证签名等环节，然后对移交的电子文件进行病毒、载体、真实性、完整性、有效性等检验。检验合格，接收系统自动捕获移交接收过程产生的元数据，将电子文件、目录信息、关联信息及元数据一并载入档案馆接收系统中；检验不合格，则发送失败信息，由立档单位修正后重新移交。在接收流程各环节中，每个步骤都要有完整的监控记录，并将元数据在各个环节的变化明晰标出。

（二）提出电子文件接收数据检验的实施策略

课题组通过分析电子文件数据检验的特点和要求，提出了电子文件接收数据检验的内容和策略，明确了每一项检验的实施要点和应包含的步骤，保证了电子文件接收数据检验的准确性、严密性、可靠性和完整性。

1. 数据检验内容

电子文件接收数据检验工作应包含五个方面内容：一是组织实施。建立电子文件接收数据检验小组，检验人员由分管领导、电子文件管理人员、相关技术人员共同组成，保证检验结果的权威性。二是制定检验标准。建立客观的、相对稳定的检验标准体系，采用标准化的工作流程，规范检验工作要求。三是实施检验。对电子文件接收数据逐件检验，主要从技术角度进行检查并提出处理意见。四是检验结果处置。根据检验结果对电子文件做相应处置工作，如修复损坏文件、杀毒、接收进馆、退回立档单位等。五是检验全程监控。对检验全过程进行记录和对记录材料进行审查，检验过程产生的记录有电子文件管理系统中的跟踪记录（日志）、监控记录、检验报告等。

2. 数据检验实施

课题组通过研究认为电子文件接收数据检验不仅仅要检验电子文件的保存价值，还要对其属性、技术状况进行检验。具体的检验工作分为核对移交清单、载体状况检验、病毒检验、真实性检验、完整性检验、有效性检验六个方面。核对移交清单是核对接收的电子文件内容与移交清单是否符合；载体检验是检查载体是否有缺损、有霉斑、有损坏，规格是否符合国家标准，电子文件能否准确读出等；病毒检验是用杀毒软件对接收的电子文件封装包进行检测和处理，杀毒后应检查是否可读；真实性检验是检验数字签名和电子印章、电子文件迁移记录、内容是否被复制或改动等，确认电子文件与形成时原始状况一致；完整性检验是检查电子文件及相关的材料是否完整和齐全，检测电子文件封装包中的内容、结构、背景信息和元数据等是否缺损；有效性检验是检验电子文件格式是否符合要求，内容是否可读、可靠，必要时要检查是否附带相应的特殊应用软件。对这六个方面的检验工作，课题组都提出了具体的检验标准、检验内容及相应的处置措施。

（三）构建接收系统技术实现方案

在接收流程设计和数据检验策略提出的基础上，课题组研究提出了接收系统应具有电子文件及其相关元数据接收、数据安全存储、可靠管理、备份和灾难恢复等功能需要，探讨了接收系统的技术实现方法和建设方案。

1. 网络系统建设

网络建设是电子文件接收系统建设的基础。由于安全性和在线接收的要求，各级国家综合档案馆电子文件在线接收应通过政务网进行，并对局域网进行安全升级和在政务网上构架虚拟专网以保证电子文件传输的安全、保密，满足电子文件海量数据的接收需求。

2. 存储系统建设

根据电子文件接收系统的数据存量和流量，通过对 DAS、NAS、SAN 等存储技术的分析，按照大、中、小三级规模存储系统建设规模（一般分别对应省级以上综合档案馆、市级综合档案馆和县区级综合档案馆），有针对性地提出了三种电子文件存储系统技术选型的解决方案。不同规模的存储系统，课题组都提出了详细的技术路线与技术方案，以满足对接收的电子文件及其相关元数据进行集中管理和安全存储。

3. 备份系统建设

通过分析备份系统应具备的可靠性、可管理性和可扩展性等要素和备份工作自动化、规范化的要求，提出了包含备份内容、备份时间、备份介质及备份方式等的备份策略，设计了一套在线与离线、数字与物理相结合的符合电子文件接收需求的备份系统技术方案，保证电子文件数据的安全。

4. 灾难恢复系统建设

主要包括建立高效的灾难恢复系统和构建完善的数据恢复服务体系两方面。灾难恢复系统主要是基于各级政务网和档案数据备份系统，采用先进、专业的恢复软件与设备，建立起跨系统、跨平台的灾难恢复系统。数据恢复服务体系主要是通过建立并严格落实数据恢复服务管理制度，如：7×24 小时服务机制和灾难预警预报制度等，制定各种灾难情况应急预案，从而能够在灾难发生时，及时对系统和数据进行恢复，保证数据的安全性及业务的连续性。

5. 安全系统建设

按照国家对信息网络安全与信息应用安全的有关规定，课题组从物理安全、网络安全、系统安全、应用安全和安全管理五个方面提出了一套关于电子文件系统安全的"多层次、全方位"的具体建设方案，为实现电子文件顺利接收提供安全保障。

三、成果特色

本课题通过对电子文件接收工作的深入探讨，系统阐述了电子文件接收方面的理论，为各级国家综合档案馆电子文件移交与接收系统建设提供了一个"顶层设计"方案。课题研究系统设计了电子文件接收流程并对接收流程各环节加以详细分析，提出了电子文件数据检验的实施策略，为各级国家综合档案馆提供了一套技术与管理相结合，立足各级档案馆建设实际，分大中小规模探索建立低成本并安全可靠的电子文件接收系统的技术方法与系统方案，具有很强的规范性、系统性和可操作性，可以满足不同规模国家综合档案馆设计、建设电子文件移交与接收系统的工作需要。

四、成果应用状况及推广前景

福建省档案局充分利用该课题成果，指导"福建省电子文件与电子档案数据接收系统"和"福建省电子文件与电子档案传输报送系统"项目建设，编制了福建省电子档案四性检测方案及各门类档案元数据方案等技术文档，开发部署了系统应用平台，建设了与电子文件和电子档案接收相关的网络系统、存储系统、备份系统、安全系统等，对福建省电子文件和电子档案的移交与接收工作起到了关键性的指导作用。

课题成果适用于各级国家综合档案馆开展电子文件接收工作的理论研究，建立科学的电子文件接收流程，规范设计接收操作规程，完善电子文件数据检验策略，提升电子文件管理工作水平。该成果还可供各级国家综合档案馆开发部署电子文件接收系统及其各个子系统时参考，为各级国家综合档案馆推进电子文件接收中心建设以及"数字档案馆"建设提供指导。

纸质档案缩微数字一体化工作站研发

一、研究背景

将纸质档案进行缩微拍摄和数字化，是解决档案信息长期安全保存和快速有效利用的主要途径，且缩微拍摄和数字化加工两种技术优势互补，不可相互替代，两项工作均将在档案管理工作中长期开展。将数量庞大的纸质档案分别进行拍摄和数字化的过程中，既耗费了大量的人力、物力资源，又对纸质档案进行了二次调用，甚至二次损害，急需新的技术和管理模式对这一局面进行改善。

档案缩微数字一体化技术是解决这一问题的有效手段。20 世纪 80 年代，国外曾尝试在缩微拍摄机上加装扫描仪，但由于技术问题一直未得到很好的解决，此方式未能得到有效推广。此后又尝试在缩微拍摄机上加装摄像头，但摄像头所采集的数字图像分辨率偏低的问题也未得到很好的解决。

20 世纪 80 年代以来，国家档案局档案科学技术研究所在缩微影像技术和数字化技术方面持续开展了大量科学研究工作，在上述两个领域的研究水平始终保持在全国甚至世界范围的领先水平，在理论研究、策略研究、标准研制、设备研制等方面均具有丰富的研究经验，同时，也在积极酝酿缩微数字一体化工作模式的研究和设备的研发。

1997 年，湖南琴海数码有限公司开始着手研究缩微数字一体化机，经过对 16 毫米缩微拍摄机的电路进行改造，加装工业数码相机，实现了一次操作，同时输出两种数据。经过几年的发展，该技术在医疗病历档案领域得到一定应用，具备了一定的实践基础，但是还缺乏高质量的一体化硬件设备、软件系统，以及缩微数字化一体化的整体解决方案，以支持更大规模的纸质档案缩微数字一体化加工工作，且使产品满足纸质档案异质备份工作相关技术标准的要求。

2009 年，国家档案局档案科学技术研究所与湖南琴海数码有限公司对纸质档案缩微数字一体化理论进行了深入探讨，提出深入研究的总体计划，开始着手纸质档案缩微数字一体化工作站研制，后又作为国家档案局档案科学技术研究所计划科研项目，进入实质技术攻关阶段。

二、研究成果主要内容

1. 软硬件系统主要技术方案和技术原理

纸质档案缩微数字一体化工作站由七大部分组成：

（1）缩微拍摄系统

缩微拍摄系统用于对 A3 以下幅面纸质档案在标准光源范围进行缩微拍摄，并产生符合 GB/T 17292—1998《缩微摄影技术 第一代银—明胶型缩微品的质量要求》等标准要求的 16mm 缩微胶片。

课题组选用成熟缩微技术作为基础，消化、引进、提高，通过对电路系统、机械系统、控制系统的改造，使其更好地与数字化系统进行整合，最终为我所用。同时，将传统的电子按键模式发展为触摸屏智能化管理模式，使缩微拍摄过程更加人性化。

（2）数字化系统

数字化系统用于对纸质档案进行数字化加工，非接触式取得数字化图像，并通过应用软件对图像进行规范化处理，产生符合 DA/T 31—2005《纸质档案数字化技术规范》等标准要求的数字图像产品，为纸质档案的快速利用提供基础。

为使设备各项技术参数达到要求，课题组在对扫描仪、数码相机、工业相机等各类产品的数字化成像基本原理进行验证的基础上，对利用各类产品进行数字化时数字图像质量、数字化过程对纸质档案的破坏程度、工作效率、使用寿命、维护成本等各类参数进行了全面、综合对比，完成数字化系统核心设备选型，确定了技术方案设计。最终采用国际最为先进的丹麦 JAI 数字机头的系列产品，采用非接触式的数字化图像采集方式，速度快，不伤害档案原件，达到了总体设计要求。

（3）缩微数字一体化系统

纸质档案缩微数字一体化工作站采用"一机三头"工作方式，一个缩微机头，两个数字机头。通过缩微数字一体化控制系统完成三个机头同步对同一份档案进行缩微影像和数字图像的采集；利用缩微机头的半幅拍摄特性巧妙地解决了两种机头（缩微机头和数字机头）镜头的光轴无法重叠带来的问题。当拍摄 A4 幅面档案的时候，启动缩微机头的半幅拍摄功能。利用左边数字机头完成对 A4 幅面档案的拍摄；当拍摄 A3 幅面档案的时候，启动缩微机头全幅拍摄功能，两个左右对称的数字机头可以分别完成对左右两部分档案的拍摄，每个数字机头拍摄幅面为 A4，再将两个 A4 幅面图像通过软件处理合成一个 A3 幅面图像，从而实现了不小于 A3 幅面的数字图像的采集。

（4）照明系统

照明系统是同时为两种加工方式提供可自动调节的光源，并完全适合两种加工方式，同时要兼顾到操作人员的舒适性，避免操作人员因长时间工作对光源产生的眩晕。提供高质量、均匀性好、色温理想的灯光照明系统。

该系统对传统的照明系统进行了一次重大改革，采用环形顶灯加两个侧灯的方式，使得光的照度均匀性大幅提高；采用 24 组 LED 冷光源，光谱特性同时符合缩微拍摄和数字化加工的要求，使得影像达到最佳效果，同时对档案原件起到保护作用；对 24 组 LED 灯实行计算机智能化自动调光，使台面照度可以调整到最佳状态。

（5）结构及机身外观设计

本工作站被定位为高效、高科技、高人性化的产品。在满足工作站的全部功能之外，工作站的结构、机身外观设计、操作方式设计更加宜人，并支持不同解决方案的弹性配置。

在外观设计上选取电子显微镜的造型风格作为产品高科技、高效率的标杆；选取办公类产品打印复印一体机这种易于操作的常见产品作为造型人性化的标杆，使该产品具有更好的易用性。机身整体采用磨砂的暖白色塑料材质来实现整洁、平和的高雅格调，在局部面板采用黑色磨砂来突出造型重点，用银色电镀条与黑色形成反差效果来强调品牌 LOGO。

（6）控制系统

采用微电脑技术的机电一体化的新一代工业自动控制装置。计算机的应用取代了继电器逻辑控制。可以在不拆除原有接线或少改动原有接线的情况下，改变其逻辑控制状态。计算机可靠性高，控制灵活，在软件的驱动下实现对工作站进行全程控制。

控制系统主要包括：缩微拍摄控制系统、数字化控制系统、缩微数字一体化控制系统、电路控制系统、机械控制系统、灯光照明控制系统和触摸屏控制系统等。

（7）档案数字化管理系统

针对不同档案数字化加工要求、管理模式、业务流程、质量要求等，研发了通用的档案数字化加工和质量控制管理系统。能够对纸质档案缩微数字一体化加工工作进行全程管理，实现对档案数字化加工业务流程、图像处理、数据管理、安全性等进行管理和控制。

2. 软硬件系统主要性能指标

（1）整机技术指标和参数

加工模式：同时生成缩微影像和数字图像各一份。

响应时间：2 秒

每天可同时制作 15000 页数字图像和 15000 幅缩微影像。

数字图像格式：TIFF、JPEG 等多种格式。

（2）缩微拍摄技术参数

胶片：16mm 缩微胶片

画幅计数器：12 数位可还原液晶显示；7 数位不可还原机械式显示

镜头：F＝5.6/28mm

解像力：不低于每毫米 155 线对

快门：电磁体控制，独立操作

缩率：1：25

原件尺寸：最大至 A3 幅面

曝光控制：自动或手动

画幅尺寸：9.7mm×12.6mm（单画幅），18.2mm×12.6mm（双画幅），两种幅面可自动变换

光点标记：内置式三级光点标记

（3）数字化技术参数

数字机头类型：800 万像素专用数字机头（200 万、800 万、1600 万可选）

焦距：定焦

感光器类型、尺寸：2/3" IT CCD

像素脉冲：60 MHz

物理像素：3200（H）×2558（V）

像素尺寸：3.45μm×3.45μm

扫描方式：逐行扫描

帧频：15fps

快门类型及范围：电子快门1/15～1/10,000（秒）

感光度：0.34勒克斯（最大增益时达到）

信噪比：＞50分贝（0分贝增益）

频率：10G（20Hz至200赫兹的XYZ）

工作温度：−5℃～＋45℃

工作湿度：20%～90%，非冷凝

保管温湿度：−25℃～＋60℃/20%～90%，非冷凝

电源：12V DC±10%；5.5W

连接方式：数字8/10/12bit GigE Vision

（4）其他部分技术参数

光源：66个LED光源（可组控）

电源功率：300W

整机电源：AC200V

整体尺寸：1600mm×700mm×2000mm

重量：60kg

工作温度：−5℃～＋45℃

工作湿度：20%～90%，非冷凝

保管温湿度：−25℃～＋60℃/20%～90%，非冷凝

整机功率：400W

3. 标准、规范研制

本着标准先行的技术理念，在缩微数字一体化工作站研制的同时，起草《纸质档案缩微数字一体化技术规范》征求意见稿，并已申报档案行业标准。

4. 取得的技术专利及认证情况

（1）专利情况

2012年9月5日，纸质档案缩微数字化工作站取得中华人民共和国国

家知识产权局授予的实用新型专利证书。专利号：ZL 201120562156.0

（2）ISO 9001 认证证书

2013 年 1 月 21 日，纸质档案缩微数字一体化技术的服务取得 ISO 9001 认证证书。认证编号：11713Q10056R1S。

三、在档案工作中的主要贡献

纸质档案缩微数字一体化工作站及其相关技术，是根据国家档案事业发展新目标、新要求，瞄准档案备份技术发展新趋势、新特点，总结缩微与数字化技术成功发展经验，深入调查研究和论证，在理念上探索开拓，在技术上创新突破，创造了纸质档案缩微拍摄与数字化技术整合应用的全新模式，创建了档案安全保障体系建设和档案利用体系建设的全新一体化技术理念。

1. 全新技术理念引领前沿技术发展趋势

缩微数字一体化工作站及其相关技术研发，在国内国际尚属首创。工作站设计科学、合理、适用，配套应用软件系统能够对纸质档案缩微数字化一体加工工作进行全程管理，生成的缩微品和数字图像质量能够满足相关档案行业标准规范要求。这一全新的技术理念必将引领前沿技术朝着更加科学、更加实用的方向发展。

2. 有效保护档案原件

纸质档案缩微数字化一体化工作中，采用 LED 冷光源，可有效保护档案资源不受损害；一次操作，同时完成缩微拍摄和数字化加工工作，可使档案原件免受二次调用和二次损害，有效保护了珍贵档案原件。

3. 大幅度提高工作效率、节约成本

缩微数字一体化工作站的应用，不仅变两项工作为一项工作，而且因操作简单、可靠性高，能够实现人机快速高效运转。利用本工作站单人单机每天（8 小时）可缩微拍摄和数字化 7500 多页纸质档案，适合大规模、大批量纸质档案缩微数字化加工。较传统工作模式，在人工、设备、管理等各项成本方面均有大幅度降低。

网络信息资源归档与利用平台建设的研究

《网络信息资源归档与利用平台建设的研究》（项目编号：2013-2-10）于 2011 年 5 月开始课题研究工作，2011 年底完成。形成了 5 万余字的研究报告和 4000 多字的工作报告。该项目于 2012 年 2 月通过了国家档案局组织的成果评审。

一、项目研究概况

随着我国信息化建设的不断深入，各领域借助互联网平台产生了丰富的信息资源。这部分资源同物质资源一样，越来越受到人们的关注并在我国经济社会发展中扮演着日益重要的角色。从政务信息的公开到商务信息的发布，到各学科领域知识信息，它们不仅是人类知识的宝库，也是人类记忆的财富。然而，这部分网络信息并没有保存纸质或其他介质的相同版本文件，致使网络信息在不断增长的同时，也如昙花一现般以惊人的速度消失。如果不采取积极的策略及有效的手段，这些记忆将逐渐遗失。

将有价值的网站信息整理归档、规范化管理及合理利用，是构建和传承社会记忆重要手段，更是档案部门责无旁贷的职责。因此，课题组结合辽宁省档案工作实际，借鉴国内外数字信息资源长期保存研究中成功的建设经验，以档案理论为基础，展开此项目的研究。旨在将有价值的网络信息长期保存及合理利用，搭建符合我国国情与档案工作实际的历史网络公众服务平台，使公众可以方便快捷地从互联网众多的信息资源中检索出对其有利用价值的信息。

该项目于 2011 年 4 月立为国家档案局科技项目，同月开始组织实施，相关理论研究和网络信息资源归档与利用平台建设同步开展。6 月份平台建设基本成型，并以辽宁档案信息网为试点，研究其网站框架构成，信息组织特点，根据研究结果建设和部署网络信息归档利用平台，开始采集网络信息资源。研究建立了网络信息资源归档技术规范、网络信息资源归档与利用管理规范。归档与利用平台于 9 月份正式投入使用，对我省 14 个市档案信息网站进行了归档，在 2012 年 3 月形成 6 万余字的研究报告和 5000 多字的工作报告，并通过了国家档案局项目组评审。

2013 年 8 月配备了专业服务器，和海量存储设备，面向社会开放网站归档申请，并研究提供对外查询利用窗口。截至目前已形成网络信息资源归档文件 1000 多份，存储量达到 200G，每天对各家网站进行增量归档，平均采集用时 2 个小时左右，并能够按照网站原貌真实再现信息资源。目前项目进展顺利，并在实践中解决许多的技术上和理论上的难题，相关功能和管理手段将不断扩展，相关标准也在逐步完善。

二、项目必要性和相关背景

（一）直观真实再现社会活动的本来面貌

网络中很多信息资源是社会活动中直接形成的原始性信息记录，实现网络信息资源归档能够保持历史的连续性，将过去、现在和未来连接在一起，真实地记载现实社会，是现实社会活动的原始记录。网络信息是由各个组织机构产生的，可以说和其他形式的文件在本质上是相同的，属于组织机构活动的证明，体现了组织机构的职能。

从表现形式来看，同其他文件相比，网络信息更具直观性，以其丰富多彩的形式存在，可以是文本、图像、音频、视频、软件、表格、数据库等，也可以是各种文件混合形式，生动地将过去的社会活动重现人们眼前。

人们可通过归档的网络信息了解过去，因此它是沟通历史的桥梁。例如，伴随着行政体制改革，发布在政府机构网站上的信息，对研究和了解当代中国行政生态是很重要的参考依据，对全面真实地反映政府管理活动的本来面貌也具有重要意义。

（二）是丰富馆藏资源、维护社会记忆的必要手段

网络信息资源涉及领域从经济、政治、科研、教育、艺术，到具体的行业和个体，包含的资源类型从电子报刊、电子工具书、商业信息、新闻报道、书目数据库、文献信息索引、博客、原创文学、音乐到统计数据、图表、电子地图等。这些都是人类文明的重要组成部分，已被置于国家战略资源的高度，被誉为国家的"数字资产"。通过采集和保存网络空间中丰富多彩的数字资源信息，利于充实馆藏数字资源，全面构建档案资源体系。

从存储意义来看，纸质文件可以保存上千年，甚至更久，而网络上的信息文件尚未得到足够重视。因此，对这些机构网站上的信息就需要进行归档和保存。与各组织机构 OA 系统中或原生的电子文件相比，后者都会以双轨制的形式存在，同一份文件，既有纸质版也有电子版。电子文件的归档也是一式多份，分别用于保管、查阅使用、异地保存等。而网络信息资源产生于网络环境，基本上都是以"孤本"形式存在的，没有备份，而且这些网络资源数量巨大，增长迅速飞快，更新或删除之后就可能永远消失。这些"原生数字资源"和"数字化遗产"也正面临着消失和不可获得的风险。对这些信息进行归档保存刻不容缓。采用现有技术和策略采集和保存网络资源信息，是维护这部分社会记忆的必要手段。

（三）可以扩展档案基本职能，提升档案影响力

目前国内尚无相关规定由哪个机构来收集保管这些网络信息资源，学术界对这个问题看法并不一致。有人认为网络信息的发布者是保存的第一道防线，但是这种选择很不稳定，当发布者无力或不愿意保存时，就会导致数据的永远消失。种种原因致使网络信息资源鲜有人员收集、鲜有机构管理，海量有价值的信息处于严重流失状态，使国家的档案信息资源造成损失。

许多网络信息资源具有档案的属性，如凭证性、记录性、唯一性等，从存档行为与档案业务活动的联系看，由综合性档案馆保存网络信息资源责无旁贷。档案部门应承担起这份历史的重任，放宽视野，将其征集进馆。或与有职能交叉的单位（如图书馆、大学、博物馆等）联合开展此项工作。将对档案基础业务工作的扩展有着极大的推动作用，同时在丰富馆藏资源、提高社会影响力和公众影响力等方面都有很重要的意义。

（四）为公众获取网络历史信息资源提供平台

网络信息存档与利用平台的研究与实践是为了回应现代社会的需求。网络信息发布者可以自由地在网上发布更新信息，但他们并无信息长期保存的

责任。综合性档案馆承载着保存与传播文化的社会职责，其存在的目的之一就是保障公民信息获取平等权利的实现。因此，综合档案馆所提供的信息不能只有纸本文献信息，也应包括网络信息，在条件许可时甚至能够实现对网络信息的证据保全。

而且通过网络资源归档与利用平台的搭建，将使这些离散的数据信息得以整合，并在社会各个领域发挥重要作用。通过开发和利用这些隐形资源，将为公众创造一个资源丰富、集中搜索、应用便利的服务平台。

（五）为经济社会的科学发展提供丰富的信息资源

在现代社会，"信息是支配性资源和战略性资源"已经成为共识。一个国家的科技创新能力、国际竞争力和经济社会发展水平都越来越依赖于保存、开发和利用网络信息的能力，欧美国家甚至将网络信息生产、获得和利用作为国家信息化建设的关键。实现对网络信息的长期安全保存是进一步开发和再利用这种新型经济资源的基础和保证。

同时课题研究处在数字信息技术发展、网络信息资源急剧膨胀的时代背景下，提出基于传统档案归档管理工作的网络信息资源整合。特别在我省政务信息公开工作大力开展的大环境下，网络上原生数据信息资源的采集与利用将有效地为政府决策、百姓生活提供服务。

三、项目研究主要内容

主要内容包括网络档案信息资源归档与利用的机制、体制的建立，网络信息资源采集平台研发，信息采集技术研究。网络信息资源归档管理平台研发，WEB 存档文件格式转换技术研究。网络信息资源垂直搜索引擎平台研发，网络信息资源回放系统研发，网页指纹技术研究，相关基础设施及硬件设施的配备等。

（一）网络信息资源概述

此部分对网络信息资源概念、类型和特点进行描述；分析了网络信息资源发展现状，以及网络资源归档的发展历程。

（二）国内外网络信息资源长期保存研究现状

通过相关文献和相关网站，研究了国际、国外（美国、英国、荷兰、德国、澳大利亚等）相关项目的情况和进展。研究了国内相关研究项目理论与实践的研究现状。阐述了国内外可以借鉴的研究理论和实践成果，以及普遍存在的难点。

（三）网络信息资源归档与利用存在的问题与挑战

目前我国相关网站文件归档的研究尚处于探索阶段，使得该课题的研究与实践面临着巨大的困难和挑战。该项目研究详细地列举和分析了具体问题与挑战，包括技术上的局限性、工作流程的设定、长久保存的难题、归档范围的确定、法规、法律、资金等问题。

（四）档案管理模式下网络信息资源归档与利用理论研究

从档案学角度研究探讨网络信息资源归档利用涉及的理论，为实际平台建设提供理论依据。研究内容包括：网络信息资源管理对档案管理理论的借鉴、网络信息归档原则、网络信息资源组织机制构成、网络信息资源归档方式的研究、网络信息资源保存的系统模型、网络信息资源归档与利用、策略与流程、网络信息资源归档利用管理体系建设等。

（五）档案管理模式下网络信息资源归档与利用实证研究

以辽宁省档案信息网站为实例，开展网络信息资源归档实践性研究。研究内容包括：网络信息资源归档与利用平台建设总体构思、网络信息资源归档与利用平台整体框架、系统设计方案及其主要功能、技术实现及其原理、软硬件环境、系统部署、网络信息资源归档利用管理体系建设等。项目研究的平台建设主要实现功能：

1. 网络信息资源采集

该平台负责分析指定网络信息资源，指定相应的采集策略，将网络上发布的所有 Web 信息资源采集下来，并保存为 Web 存档文件。具体功能分解如下：

采集任务设置：设定特定网站的网络信息资源的采集过程。包含任务名称、任务描述、种子列表、采集规则列表等。

数据采集管理：执行采集任务后将采集数据存储于 WEB 存档文件中。

增量数据采集：通过对网络信息资源的新旧比对仅对目标网站上发生变化或新增文档进行采集。

采集进度管理：设置可查看采集完成进度、经历时间、完成时间，对任务进行暂停、恢复操作。

2. 网络信息资源归档管理

该平台设置归档管理功能，将采集完毕的网络信息资源著录诸如归档时间、密级等相关背景信息，形成基于档案管理的标准工作模式。具体功能分解如下：

网站管理：对要归档的网站进行增加、删除、修改操作。

归档信息管理：对采集结果中的信息资源进行元数据信息抽取，按照标准完善归档著录项，最终打包形成 WEB 存档文件等待发布。

索引管理：通过启动索引工作，整理归档文件数据信息，为 WEB 存档文件建立索引。

系统管理：包括数据差错控制、日志管理、用户权限管理。

3. 网络信息资源发布利用

该平台包括网络信息资源搜索引擎平台及网络信息资源内容回放平台，为用户提供便捷的历史网络信息资源的在线全文检索和内容浏览。主要功能分解如下：

信息鉴定、审核：按照相关鉴定标准对所采集信息进行信息内容鉴定、审核时候可以开放。

搜索引擎应用：通过输入任意关键词对所采集全部信息进行垂直搜索。

信息发布管理：经鉴定后的信息且通过审核的历史信息发布至互联网提供利用。

信息回放系统：展现指定网站任意历史时间原貌。

4. 安全系统设计

从软件、硬件两方面入手搭建网络信息资源归档与利用平台的安全体系，保障该项目成果运行安全稳定。软件开发方面，采用代码加密机制、管理员及用户权限控制、日志管理等安全管理模块；硬件设备配备独立的服务器，由本单位自行管理，安装部署专业的防护设备与备份设备，以应对当前互联网上病毒、木马、非法攻击等事件的频繁发生，保证网络档案信息不受侵犯，保障终端计算机与服务器的安全。同时制定严格有效的安全管理工作机制，确保工作有序进行。

（六）网络信息资源阶段性总结

网络信息资源归档是一个庞大而长期的工程，不能一蹴而就，需要循序渐进，不断完善，必须常抓不懈。此部分对网络信息资源归档与利用平台建设项目实施情况进行了总结，包括目前已解决的技术难题和尚存在的技术难点及局限性，以及未来平台建设努力方向及展望等。

四、项目的创新点

（一）填补我国档案网络信息资源归档实践研究的空白

针对目前国内网络信息资源长期保存问题上缺乏实质性工作的现状，结合辽宁省档案馆的职能，以辽宁省档案信息网为试点，开发出一套适合国内网络信息特点和相关工作流程的网络信息归档利用平台；为存在流失风险并有归档价值的网站及其他的重要网络信息资源提供了归档、整合的平台；维护网络档案资源的原貌，为公众查询利用历史网络信息提供平台；为相关研究提供理论与实践的参考。

（二）实现档案理论指导下的网络信息资源归档工作

将档案管理理念纳入网络信息资源管理的收、管、用全过程，研究并建立起符合档案工作实际的网络档案信息资源归档与利用平台。

在档案管理理念指导下，完成网络信息资源归档管理机制与规范体系的建设。

在档案管理模式下研究平台建设和技术手段，对我省及各市档案网站进行阶段性归档，利用网络信息资源归档与利用平台使全省档案网站信息资源得到应有的妥善保存和保护。

170

（三）技术创新

单纯地进行网络信息收集并不是新技术，但有效、完善地实现网络信息按档案要求进行归档，创建归档应用系统，实为技术上的创新。该项目针对档案应用开发的系统平台，妥善地解决了一些关键性的技术难题。如海量文件的长期存储和提取；网络资源增量采集、容错采集；归档资源按时间点回放等问题。

关于民生档案信息资源馆际共享实现方式的研究

一、项目研究的内容

（一）馆际民生档案信息共享需求内在规律的研究

民生档案信息共享需求是由机关部门职能的分工、档案内容针对的事物、档案馆接收的范围、档案保管的现状等多种因素综合作用的结果。主要体现在远程获取档案信息作参考和远程索取档案证明作依据两个方面，而远程提供档案证明效益更加明显。

1. 提供档案复制件：利用网络公布档案全文，使利用者可直接索取档案复制件，利用网络公开档案目录，使利用者确定查档线索，到当地档案馆办理相关手续后间接索取档案复制件，不必到档案所在地档案馆索取，满足异地利用者对档案的参考需求。

2. 提供档案证明：利用者通过网络远程确定查档线索，到当地档案馆办理相关手续后，可获得标明档案出处，盖有档案证明专用章（相关部门备案）、经手人签字的档案复制件，不必到档案所在地档案馆索取，满足异地利用者对档案的凭证性需求。

（二）馆际间远程提供档案证明的效力研究

贯彻《长春市电子档案远程利用管理暂行办法》，实现就近查询，跨馆出证涉及档案馆之间档案法律责任的连带关系，需要相互之间明确责任单位、责任人之间的法律关系。为此，长春辖区内各个档案馆根据《远程提供档案证明的实施方案》相互之间签证了责任书，长春市档案局制作并发文统一了各个档案馆证实材料专用章印模，建立了各个档案馆远程查档接待人员签字笔迹备案制度并在全市社保部门存档备查，避免档案造假。

1. 研究配套的规范性文件规定和责任制度约束，把馆际间远程开具档案证明纳入档案馆正常业务范围和工作程序。

2. 在特定的网络及系统中操作，规范的操作流程、严格的监控措施、先进的技术手段、全方位的控制，使其远程出具的档案证明法律效力得到了第三方认可，从理论和实践层面进行了深入的研究。

3. 为了保证远程出具档案证明的真实性，防止借此伪造档案，前端采用第二代身份证认证、多级权限控制、用户名密码与所使用的计算机绑定、电子印章密钥、个人签名等先进技术手段综合控制，后端进行详细的日志管理，特别是出具档案证明数据库的自动建立，为第三方核实审查、责任可追溯提供了可能。在技术层面，从网络系统安全、信息安全、物理安全三方面来严格实现对数字档案信息的安全保护。

4. 综合运用身份证识别技术、条形码技术、电子印章技术、电子签名技术、版式转换技术等多项先进技术，既保证档案数据远程利用的安全性，又保证远程出具档案证明的可信性。

（三）馆际民生档案信息共享情况研究

档案馆远程服务就是以计算机网络为平台，以数字档案目录和全文为资源，通过馆际与社会分层次的共享，满足利用者对档案信息异地查阅及索取档案证明的需求。民生档案馆际共享分两个阶段推进。

1. 第一阶段为脱机共享

脱机共享数据、电话传真档案、异地出具证明、馆际责任连锁、承认法律效力的共享模式。通过《远程提供档案证明的实施方案》详细规定了远程提供档案证明的组织保障、业务流程、数据准备、推进步骤、实现方式等等。关键的是长春市档案局（馆）与市劳动保障部门达成协议，全市劳动保障系统承认全市档案馆系统跨馆出具档案证明的法律效力。

2. 第二阶段为在线共享

网络共享数据、系统传输档案、异地出具证明、馆际责任连锁、承认法律效力的共享模式。2012 年，长春市档案馆的"数字档案远程利用系统"与"长春市公务员驾驶舱 OA 系统"无缝对接，通过扩展用户的方式将长春辖区各档案馆互通互联，为长春区域内国家综合档案馆馆际间建立通道和平台，实现档案信息共享并可异地出具档案证明。该通道架在长春市档案馆服务器上，利用长春信息港网络，通过各县（市、区）的信息中心将各县（市、区）档案馆链接到机关内网上，现共享档案数据已增加到260余万条。

3. 制定馆际民生档案信息共享实施方案，馆际间签订法律责任书，整合馆际民生档案信息共享数据库，开展远程提供档案证明实践。

4. 在长春市电子政务网络平台上，研发"电子档案远程利用系统"为异地获取档案证明提供技术支持。系统采取 B/S 架构，采取数据集中存储、分层管理、多点共享的方案研究。

5. 在优化电子档案利用业务流程的基础上，科学设计系统功能，配套使用电子公章、身份证识别、电子签名、条形码等防伪技术，为远程出具档案证明提供技术保障。

6. 电子公章规格不变与图片分辨率变化的技术处理，图片多次盖章与合成技术，增加自动化程度。

（四）馆际民生档案信息共享效益研究

远程提供档案证明案例的社会效益与经济效益分析，远程提供档案证明的发展前景分析。

整合馆际民生档案信息共享数据库，开展远程提供档案证明实践，分析远程出具档案证明的社会效益与经济效益，探索机关电子网络向档案业务系统远程深度利用的途径。

二、所取得的成果及社会价值

（一）在档案馆际间使用机关电子公章认证系统并通过民生档案远程利用档案的实践，开了机关电子政务向档案业务系统远程深度利用的先河，具有极大的学术价值和社会价值

1. 研发的"电子档案远程利用系统"，对提供利用的档案复制件上自动添加印章、电子签名、条形码、身份认证等证据性标识，多重技术保障手段使软件系统最大限度地保证远程出具档案证明的真实性，创新了业务流程设计与系统功能实现方式。

2. 全市电子档案远程共享平台实现了 11 馆际间资源共享，互查互用，

最大限度地降低了利用者的查档成本，社会效益明显。

3. 研究出台长春市政府规章《长春市电子档案远程利用管理暂行办法》和馆际及责任人之间法律责任连带机制并付诸实施为全国档案行业首创，远程出具的档案证明法律效力得到第三方认可，具有极大的经济价值和社会效益。

4. 项目成果应用情况。

(1) 整合上传民生档案数据 335 万条，其中，工人调配档案数据 280 万条，知识青年档案 30 万条，婚姻登记档案 25 万条。

(2) 全市 11 个市、县（市、区）档案馆之间互签了《远程出具档案证明法律责任书》。对出具证明材料专用印模统一样式，责任人签字笔迹统一备案。市档案局为 11 个市、县（市、区）档案馆制作了远程查档专用印章，配备了彩色打印机、密钥、身份证读卡器等必需设备。

（二）此实证研究成果，对于提高全国档案部门远程服务能力，具有成本低、效率高、效益好的示范作用，值得大力推广

2009 年末召开的全国档案局馆长会议上给予长春充分肯定并作出全面部署之后，全国许多地方档案部门开展了档案远程利用工作。据不完全统计，网易、国家档案局等二十多个档案网站转载长春远程利用的文章，中国档案、中国档案报、新文化报等多家报刊刊登相关文章，长春日报专门刊登了利用者的感谢信，长春档案远程利用全国影响很大，社会效益很好。同年8月，在九台市档案馆召开了全国第一批远程获取证明的利用者座谈会，家住九台市的弹簧厂老工人李季，手捧着自己的工人调配证档案无比激动，连声说道："感谢政府，谢谢档案局，我得了股骨头坏死，走路都费劲了，咋有可能上长春市找档案，远程服务让我在家门口就把事办了，真是没想到啊！"作为全国远程获得档案证明的第一位受益人，李师傅朴实的话语，让我们体会到项目研究的分量。

上海市民生档案远程服务机制的研究与应用

一、成果简介

本课题从档案服务民生出发，运用分析、研究、提炼归纳等手段确定课题研究方案，采用理论与实践相结合的方法不断完善课题成果，经过调研、规划、需求分析、技术平台构建、系统部署和推广应用等过程，深入探索建立区域性民生档案跨地区、跨部门共享服务体制和机制，并研究建设覆盖广域的民生档案信息远程利用的网络平台和应用系统，在全市范围实现"就地查询、跨馆出证、馆社联动、全市通办"的民生档案便民服务模式。

本课题经过研究取得了一系列研究成果，这些研究成果具有以下几个特点：

（一）先进性

本课题运用了先进的信息化手段在全国率先建立了"就地查询，跨馆出证，馆社联动，全市通办"的民生档案信息三级联网的服务网络平台及其应用系统。系统依托政务网络，建立了横向连接全市 18 家综合档案馆，纵向联通全市 200 多个街道、乡镇社区事务受理服务中心，并逐步向各行业涉民办事部门便民服务窗口延伸的立体式档案远程服务技术平台，形成了市、区县、街镇社区三级部门间民生档案远程服务合力。课题组利用网格技术建立了一站式的民生档案公共服务平台；利用 VPN 技术在政务网络上架构起覆盖全市三级档案利用服务部门的虚拟专网；通过电子签章技术，配备百兆加密机，采用网上超时自动清除数据、数字证书认证等先进技术，使信息传输和数据联查可信、可靠、可控。相关技术指标达到国内档案部门信息化远程服务的先进水平。

（二）实用性

本课题研究秉持"民有所呼，我有所应，民有所求，我有所为"的理念，以档案服务民生为导向，积极探索档案部门与涉民部门密切合作，通过多方联动、资源整合、流程再造和技术创新等手段，构建了"就地查询、跨馆出证、馆社联动、全市通办"的民生档案远程便民利用体制、机制和技术平台，有效实现了群众不出社区即可就近远程查询全市任一国家综合档案馆保存并可提供利用的民生档案信息，并可按需当场免费获取有效证明。课题研究成果已完全应用于实践，有效解决了民生档案远程服务中的各种现实和实际问题。实践证明本课题成果具有很强的实用性。

（三）前瞻性

在信息化、网络化飞速发展的今天，信息资源跨地区、跨部门的共享已是方向和必然趋势，然而从现状看，档案部门这方面的工作相对滞后，特别是覆盖广域的档案信息便民服务无论在机制和技术手段建设上还是空白。本课题研究成果正是针对跨部门、跨地区和覆盖广域的档案远程便民服务的需求所开展的开创性探索，并取得了显著的实践成果，在全国率先建成了覆盖广域的档案远程便民服务机制和技术平台，为兄弟地区乃至全国档案界推进此项工作提供有益的思路和参考。

（四）规范性

课题研究中加强与公安、计生、民政、司法等部门协商，确保运用远程服务方式出具档案证明材料的法律效力；协调各级国家综合档案馆共同签署《上海市民生档案利用便民服务公约》，相互授权利用本馆民生档案专用数据库目录信息；以社区事务受理服务中心一口式办事流程为基础，从整体上设计了民生档案远程服务的框架，引导远程服务机制规范运行。课题研究提出并实现了"统一平台、统一流程、统一文本、统一印章"的"四个统一"要求；研发了全市统一的民生档案远程服务平台及应用系统，制定了统一的操作流程和办事告知及证书文本格式，统一了电子签章格式和档案证明专用章样式；规范了民生档案目录数据结构，以减少数据共享障碍；统一了民生档案受理服务工作人员业务培训内容。

（五）示范性

本课题研究着力突破以往民生档案服务中档案部门各自为政，档案信息资源分散、孤立的体制、机制和技术障碍，为实现民生档案跨部门、跨地区协同服务进行了深入和有益的探索。课题提出的民生档案服务框架体系具有顶层设计意义，研发的民生档案信息三级联网的远程服务系统具有基础平台作用。其研究成果带动了市、区县、社区三级部门，档案条线内、外各部门间的沟通协调，以及信息资源的整合、共享和服务平台的衔接、融合，同时为兄弟地区乃至全国档案界创新民生档案服务理念，构建民生档案远程服务机制提供了成功经验，具有显著的示范作用。

课题部分研究成果已被上海市档案局借鉴采纳，并发布了《关于规范民生档案远程协同服务机制申请与受理程序的通知》（沪档〔2011〕15号）、《关于在全市社区事务受理服务中心全面开展民生档案利用便民服务的通知》（沪档〔2012〕94号）等文件，从而进一步体现了课题研究成果的指导意义，拓宽了课题研究成果的推广应用范围。

二、创新点

本课题研究的创新点主要体现在以下几个方面：

（一）通过对民生档案远程服务机制的研究，创新地提出了档案馆之间的"馆际"、档案馆与社区事务受理服务中心之间的"馆社"以及档案馆与各涉民部门办事窗口之间的"馆室"三联动的服务模式，实现了民生档案立体化、全方位、多层次的利用服务。

（二）建立起区域性民生档案远程服务平台的业务模型和技术模型，在国内率先采用全计算机化手段实现了民生档案"就地查询、跨馆出证、馆社联动、全市通办"的目标。

（三）利用网格技术针对异构环境下分布式民生档案信息资源整合提出了一整套切实可行的解决方案，建立起一站式的民生档案公共服务平台，为广域网环境下的档案信息共享服务提供了可资借鉴的样板。

（四）利用VPN技术在政务网络上架构起覆盖全市三级档案部门的虚

拟专网，使档案信息服务在确保安全的前提下延伸到老百姓身边。

三、成果推广应用情况

本课题研究成果有效构建了民生档案远程服务机制，极大地方便了广大人民群众查档用档，促进了档案基础业务建设的进一步提高，提升了档案工作影响力。

（一）群众查档用档更加便利

本课题研发的民生档案远程服务平台目前已覆盖全市 17 个区县档案馆和 200 多家社区事务受理服务中心，并逐步向涉民部门便民服务窗口延伸。截至 2012 年 11 月底，累计已有 25733 位居民享受到民生档案远程服务机制所带来的便利，其中，有 4868 位利用者在异地档案馆获得跨馆出证服务，有 20865 位居民在家门口的社区事务受理服务中心拿到相关民生档案证明，全市实现"全市通办"的民生档案数据共计五大类型，数据条目 1300 多万条，全文数据超过 2500 万页。民生档案远程服务机制的便民与高效，深受老百姓的欢迎。

（二）档案基础业务水平进一步提高

本课题研究成果有效带动了全市综合档案馆档案数字化、信息化建设，进一步丰富了馆藏档案信息资源。截至 2012 年底，各区县档案馆馆藏民生类专业档案共计达 322 万卷（件）。民生档案的全文数字化已基本完成，共有条目 4000 多万条，全文数据超过 1 亿页，涵盖了婚姻登记、独生子女、知青上山下乡、知青返城、知青子女入户 5 种民生类专业档案。远程服务机制促进了民生档案资源整合，提高了民生档案实体资源和基础业务工作水平。

（三）档案工作影响力不断提升

本课题部分研究成果已被档案行政管理部门借鉴采纳，切实提升了档案工作影响力。2012 年 9 月 20 日，上海市档案局馆长朱纪华在全国民生档案工作经验交流会上作了题为《就地查询，跨馆出证，馆社联动，全市通办——上海市民生档案远程服务机制介绍》的交流发言，系统介绍了上海市民生档案远程服务机制的形成及其创新点，受到与会代表的关注。2012 年 12 月 20 日，在普陀区长寿路街道社区事务受理中心举行民生档案远程服务平台"全市通办"启动仪式，宣布"就地查询、跨馆出证、馆社联动、全市通办"的民生档案远程服务机制正式形成，婚姻登记、独生子女、知青上山下乡、知青返城、知青子女入户等民生档案查询利用实现"全市通办"，受到了社会各界关注。此外，档案远程服务还借助信息化手段，探索开展档案利用与民政、房产、计生、公安等部门便民办事窗口的跨区域、跨行业合作共享，不仅方便了群众办事，也提升了档案工作的知名度和地位。

档案信息综合业务管理平台的研究

一、课题背景

2010 年 6 月，国家档案局正式颁布了《数字档案馆建设指南》（档办〔2010〕116 号），进一步明确了数字档案馆建设目标、内容、要求。数字档案馆建设是一项系统工程，需要经过调研、立项、论证、软件开发、平台构建、资源准备、系统试运行、项目验收、运行维护等诸多环节，需要各业务部门、档案管理部门以及其他相关单位的共同参与，是一项长期的工作任务。建设数字档案馆，有利于提高档案馆工作效率和现代化水平，有利于确保数字档案永久存储与安全保管，有利于促进公共档案服务能力拓展和实现档案信息资源的社会共享。

在青海省内，档案信息化建设参差不齐。由青海省政务信息中心直接领导并投资建设的覆盖省直、州市、县三级党政机关统一政务内网与外网平台，实现了网络基础设施的统筹规划、统一建设，为档案信息资源共享奠定了基础。在档案管理系统建设方面，全省各级综合档案馆和各立档单位基本处于无序管理的状态，形成了大大小小的数据"孤岛"，对档案信息的资源整合和共享利用提出了挑战。正是在这种背景下，青海省档案局领导充分意识到问题的关键所在，于 2009 年 6 月提出了《档案信息综合业务管理平台的研究》的科研项目并得到国家档案局批准立项；同时为保证科研项目的顺利实施，对应的信息化建设项目"青海省档案管理信息系统"也同时启动。

二、课题内容

根据《档案信息综合业务管理平台的研究》课题计划任务书中的要求，本课题的研究内容为：

1. 统一平台

目前我国档案管理系统的应用种类繁多，形成了大大小小的数据"孤岛",对档案信息的整合和挖掘提出了挑战。对档案综合业务管理平台的研究,有助于建立健全档案信息整合和利用的规范化、标准化,推动我国档案信息向深层次的挖掘和利用。建立研究该应用"平台",对各个形式的档案数据"孤岛"的整合和挖掘提供研究的基础。通过对该平台的研究,可以对档案数据进行有效的分析整合,制定规范化的标准,节省大量的人力和物力。

2. 业务延伸

近年,国家档案局对档案的信息化建设制订了多项规范的政策和标准。我省的经济基础比较落后,但对档案信息化的理论探讨没有间断,这次对档案信息综合业务管理平台的研究,使档案信息的管理延伸到各个部门及领域,具体内容有以下几点:(1)研究 OA 办公系统中档案综合管理的应用,实现档案信息的共享;(2)研究制定标准化的、灵活的、开放的接口,把不同领域的 OA 办公系统中的公文归档(物理归档、逻辑归档)纳入到统一的档案信息系统中;(3)平台的建立使各级档案部门的档案及文件的收集、发布更加灵活、便利。

3. 服务民生

经过研究、利用该"平台",使现有的档案管理模式的发展有质的飞跃。在该"平台"下,只要是合法用户就可以享用平台内的档案信息,从为政府服务由此转变为向大众服务的窗口。

4. 资源开发

我国档案信息资源之间的相互联系不紧密,对档案信息的再利用和再开发提出挑战。应用该"平台"使档案数据资源迅速整合,充实丰富档案信息内容。

其中第 4 点资源开发部分包括数据标准和利用服务两个层面,可以分别融入到第 1 和第 3 点中去。在研究报告的后续描述中将针对课题研究内容的前三点分别展开介绍。

三、研究思路

(一)理论导向,贴近实践

马克思主义哲学告诉我们,理论指导实践,实践反过来作用于理论。档案信息综合业务管理平台作为一项新的档案管理模式，对传统的档案管理模式提出了挑战，需要借鉴传统的档案管理理论、计算机理论、电子文件管理的相关理论来指导我们的实际工作。同时，根据实际工作的发展和需要丰富现有的档案管理理论和电子文件管理理论。

（二）继承传统，注重特色

传统的档案管理理论在工作环节和流程上具有通用性，档案信息综合业务管理平台的建设工作可以在一定程度上借鉴传统的工作环节和流程。同时，鉴于数字档案馆建设和电子文件管理具有的新特点，在管理上要着重考虑其特殊性。既要注重管理的全面性、规范性和安全性，也要充分考虑到信息化环境下档案资源管理的特殊性和可操作性。

（三）全面研究，重点突破

档案信息综合业务管理平台研究面非常广泛，比如对传统档案管理理论的深化、国内外数字档案馆管理理论的比对研究等等。本课题对以上内容都有所探讨，在全面研究的基础上侧重研究三个重点，一是对档案信息综合业务管理平台的建设进行研究，二是对电子公文文档一体化实现过程进行分析研究，三是对档案信息资源的利用服务进行研究。

（四）重在长远，兼顾眼前

今天从昨天走来，又向明天走去，无数个今天留下无数的瞬间，构成历史记忆的长河。档案是历史发展的纽带，它要让瞬间永恒、让历史凝固、让信息沉淀、让时光延伸、让记忆说话、让知识传承，总之是让未来和历史"牵手"。为了这"牵手"，我们必须仔细揣摩未来的档案需求，而不能仅仅以今天人的需求来收集档案。在档案信息资源管理领域的研究中尤其如此，首先，档案信息资源作为档案研究本身就是一个新生事物，如果不考虑将来的发展趋势，势必造成课题成果没有实际应用价值；其次，信息技术的发展遵循摩尔定律，而档案信息资源本身就是信息技术发展的产物，对其研究如果没有一定的前瞻性，不久之后就会被淘汰；最后，国内的数字档案馆理论研究目前已经落后于国外先进水平，如果不按照最新、最前沿的理论作为指导，即使取得成果也只是重复前人的脚步。

本章对课题研究成果、创新点和下一步研究方向进行简要介绍。

四、研究成果

本课题的研究主要取得了以下几方面的成果：

1. 建立了青海省国家综合档案馆档案分类体系，并针对每种档案类型制定了数据结构标准。

2. 对档案馆业务进行了深入分析，基于 OAIS 模型，提炼出档案馆应用系统建设的功能模型和业务模型，具有一定的普遍指导意义。

3. 针对目前青海省各省直立档单位的实际情况，对 OA 系统电子公文文档一体化进行深入研究，通过制定电子公文归档的元数据规范、电子公文归档移交的数据存储结构标准，实现电子公文归档的文档一体化。

4. 利用青海省现有的政务网平台，基于云计算理论和分布式检索技术，对省、州市、区县三级档案信息资源的共享利用进行研究，通过一站式的档案检索平台，实现了档案信息资源的三级共享。

5. 同步完成了"青海省档案管信息理系统"的项目建设任务，为同类档案管理信息系统的建设积累了宝贵的经验。

五、课题创新点

本课题研究的创新点主要体现在以下几个方面：

1. 采用构件化的软件开发思想，提炼出档案综合业务管理平台的功能模型和业务模型，并对其进行了设计和实现，使整个系统具有了良好的健壮性和扩展性；

2. 针对电子公文归档在元数据标准、存储结构、三性保证措施、实现方式等方面提出了一整套切实可行的解决方案，并在青海省集中式档案室管理系统中成功得到应用，起到了良好的示范作用；

3. 采用"集中索引、分布检索"的设计思路，在云计算架构下创新地设计了一站式检索平台，实现了全省三级分布式档案信息资源库的一站式逻辑整合和共享利用。

基于"云计算"的区域性数字档案馆建设研究

北京市档案局 2011 年 5 月 1 日至 2012 年 12 月 31 日承担并完成了国家档案局科技项目"基于'云计算'的区域性数字档案馆建设研究"课题研究任务（课题编号：2011-X-04），形成了《北京数字档案馆建设方案》和《基于电子档案身份证技术的电子档案凭证价值保护理论体系研究报告》等重要研究成果。

本课题于 2013 年 1 月顺利通过国家档案局组织的课题评审会，评审委员会认为本课题以覆盖某一行政区划的区域性的数字档案馆建设为研究内容，辅以对数字档案馆建设非常重要的电子档案凭证价值保护理论体系研究，研究方法正确、技术路线合理、研究成果科学、方案设计可行，在国内档案界相关领域具有较强的普适性，参考作用显著。本课题于 2013 年分别获得了国家档案局优秀科技成果二等奖（获奖编号：2013-2-16）和北京市档案局优秀科技成果特等奖（获奖编号：2013-特-01）。本课题研究成果获得国家版权局计算机软件著作权 1 项、国家知识产权局正式受理发明专利申请 2 项。

一、研究内容

（一）北京数字档案馆建设方案

《北京数字档案馆建设方案》不单单是一个简单的信息系统研发方案，而是涵盖了工作机制、信息系统、档案数字资源库、制度标准化体系和人才梯队等方面建设的综合性规划方案，具体包括数字档案馆的建设目标、设计原则、技术架构、建设内容、组织机构设置、运行形式、制度标准建设、人才队伍培养等，在基于云计算技术的区域性的数字档案馆总体架构设计、数字档案馆各组成系统的功能需求分析、数字档案馆的建设运行模式、数字档案馆的工作机制以及云计算条件下实现区域性数字档案馆建设目标所需的关键技术选型等方面具有独创性和实践意义。

该方案的信息系统建设部分立足于当前信息技术发展水平,设计并实现了区域性的数字档案馆"云框架",划分了档案数字资源接收平台、档案数字资源综合管理平台和档案数字资源利用平台三大组成部分,细分了虚拟档案室系统、档案数字资源接收系统、档案数字资源综合管理系统、档案数字资源公共利用服务系统、档案数字资源长期保存系统、运行管理系统6个子系统。通过深入且科学的论证,实现了档案数字资源的云仓储方案,这在档案管理领域是一个非常重要的创新,有望解决数据分散存储导致的数据孤岛现象,有效解决档案数字资源的共享和利用障碍问题,为普惠民生作出重要贡献。下图(见下页)即为比较典型的区域性数字档案馆总体架构设计 [以北京数字档案馆(北京电子文件中心)为例]:

1. **基础设施支撑层**

基础设施支撑层是系统运行的基础环境层,分成了档案馆专网基础设施支撑层和政务外网与因特网基础设施支撑层。采用虚拟化技术,构建相应的计算资源池、网络资源池和存储资源池,并通过对资源池全生命周期管理和资源池运行监控,提供计算服务、数据存储、负载管理、备份服务、安全域划分和网络服务等服务。实施机房及配套工程的建设。

2. **数据资源层**

包括基础信息库、档案内容库、业务过程库、辅助信息库、标准规范库、运行维护库、电子档案身份证库和统计信息库等数据库。

3. **应用支撑层**

包括凭证性保障支撑、流媒体服务、工作流引擎、规则引擎、格式转换、文件传输中间件、应用中间件、OCR识别服务、报表管理、认证授权支撑、全文检索和授时服务支撑等组件,以及用于用户定制所需的组件管理、配置管理和业务流程管理等标准接口。

4. **应用层**

包括电子文件中心(虚拟档案室)应用、档案数字资源接收、档案数字资源综合管理、档案数字资源利用服务、电子档案凭证价值保护、元数据智能捕获与封装、查询统计、数据交换、系统运行管理等应用。通过用户定制界面实现面向用户的个性化定制功能。

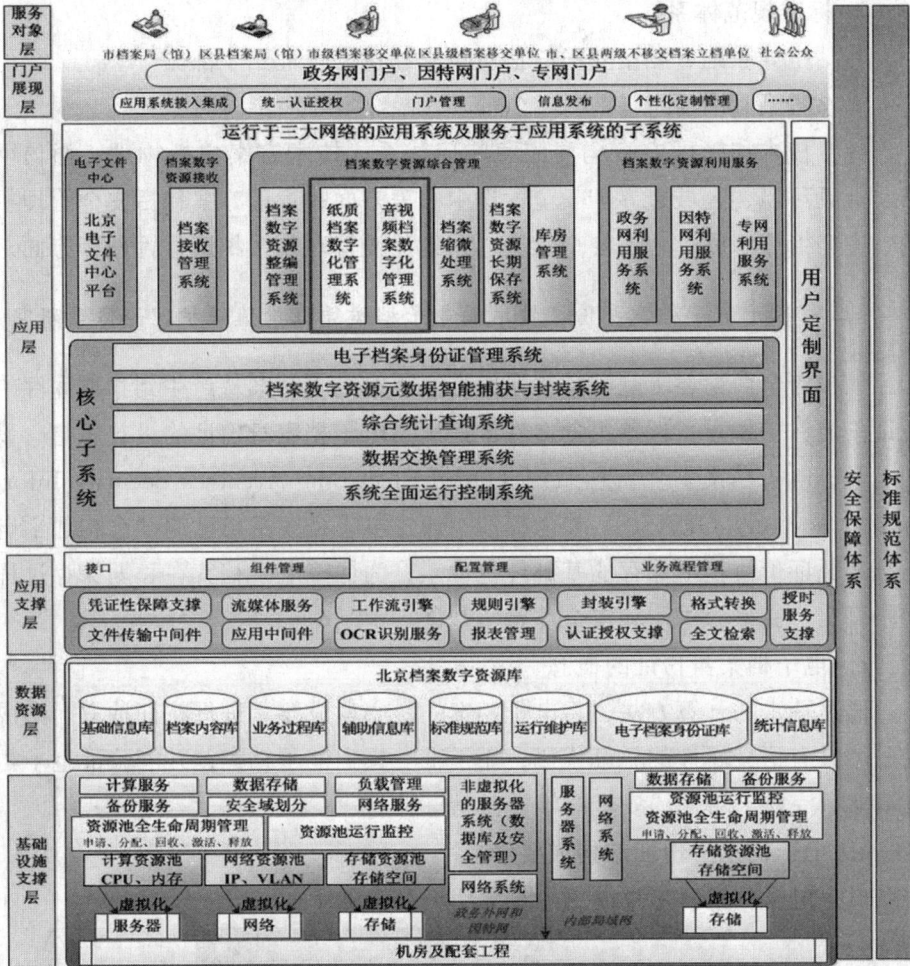

北京电子文件中心平台

服务对象层：市档案局（馆）区县档案局（馆）市级档案移交单位区县级档案移交单位 市、区县两级不移交档案立档单位 社会公众

门户展现层：政务网门户、因特网门户、专网门户
应用系统接入集成　统一认证授权　门户管理　信息发布　个性化定制管理　……

应用层

运行于三大网络的应用系统及服务于应用系统的子系统

电子文件中心：北京电子文件中心平台

档案数字资源接收：档案接收管理系统

档案数字资源综合管理：档案数字资源整编管理系统　纸质档案数字化管理系统　音视频档案数字化管理系统　档案缩微处理系统　档案数字资源长期保存系统　库房管理系统

档案数字资源利用服务：政务网利用服务系统　因特网利用服务系统　专网利用服务系统

核心子系统：
- 电子档案身份证管理系统
- 档案数字资源元数据智能捕获与封装系统
- 综合统计查询系统
- 数据交换管理系统
- 系统全面运行控制系统

用户定制界面

应用支撑层

接口　组件管理　配置管理　业务流程管理

凭证性保障支撑　流媒体服务　工作流引擎　规则引擎　封装引擎　格式转换　授时服务支撑
文件传输中间件　应用中间件　OCR识别服务　报表管理　认证授权支撑　全文检索

数据资源层

北京档案数字资源库

基础信息库　档案内容库　业务过程库　辅助信息库　标准规范库　运行维护库　电子档案身份证库　统计信息库

基础设施支撑层

计算服务　数据存储　负载管理
备份服务　安全域划分　网络服务
资源池全生命周期管理（申请、分配、回收、激活、释放）　资源池运行监控
计算资源池 CPU、内存　网络资源池 IP、VLAN　存储资源池 存储空间
虚拟化 服务器　虚拟化 网络　虚拟化 存储

非虚拟化的服务器系统（数据库及安全管理）

服务器系统　网络系统

数据存储　备份服务
资源池运行监控
资源池全生命周期管理（申请、分配、回收、激活、释放）
存储资源池 存储空间
虚拟化 存储

政务外网和国特网　内部局域网

机房及配套工程

安全保障体系　标准规范体系

5．门户展现层

分别在政务外网、因特网、档案馆专网建设门户系统，在门户主界面中集成应用系统的相关功能实现对应用系统的功能整合，提供统一认证授权、单点登录、信息发布、个性化定制管理等相关功能。

6．服务对象层

包括辖区各级档案局（馆）和档案移交单位，包括全部社会公众，并向移交清单以外的档案移交单位开放部分系统功能，提供基础的档案数字资源管理服务。

7. 标准规范体系

包括指导原则、档案业务、信息技术和运行管理四个部分。

8. 安全保障体系

综合技术和管理方案构建应急响应体系。技术方案包括物理、通信网络、计算环境、区域边界和安全管理中心等方面；管理方案包括安全管理机构、安全管理制度、人员安全管理、系统建设管理和系统运行管理等方面。

（二）基于电子档案身份证技术的电子档案凭证价值保护理论体系研究

该报告全面论述了基于异构系统环境下的电子档案从产生到长期保存的凭证价值保护体系，课题组创造性地提出了电子档案身份证的设计思想、设计了开放电子档案安全信息系统（Open Electronic Archives Security Information System，OEASIS）参考模型，通过电子档案身份证的理念构建了电子档案凭证价值长期保存的基础理论体系，为保障电子档案在长期保存过程中的真实、完整、可用和安全奠定了基础。

1. 电子档案身份证的概念

通过特定的计算方法，将电子档案的核心构成要素进行特征抽取而形成的一个具有语义属性的凭证代码，用于唯一标识电子档案，并能验证电子档案真实、完整、可用、安全的唯一身份证件。

2. 电子档案身份证的构成要素

（1）电子档案身份证的三个主要组成部分如下图：

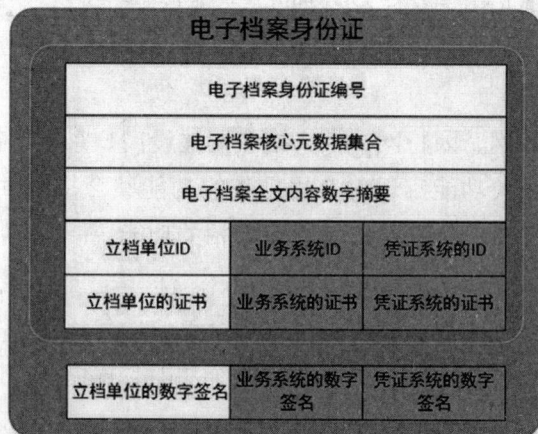

①电子档案身份证编号：指按照明确规则生成的唯一标识电子档案身份证的编号，并用于构建电子档案身份证与电子档案内容信息、元数据、目录等的关联关系。

②电子档案内容信息和元数据的关键要素：包括电子档案全文内容数字摘要、电子档案核心元数据。

③电子档案形成单位对电子档案所赋有责任三组数字签名：一组是立档单位数字签名；二组是产生电子档案的业务系统的数字签名(非必要)；三组是凭证性保障支撑平台(电子档案身份证管理系统)自身的数字签名(非必要)。

(2) 电子档案身份证编号具有唯一性，即每件电子档案的身份证编号在国内唯一，在有需要的情况下，也可简单扩展为全球唯一性。其四个主要组成部分如下图：

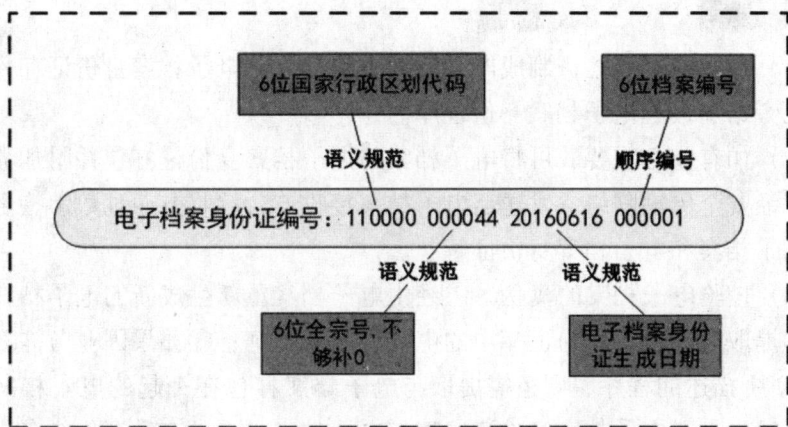

①国家行政区划代码：省级（第1、2位）、市级（第3、4位）、县级（第5、6位）等6位。

②全宗号：6位，不足6位补0。

③电子档案生成日期：8位，包含年度4位、月份2位、日期2位。

④电子档案顺序编号：6位，电子档案身份证系统按规则自动分配。

3. 电子档案身份证的凭证性保障机制

电子档案身份证的存在意义在于可随时校验电子档案凭证价值，且电子档案身份证可在多家具有同一凭证保障技术框架的单位间进行传输和互验。下图（见下页）为电子档案身份证生成、传输、校验基本程序：

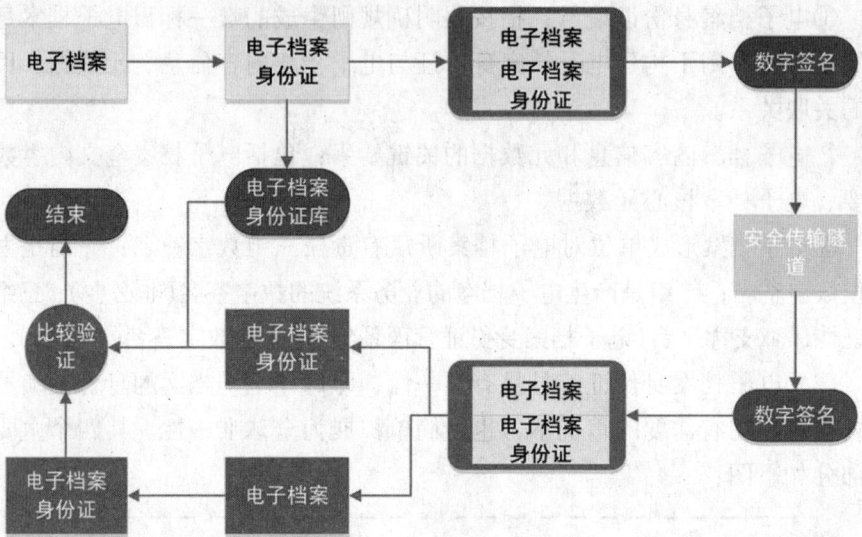

(1) 经由电子档案，制成电子档案身份证后，电子档案身份证存入统一的、且旁路加载的电子档案身份证库。

(2) 如有业务需要，可将电子档案与电子档案身份证打包并附加数字签名后，经安全传输网络，发送至电子档案接收方，接收方通过数字签名将打包的电子档案和电子档案身份证解包。

(3) 校验电子档案的真伪，①经由电子档案重新生成新的电子档案身份证；②提取电子档案身份证库中的电子档案身份证；③如果因业务需要发生了 (2) 所描述的程序，则还需提取与电子档案打包在一起的电子档案身份证；④对比上述电子档案身份证，确定电子档案是否具有凭证价值。

经由电子档案身份证的凭证性保障机制检测出的问题，如果涉嫌篡改或伪造电子档案，则应进入相应的报案、立案、取证环节。

二、创新点

(一) 取得电子档案凭证性保障的核心技术突破

本课题首创性地提出了电子档案身份证这一崭新概念。电子档案身份证是本课题所提出的安全方案的基石，也是电子档案凭证性保障技术中最重要的技术，本课题详细论证了电子档案身份证的定义、生成、编号、认证、管理及其在电子档案安全保障中的具体实施方式。

（二）实现电子档案凭证性保障技术的应用集成方案

1. 开放电子档案安全信息系统参考模型

本课题基于现有开放档案信息系统参考模型，重新设计了全新的开放电子档案安全信息系统参考模型。这一参考模型总体概述了电子档案安全管理系统的业务过程，为数字档案馆的设计提供了实施模型。

2. 电子档案凭证性保障安全传输模型

本课题对现有基于公钥基础设施技术的安全传输模型和基于许可证书技术的安全认证模型进行了分析和对比，设计出电子档案凭证性保障安全传输模型。

（三）科学论证区域性数字档案馆建设思想在实施中的可行性

本课题根据我国数字档案馆发展方向，结合北京市信息化工作总体要求，立足全市档案工作实际需要，首创性地提出了基于云计算技术的覆盖一定行政区划（如国家区域内、省级区域内）的数字档案馆建设理念，详细阐述了区域性数字档案馆的建设模式。这种模式可以有效避免重复建设，大幅降低运行成本，提高对档案资源的监控和管理水平，实现行政区划内各级档案馆系统统一、数据统一、服务统一的目标，提高档案馆为社会服务的整体水平。

三、应用前景

本课题在基于云计算技术的区域性数字档案馆建设总体架构和基于电子档案身份证技术的电子档案凭证价值保护理论体系等方面实现了重大突破。一是填补了国内外在电子档案长期保存过程中的凭证价值保护，以及国家或省级范围内大区域性的统建分布式数字档案馆建设理念、技术框架、运行模式等方面的空白。二是为国家深入探索电子文件全程管理方案和逐步赋予电子文件重要的法律地位提供了科学的、可供参考的理论、实践成果。在专家咨询过程中，国家档案局有关领导多次肯定本课题研究内容符合档案信息化发展方向、研究成果具有很强的指导和借鉴意义。

截至 2017 年，北京数字档案馆（北京电子文件中心）已基本建设完成，其立项文件、项目建议书（代可行性研究报告）、初步设计报告、详细设计方案和开发文档均以本课题的主要成果为蓝本，其开发建设的具体过程则以本课题的主要理论为指导。同时，本课题负责人主持了、其他课题完成人直接或间接参与了北京数字档案馆（北京电子文件中心）建设工作。

四、专利和软件著作权情况

（一）中华人民共和国国家知识产权局正式受理发明专利申请 2 项

1. 发明创造名称：一种电子档案身份证的生成方式及装置

申请号：201710449214.0

申请日：2017 年 06 月 14 日

申请人：北京市档案局

国家知识产权局《专利申请受理通知书》发文序号：2017061401484430

2. 发明创造名称：一种电子档案真实性的验证方法及装置

申请号：201710449212.1

申请日：2017 年 06 月 14 日

申请人：北京市档案局

国家知识产权局《专利申请受理通知书》发文序号：2017061401484400

（二）获得中华人民共和国国家版权局计算机软件著作权 1 项

计算机软件著作权登记证书号：软著登字第 0499319 号

计算机软件著作权登记号：2012SR131283

软件名称：北京市数字档案馆系统［简称：BJ Archive］V1.0

著作权人：北京市档案局

计算机软件著作权登记时间：2012 年 12 月 22 日

课题负责人：陶水龙（北京市档案局）

本文撰稿人：田雷（北京 2022 年冬奥会和冬残奥会组织委员会，北京市档案局）

课题完成人：陶水龙、薛四新、徐华、侯彦华、王海燕、田雷、王贞、宋红、崔伟、陈伟、王立、钱毅、孟辰、李含洋

档案

2014 年

优秀科技成果

档案与古文献修复过程中易损原貌防损预加固和染料字迹加固关键技术研究

我国国家重点档案相当部分处于濒危状态，从 20 世纪 80 年代起，国家档案局开始组织实施抢救修复。2006 年，财政部、国家档案局发布了《国家重点档案抢救和保护补助费管理办法》。2015 年，国家档案局、财政部印发了《"十三五"时期国家重点档案保护与开发工作总体规划》（档发〔2015〕8 号），规划中指出"国家重点档案是档案中的珍品，在服务党和国家工作大局、维护国家核心利益、建设社会主义核心价值体系、提升中华民族凝聚力等方面有着无可替代的重要作用"。

但是，国家重点档案抢救修复工程中存在实际技术难题。该项目针对此现实，完成了三项科研成果。

一、修裱过程中档案水溶性字迹防洇化与染料字迹加固

国家重点档案中，部分文件以红墨水等水溶性染料书写或印记，如晚清、民国、建国初期档案中的大多数格式文件，记述了文件形成机构、等级、部门、起草者、审核者、签发者等原始信息；又如延安时期的革命历史档案中我党领袖签名、手稿、日记等，均为反映重大史实的原始信息。修裱是实施国家重点档案修复保护的主要工艺技术，但在修裱过程中，红墨水等水溶性字迹遇水发生严重洇化，使档案原貌和信息严重破坏，甚至消失，造成党和国家、民族档案文件信息的重大损失（图1），同时也给档案编研、数字化等工作带来障碍。如何解决该问题，成为我国档案修复保护领域长期未获解决的瓶颈性难题。

有关专家对上述课题曾进行过探索研究，如传统修裱工艺中的"干裱"，不但技艺要求高，遇潮湿还会洇化，未能解决根本问题。再如使用聚甲基丙烯酸甲酯、乙基纤维素等高分子材料封护的方法，封护后仍会发生洇化，并导致纸张憎水，严重影响修裱质量，未能解决实际问题。

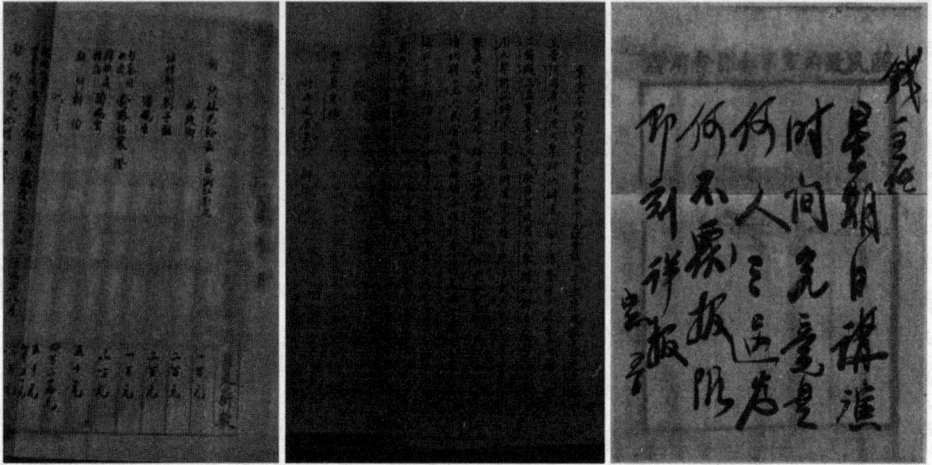

图 1　档案红色字迹在修裱过程中遇水严重洇化消失

（左：晚清东亚最大钢铁联合企业汉冶萍档案；中：杨虎城主政陕西期间，著名水利专家李仪祉主持修建关中水利档案；右：蒋介石密函）

　　针对上述现实与重大社会需求，该项目经过二十多年的科研攻关和实践探索，完成了"修裱过程中档案水溶性字迹防洇化与染料字迹加固"技术，包括壳聚糖加固剂、微量沉淀加固剂，能完全防止修裱过程中红墨水等水溶性字迹的洇化，并提高纸张湿强度，保持纸张亲水性，寓加固脱酸于传统修裱工艺之中，保持档案原貌。

（一）脆弱、破损档案上水溶性字迹修裱过程中加固防洇化

　　发明了壳聚糖保护剂，解决了修裱过程中脆弱、破损档案红墨水等水溶性字迹的防洇化加固与纸张脱酸的难题。

　　该项目研究发现，质子化壳聚糖分子能负载于纸张纤维之上，能与书写于纸张上的酸性大红 G、曙光红 A 等带负电荷水溶性芳基甲烷、偶氮类染料产生静电吸附，形成不溶于水的凝聚体，实现水溶性字迹在修裱过程中的防洇化（图 2），保持纸张亲水。并以 $Mg(HCO_3)_2$ 处理纸张，实现脱酸。通过对该凝聚体的光谱特性测试，表明未改变染料的原有光谱特性。通过对加速老化前后理化性能保持率的测试和十几年跟踪观察，表明显著提高了字迹染料与纸张的耐久性。

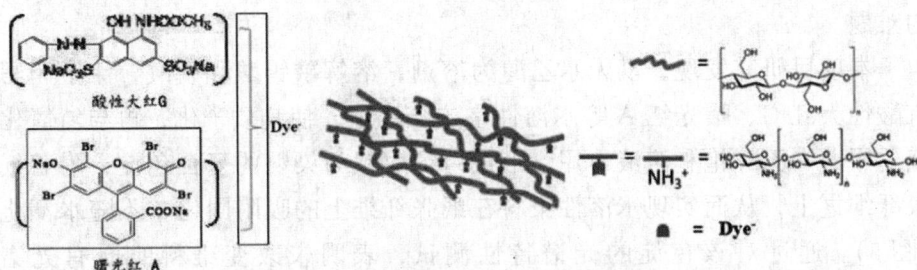

图 2　壳聚糖对字迹染料保护机理示意图

　　基于上述机理研究与系统评价，该项目研制发明了壳聚糖保护剂，对印写有红墨水字迹的脆弱纸张在修裱之前进行预加固，用专用工艺配制饱和 $Mg(HCO_3)_2$ 水溶液作为修裱浆糊稀释剂，按照传统易于操作的湿裱工艺进行修裱，能完全防止和避免红墨水字迹洇化，保持档案原貌，并寓脱酸于传统修裱工艺之中，使档案纸张、托纸、浆糊作为整体，抵御酸的侵蚀（图 3，图 4）。

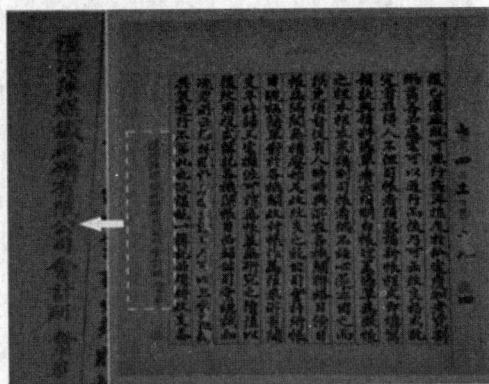

图 3　汉冶萍档案预加固后保持原貌

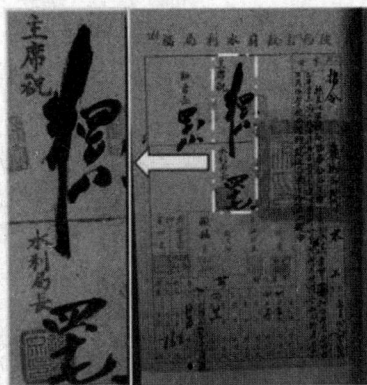

图 4　陕西民国水利档案修复与加固后保持原貌

（二）糟朽档案上水溶性字迹修裱过程中防洇化与染料字迹加固

　　糟朽、酸解档案揭裱时，红墨水字迹严重洇化的同时，糟朽、酸解纸张遇水酥解，甚至成浆并完全损毁。本项目发明了微量沉淀加固剂，解决了糟朽、酸解档案揭裱过程中红墨水等水溶性字迹防洇化与纸张增韧加固的难题。

　　本项目研究发现，以无水乙醇为溶剂，溶解磷钨酸和磷酸，涂于印写有酸性大红 G、曙光红 A 等水溶性字迹档案上，使其质子化，再与氢氧化钡的甲醇—乙醇饱和溶液作用，形成磷钨酸钡与染料的复合色淀，附着纸张纤维之上，从而实现水溶性染料在纸张纤维上的吸附固化，不随水洇化（图 5）。通过对该色淀的光谱特性测试，表明未改变染料的原有光谱特性。

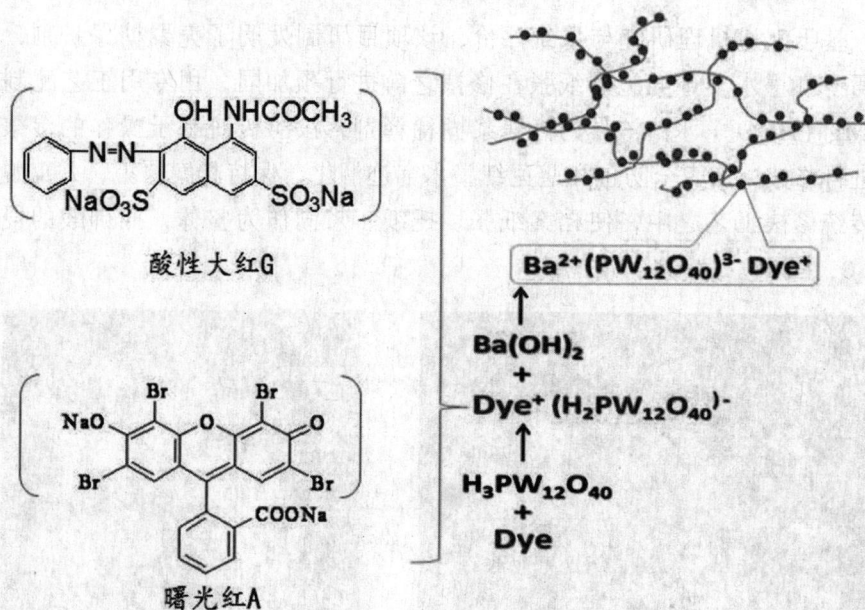

　．图 5　微量沉淀防字迹洇化机理示意图

　　本项目研究发现，糟朽、酸化纸张纤维素降解，纤维断裂，磷钨酸钡微量沉淀嵌入纤维结晶区之中，对糟朽纸张纤维中的结晶区纤维素以氢键起到黏附与聚拢作用（图 6），增加其强度与韧性，特别是增加了其湿强度，保证在对糟朽、酸解纸张揭裱时完整揭起，避免纸张遇水浆化、酥解。复合沉淀吸附于纸张纤维之上，保持纸张亲水。通过对加速老化前后理化性能保持率的测试和十几年跟踪观察，表明显著提高了字迹染料与纸张的耐久性。

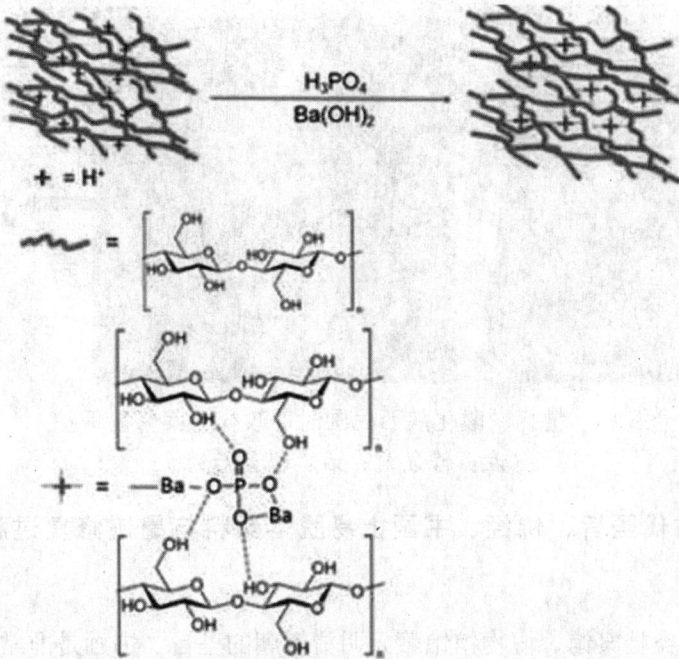

图 6   微量沉淀对纸张纤维加固机理示意图

基于上述机理研究与系统评价，该项目发明了微量沉淀加固剂，包括两种制剂，以精细工艺先后涂渗于糟朽、酸解档案之中，形成微量沉淀。再进行揭取和传统工艺湿裱，能完全防止修裱过程中红墨水字迹洇化，同时增强糟朽、酸解纸张的湿强度，完整揭起（图 7，图 8）。

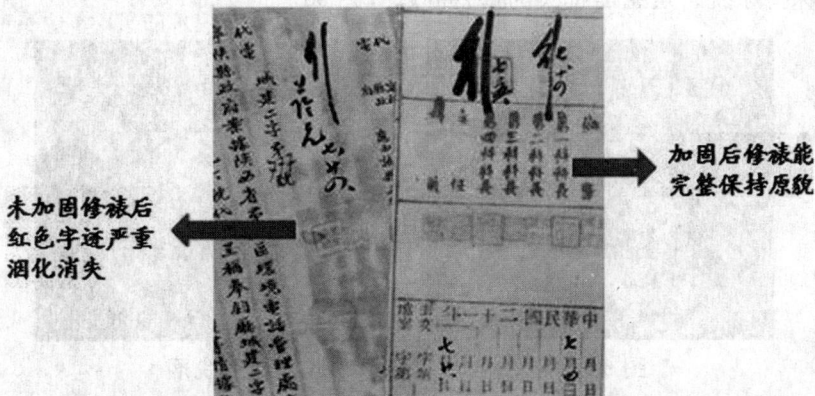

图 7   民国时期宁陕县政府文件保护效果

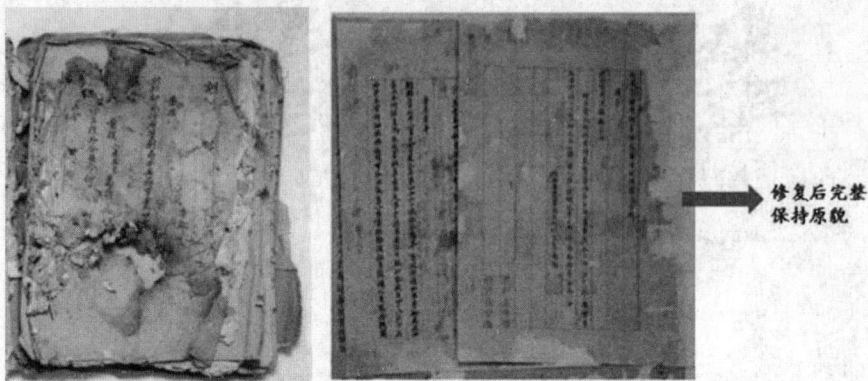

修复后完整
保持原貌

图8　糟朽、酸化陕西民国时期政权档案修复保护

（左：修复前；右：修复后）

二、古代圣旨、佛经、书画上易脱落颜料与墨迹修复过程中防脱落加固

我国各类档案馆、博物馆馆藏元明清三朝的圣旨、书画是非常重要的宫廷档案或艺术档案。自元明清以来的许多古建筑内，有非常珍贵的藻井画。在上述文化遗产中，相当部分已严重破损、污染、霉变，必须以传统工艺修复其形貌。圣旨、书画、藻井画中相当部分字迹或笔画的颜料由于自身性能的原因及外界环境的因素，在修复过程中遇水或摩擦时极易脱落和模糊扩散，严重破坏了其原始面貌，使其珍贵的原始作品永远消失。保证在修复过程中保持原貌，是急需解决的重要问题（图9）。

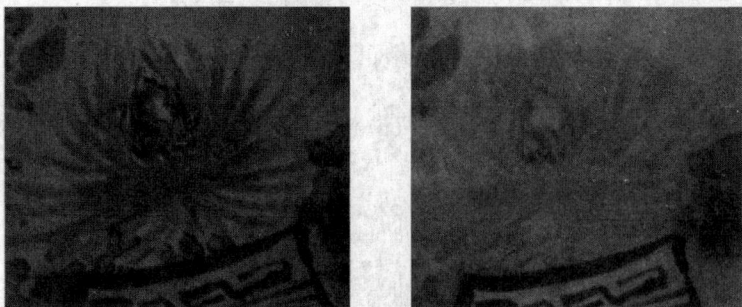

图9　明代古画颜料修裱中遇水严重脱落

（左：修裱前；右：未预加固修裱后颜料脱落模糊）

本项目发明了水性氟加固剂，解决了圣旨、佛经、书法修复过程中防止颜料、墨迹脱落的难题。

本项目研究发现，以三氟氯乙烯，叔碳酸乙烯酯，醋酸乙烯酯，羟烷基乙烯醚及脂肪族烯酸共聚物（ZB-F600 水性氟）的乙醇水乳液，黏附于纸张纤维之上，可以实现对易脱落颜料在载体纤维上的固定化，提高载体的力学强度，显著提高颜料与墨迹在纸张和绢本上的附着力，增强了耐久性（图10）。加固后保持原貌，亲水性良好，有利于装裱与修复。

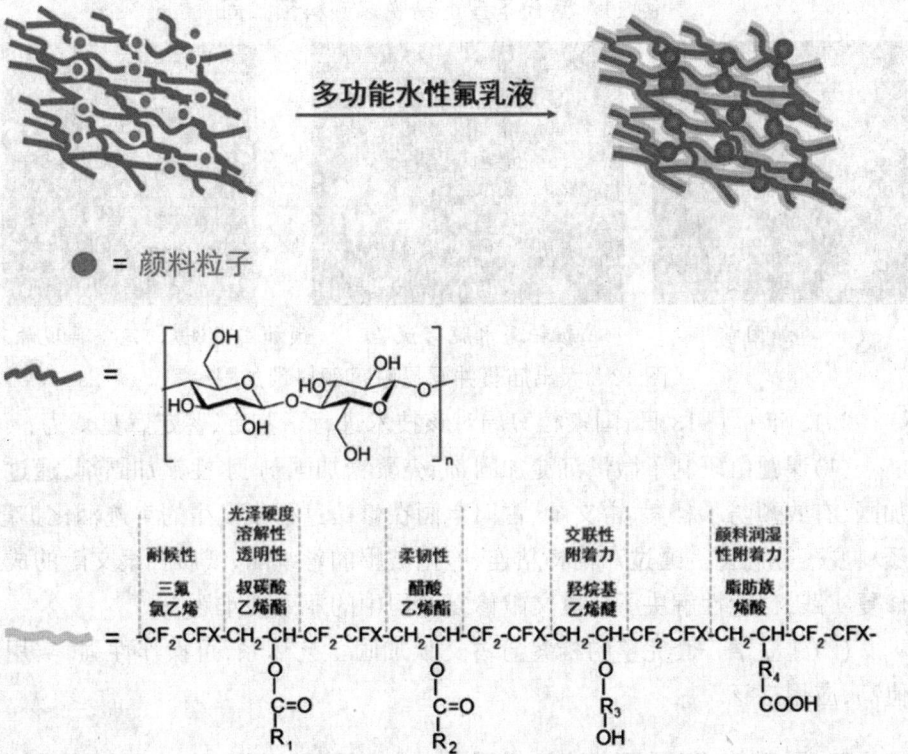

图 10　水性氟加固颜料机理示意图

基于上述机理研究，该项目发明了水性氟加固剂，在修复前，对颜料与墨迹进行检验，如遇水脱落，则对其先预加固，然后进行去污、修复等工艺程序，保持档案原貌，避免颜料与墨迹脱落（图11，图12）。

| 修复前 | 颜料遇水脱落试验 | 预加固清洗后,完整再现原貌 |

图 11　清代圣旨上易脱落颜料预加固

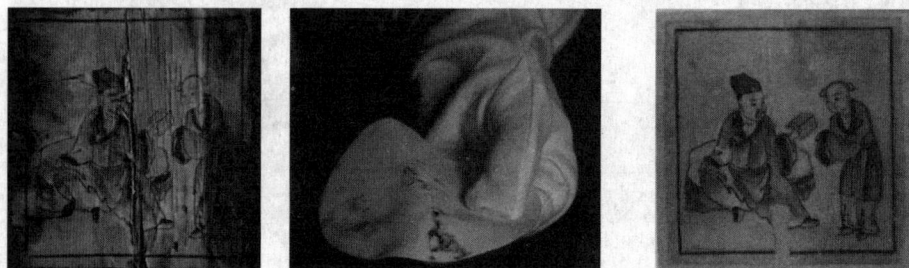

| 加固前 | 颜料遇水脱落试验 | 预加固清洗后,完整再现原貌 |

图 12　大禹庙藻井画易脱落颜料预加固

2013 年 9 月 13 日,国家档案局对该技术进行了鉴定,鉴定意见认为:

(1)课题组研制了微量沉淀加固剂、壳聚糖加固剂、水性氟加固剂,通过预加固,有效预防了档案、古文献、古旧字画在修裱过程中发生的字迹洇化扩散、颜料脱落等病害。通过对糟朽粘连、脆化破损的丝织品、纸质档案文献的成功修复实践,创新性解决了档案文献修复过程中的瓶颈性难题。

(2)建立了一套完整的档案与古文献加固工艺体系,可操作性强,实用价值高,应用广泛。

三、圆珠笔、复写纸字迹染料固色

圆珠笔、复写纸字迹是 20 世纪 30 至 70 年代档案中最为广泛的书写材料,在西方国家应用的历史则可追溯至 20 世纪末。由于制成材料原因所致,在档案中出现了大量严重扩散、褪色现象(图 13)。这两种书写材料已被档案界科学界定为不耐久字迹,并得到公认。对于用这两种不耐久书写材料形成的档案,有关单位曾将近期形成、未进馆的档案让形成者抄写或复印,一是改变了档案原貌,二是花费了大量人力、物力,而复印件也属不耐久字迹。对进馆后的档案,特别是对进馆装订成册,包括相当部分珍贵原始手稿,如何用简便的方法进行固色,是本项目要解决的问题。

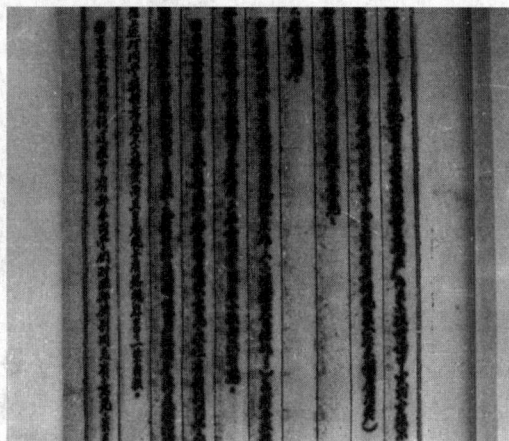

图 13　西北军政委员会档案字迹扩散状况

本项目发明了圆珠笔、复写纸字迹固色剂,解决了防止档案中圆珠笔、复写纸字迹褪色、扩散的难题。

本项目研究发现,以水—乙醇为溶剂,溶解磷钨酸、磷酸,渗涂于写有圆珠笔、复写纸等油溶性字迹的档案上,能使盐基品蓝、盐基青蓝等油溶性染料质子化,再与氢氧化钡的甲醇饱和溶液作用,形成磷钨酸钡(其中包括过量 $Ba(OH)_2$ 与空气中 CO_2 形成的碳酸钡)与染料的复合色淀,该色淀附着纸张纤维之上,实现油溶性染料在纸张纤维上的固化,不发生油渗与扩散,保持原貌(图 14)。处理后纸张 pH 处于 7.1～7.5 的强力

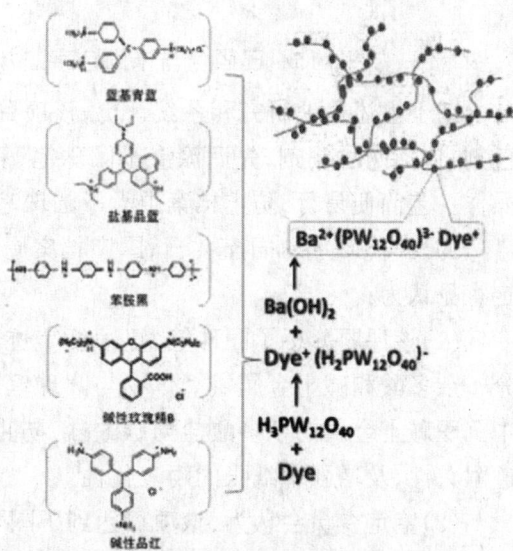

图 14　圆珠笔、复写纸字迹固色机理示意图

缓冲,通过对加速老化前后理化性能保持率的测试和十几年跟踪观察,表明显著提高了字迹染料与纸张的耐久性(图15)。

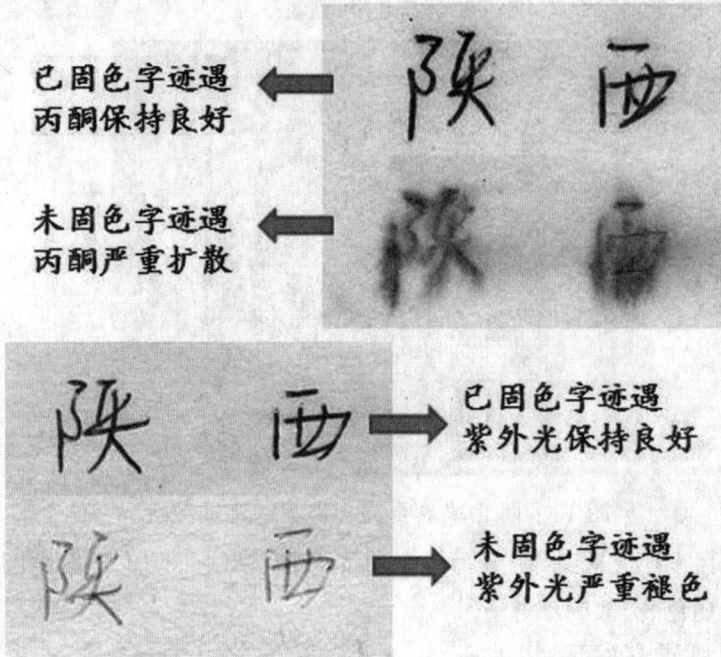

图15 已固色与未固色字迹加速老化保持效果对比

基于上述机理研究和系统评价,该项目研制发明了圆珠笔、复写纸字迹固色剂,包括两种制剂,先后涂渗于圆珠笔、复写纸字迹档案中,形成复合色淀,操作工艺简便易行,防止档案中大量圆珠笔、复写纸字迹褪色与扩散。

1998年12月3日至4日,国家档案局组织专家对该技术进行了鉴定,鉴定意见认为:

(1)该课题分析了圆珠笔、复写纸字迹发生扩散褪色的原因与机理,用大分子杂多酸和碱土金属氢氧化物与圆珠笔复写纸染料共沉,同时在纸张纤维中沉积碱土金属的杂多酸盐与碳酸盐,防止字迹褪色、扩散,明显地提高了字迹耐久性,及增强了纸张的耐老化性。

(2)鉴定委员会认为,该项目达到了国际先进水平。在文物档案部门具有推广应用的前景,并将产生显著的社会效益和一定的经济效益。

上述成果系统解决了国家重点档案抢救修复的技术难题,近二十年来,在国家重点档案抢救修复保护工程中整体应用。以其为主要技术支撑,实施了延安革命纪念馆藏延安时期革命历史档案、西安事变期间《西北文化日报》《解放日报》、中国工农红军报纸"浪花"创刊号、傅健行烈士遗书、日寇侵华罪证档案、晚清洋务运动时期创建东亚规模最大的钢铁联合企业——汉冶萍公司档案、中国第二历史档案馆藏民国党政档案、著名水利专家李仪祉兴修陕西关中水利档案、西安交通大学档案馆藏"南洋公学"交通大学档案、民国时期著名实业家张子宜创办西安儿童福利院档案、民国与建国初期西安地籍图测绘档案、铜川市耀州区神德寺塔 4 层塔洞出土唐至五代时期千年佛经,河南省档案馆、咸阳博物馆、安康历史博物馆、大荔县、洛南县、眉县博物馆藏明清两代五彩圣旨、诰命,河南省档案馆馆藏光绪年间地契档案,西安博物院、咸阳博物馆、安康博物馆等单位藏明清董其昌、方季子、林则徐、王杰、康有为等人书法,蓝瑛、黄公望、闵真等人画作,韩城普照寺、大禹庙元代建筑藻井画等 39 项国家重点档案修复保护工程。该技术在全国 30 个省、市、区以及新加坡等 217 家国家级档案馆(室)推广应用。获 7 项国家专利。目前,已对上海、湖北、江苏、辽宁、黑龙江、河南等省市的档案保护人员进行了相关保护技术的培训,浙江、甘肃、山西、山东、四川等省文博部门或个人与我中心联系,提出修复圣旨、古籍、家谱的需求,这些都预示着本项目广泛的应用前景。

获得的专利:

1. 书写档案染料字迹保护剂. ZL201110178281.6. 2012.12.19.

2. 红墨水字迹档案修裱过程防洇化保护方法. ZL201010586407.9. 2012.03.14.

3. ZB-F600 双组份 FEVE 水性氟树脂在丝织及纸质文物字迹和绘画修复中的应用. ZL201310044574.4. 2014.08.13.

4. 一种制备碳酸氢镁溶液的装置. ZL201320718988.6. 2014.04.16.

5. NP-98 水性聚氨酯胶粘剂作为工笔画用绢处理剂的应用. ZL200710017389.0. 2009.07.29.

新档案保护技术实用手册

　　《新档案保技术实用手册》由国家档案局档案科学技术研究所编著，于2013年12月由中国文史出版社出版发行。《手册》共25章，1100千字。

　　项目创新点：

　　对档案载体保护技术进行了最新、最全、最系统的阐述。增加了新型档案载体基础知识，阐述了内部因素和外部因素对档案耐久性的影响，全面总结了档案载体常见病害，介绍了档案保护技术新成果，提出了纸质档案在去污和去酸过程中应注意的问题，完善了操作步骤。

　　首次加入电子文件管理及电子档案长期保存相关技术内容。如第十章电子文件归档与电子档案移交接收，首次纳入电子文件归档与电子档案移交接收相关的规范化工作流程和操作规程，提出各操作环节的关键性技术指标，可为电子文件归档和电子档案移交接收相关工作提供指导。第十三章数字档案的安全保障，新增了数字档案的安全保障的内容，以通过可靠的技术措施和完善的管理制度，加强数字档案的安全管理，来保证数字档案的长期保存。

　　档案虫霉防治技术方法更翔实、系统，更具实用性和正确性。对杀虫效果和杀虫方法进行了实地与实验室内试验，删去了对档案保护存在不利因素的方法和药剂。着眼于基层档案部门，增加了以前档案保护书籍中没有叙述过的特殊有害生物的特点及防治方法，为基层档案部门进行有害生物防治提供了参考。首次公布了档案内发现的54种害虫的分类和全国分布情况，并对书中详细描述的虫种特征进行了重新的描述和配图。首次公布了发现的92种霉菌，便于档案保护人员了解档案霉菌种类，掌握其分布区域和危害情况。增加了一些霉菌的菌落状态图，采用彩图的方式，具体生动地呈现菌落生长状态。在防霉杀菌效果测试与评价中加入测试前的准备，从清洗灭菌到培养基配方配制等，使整个方法更加完整详细，便于档案保护工作者实际操作。

提出了新的观点与研究思路。提出了档案保护工作需要解决的主要矛盾：一是档案载体材料寿命的有限性与档案寿命的长期性之间的矛盾；二是随着计算机技术的发展，以计算机数字形式存在的数字档案大量产生，档案信息可读取的不确定性与档案寿命的长期性之间的矛盾。一定程度上揭示了档案保护工作客观的、深层次的规律。从信息、载体、技术三个角度对数字档案长期保存的认识进行了分析，深化对档案保护工作的认识，是档案信息迁移的理论依据。提出档案保护的范围：包括对档案信息及载体的保护。提出档案保护的主要策略：载体寿命及技术寿命可以满足保管期限要求的，以档案实体保护为主；载体寿命及技术寿命不能满足保管期限要求的，以档案信息保护为主。以中央档案馆《档案老化受损程度判定指标及标准》为例介绍了档案老化受损程度的判定方法。传统与现代的结合。如在"档案仿真复制"一章中，既对传统手工临摹仿真复制方法进行了介绍，也对现代数字仿真复制技术作了介绍。

首次对档案馆建筑进行了系统描述，并提出绿色、生态、节能环保的新型档案馆建筑概念及发展方向。充分体现档案馆是开放档案信息平台，重点强调了档案馆建筑公共文化宣传服务的要求，档案馆建筑体现档案馆是各地重要文化事业单位的特征。全面细致介绍各种安防系统、消防系统以及防灾战备密集架等安全系统和设备装具，进一步提高档案安全的保障力，构筑人防、物防、技防相结合的三位一体综合防范体系，确保档案实体安全。增加了档案密封包装保存技术的内容，课题组在大量调研的基础上，介绍了几种常用的档案密封包装保存技术、材料以及监测要求提供档案部门选择，满足目前数字化后档案实体的保存和传递的实际需求，使得数字化后的工作开展更加安全和规范。推动档案馆建设的绿色、生态、节能环保以及可持续发展。强调档案馆设施设备先进性和智能性。

企业历史档案资源整合开发与文化产业
有机结合模式

常州工业的发展，留下了许多工业老厂房、老设备、老产品等，也留下了许多工业档案。常州市档案局与常州市工贸公司从"对历史负责、为现实服务、替未来着想"角度出发，联合开展抢救工业遗存和工业档案实践。为确保筹建工作的顺利进行，2010 年 11 月，我局同步申请了《企业历史档案资源整合开发与文化产业有机结合模式》项目研究，拟从常州"运河五号"创意街区载体建设的实际出发，研究探索工业档案资源整合开发与文化产业、旅游服务产业有机结合模式，从而为筹建工作提供智力支撑。

在我国产权制度改革大背景下，在企业改革改制和城市旧城改造及企业搬迁中，出现许多见证工业历史文明的工业档案急需抢救保护。企业历史档案主要有以下几种归属流向：一是由国家档案馆接收；二是向一个档案管理机构移交；三是由接收企业接收；等等。据不完全统计，在改革改制和城市化进程中，常州市市属国有（集体）破产、关闭企业有 100 多家。这些破产、关闭企业形成了大量的文书档案、生产技术、经营管理、基本建设、设备仪器、产品档案、会计档案、声像实物档案，还有部分死亡职工、无头档案有 120 多万卷。这些企业档案，真实地记录了工商企业成长发展兴衰的历程，也从一个侧面真实地记录了中华人民共和国成立六十多年来，常州人民在党的领导下进行社会主义建设取得的辉煌成就和经验教训，反映了常州地区政治、经济、科学、文化和社会发展的历史面貌，特别是实行改革开放和进行经济体制改革，建立完善社会主义市场经济体制的历史见证。

2010 年 5 月起，常州市档案局、常州市国资委及常州市工贸国资公司反复商议，达成共识：抢救和保护工业历史档案，既是历史的责任，也是现实的需要，决定整合资源优势互补，在常州"运河五号"创意街区共同探索新形势下企业历史档案集约管理和资源整合体制机制，共同开展抢救保护和再利用工业档案和工业遗存的实践。

一、本项目研究内容

1. 本项目研究筹建的企业档案管理载体发展的定位问题

"运河五号"创意街区地处古运河畔,老市中心黄金地段,人口众多,交通便利,是"省级现代服务业集聚区",是"常州文化产业特色园区"。常州市档案局如何依托企业主管部门工贸国资公司,依托"运河五号"创意街区这一文化产业载体,将企业历史档案资源整合开发与文化产业实现最佳结合,实现档案工作服务效能最大化,使档案部门从机关真正走向社会、走向开放、走向公众,将公共服务功能建设提高到一个新的高度。

2. 本项目研究企业历史档案资源抢救保护和整合模式

在城市企业改革改制和旧城改造企业搬迁进程中,市档案局如何履行"为党管档,为国守史"的神圣职责,与工贸公司紧密配合,以企业档案资源大整合、大开发理念,构建具有常州特色的企业档案资源集约化管理模式,利用最有效的空间,尽最大能力保护和抢救见证常州工业历史文明的工业档案和工业遗存。

3. 本项目研究企业档案资源的开发融入文化大发展大繁荣

在建设过程中,如何将企业历史档案资源整合与开发,主动融入我国文化大发展大繁荣的背景,主动融入常州文化名城建设,主动融入"运河五号"街区的文化创意环境,建设一个更具历史性、文化性和人文性的档案机构,从而发挥档案工作的最佳效能,更好地服务民生,回馈社会,满足人民群众不断增长的精神文化需求。

4. 项目研究青少年档案教育和社会实践活动的形式

2010 年运河五号创意街区被命名为"常州科普教育基地",2011 年被命名为"全国首批中小学档案教育社会实践基地"。如何与教育部门合作共建,最大程度地发挥好国家级基地的作用;如何针对青少年活泼好动、求知欲强的特点,创新方式,开展丰富多彩的活动,使档案教育和社会实践成为加强青少年素质教育的课外重要形式。

5. 本项目研究建成后的档案机构融入工业旅游景点

"运河五号创意街区"已成为常州古运河工业旅游带上的一个重要景点,获国家级 AAA 景区称号。作为运河五号街区主题馆和核心馆,如何开发工业档案资源，提升档案的观赏性和吸引力；如何规范服务、完善设施，提升旅游接待水平；等等。

二、本项目研究成果

通过 2010—2012 年的艰苦努力，筹建小组全程介入工商档案博览中心的建设过程，跟踪研究《企业历史档案资源整合开发与文化产业有机结合模式》项目，实际工作已初见成效。该项目已于 2012 年 12 月 30 日完成了江苏省档案科技项目结题、鉴定和评审。专家组认为：该项目的研究和成果，是企业档案管理史上的一个创举，破解了产权制度改革大背景下，改制企业档案资源管理的难题，实现了从传统档案馆向"五位一体"的公共档案馆转型，探索出一条优势互补、合作共赢的档案管理新模式。对于全省乃至全国档案部门发挥档案优势，积极参与工业遗产的抢救、参与文化产业、参与工业文化旅游、参与青少年教育，参与文化名城建设、具有推广意义；"常州市档案博览中心"的实践创新了档案管理机制，促进了传统档案馆向"五位一体"现代档案馆的转型，使档案事业更好地融入社会主义政治建设、经济建设、文化建设、社会建设和生态文明建设等具有重要意义。

原政治局常委、国务院副总理李岚清，全国政协副主席厉无畏、全国人大副委员长华建敏、全国政协经济委员会副主任李荣融、原省委书记陈焕友、省委副书记任彦申、文化部副部长励小捷、国家档案局副局长李和平、许仕平，省人大副主任李全林、省委常委蒋宏坤等领导都亲临博览中心参观考察，肯定了常州走出了一条工业档案和工业遗存保护、再利用的新路子。

1. 形成一整套工商档案博览中心筹建方案和文章

筹建小组从项目的调查研究、思路确定、组织实施到对外开放、巩固提升、全程跟踪项目进程，为中心筹建量身定做了《全市破产关闭企业档案工作调研报告》《博览中心筹建方案》《常州百年工业展馆布馆方案》《大楼综合改造平面设计方案》《大楼库房和顶楼改造方案》《库房密集架设计方案》《大楼消防控制系统方案》《库房安全智能系统设计方案》《档案整理及经费预算方案》《档案数字化建设方案》及大楼建成后《档案大楼标识标引建议方案》等 15 个系列建设方案。同时常州市档案博览中心开辟了网页加大宣传，借助新闻媒体扩大影响力，2011—2012 年在网站、报纸、杂志、电视台发表信息 90 篇次。在 2013 年 3 月《中国档案》刊登了《留存常州制造历史 展示档案文化魅力》，2013 年 7 月 12 日《中国档案报》刊登了《古运河畔老工厂，常州文化新码头》。

2. 建成了一座更具文化性开放性的档案博览中心

在市档案局指导下，由工贸国资公司投资 1200 多万元的一座 8000 平方米的"常州市档案博览中心"已经建成，一、二楼为 4000 平方米的档案库房和档案查阅中心；三、四楼为 4000 平方米的展厅和体验馆；屋顶为空中花园。"常州市档案博览中心"集企业档案接收整理、保管查阅、陈列展示、旅游开发于一体，更具文化性、开放性、服务性，进一步发挥了工业档案史料保管中心、利用中心和研究中心的作用，进一步发挥爱国主义教育基地作用，为常州提供一个交流的平台、展示的窗口和宣传的阵地。2012 年 4 月，常州市档案博览中心二楼的主题展馆"常州百年工商档案展示馆"在"中华龙城常州旅游节"开幕之际正式开馆。

3. 构建常州企业档案资源管理新体制获殊荣，创建档案志愿者工作站

2011 年 12 月，被教育部、国家档案局命名为全国首批、江苏省首家"全国中小学档案教育社会实践基地"。2012 年 12 月，常州市档案博览中心正式获批准成立，为档案局下属的全额拨款正科级事业单位，为今后企业档案集中统一、科学管理、高效利用和可持续发展奠定了基础。2013 年 2 月 19 日常州市宣传思想文化工作会议上，"建成全国中小学档案教育社会实践基地"被授予全市 20 项"创新成果"奖之一。2014 年常州市档案局、常州市工贸国资公司联合申报的《探索抢救、保护和再利用企业档案资源新路径》被评为江苏省第二届"档案管理与服务创新"十个最佳案例之一。推动档案志愿者工作开创新局面。2014 年成立了常州市档案志愿者分会，筹建了档案志愿者工作站，中心档案志愿者工作如火如荼地展开，成为常州地区各大高校和中小学的档案教育社会实践基地，并与部分学校共建了志愿者服务项目，在全国范围开创了学生参与整理城市工业历史档案的先例，建立起校社共建志愿服务基地的创新模式。十二五期间，共接待志愿者 1500 余人次。2015 年度常州市宣传思想文化工作会议，市档案局报送的《开发工业历史遗产资源 铸就档案文化特色街区》项目荣获常州市 2015 年度宣传思想

文化工作创新成果奖。

4. 企业历史档案资源大整合、大开发格局初建雏形

在建设过程中，市工贸国资公司先后投入 1000 多万元，用于旧厂房的全面改造。厂房原为第五毛纺厂的经编车间，为确保改造后的大楼外观既要符合"运河五号"创意街区修旧如旧的要求，内部又符合档案安全保管的要求，工贸国资公司找来了建筑图纸，请来专家进行精密测算。当时车间一楼挑高将近 6 米，而档案密集架最高也就 2.4 米，还有高度 3 米多的空间不能浪费。公司决定增加夹层、增设电梯，最大限度地利用空间资源。改造后档案库房由一层变为二层，从 2000 平方米增加为 4000 平方米，每层库房均为 2000 平方米的大开间，通过政府采购，1300 立方米的档案密集架配备到位，解决了企业历史档案资源归属和流向，为濒危的 120 万卷破产、关闭企业档案"安了个家"。自 2011 年起，常州东风印染厂、水泥厂等一批约 8 万卷破关企业档案资料上架入库，200 多件反映常州百年工商发展史的老照片、老档案及收录机、电视机、照相机等实物征集入库，还征集全国劳动模范档案捐赠入库，初步实现了企业历史档案资源集约化管理，具有常州特色的企业档案资源大整合、大开发格局初见雏形，为实现企业历史档案集中统一、科学管理、高效利用、可持续发展打下坚实的基础。十二五期间，抢救保护常州工商历史档案成效显著。中心自成立以来，积极抢救保护常州工商历史档案，目前累计整理上架 120 家单位档案约 209022 卷/件（含文书、科技、财务、职工及实物档案）、印章档案 723 枚、照片档案 2648 张、卡片 25714 件（417 盒），输入条目 669411 条。并于 2011 年起在全市范围广泛开展了"常州全国劳模档案"征集活动，目前已征集到 48 位全国劳模档案 4492 件。

5. 与文化产业对接，开发了一批各具特色的档案文化精品

第一，积极开发档案信息，编辑出版档案史料，出版了《记忆龙城》《百年常州》《院士风采》《知我常州，爱我常州》《大成公司档案史料》《瞬间永恒》等图书。第二，进一步传承常州历史文化，建成了三个主题鲜明的展厅。"常州百年工商档案展示馆"和"恒源畅历史陈列馆"为固定展厅，通过老档案、老设备、老实物、老场景再现，真实展现昨日常州工业从无到有、从小到大、由弱到强的发展轨迹，展示今日常州经济发展取得的辉煌成就和明日常州发展美好远景；"关怀与激励"主题展厅，生动再现了党和国

家领导人来常视察和亲切勉励。第三，运用了现代化声光电技术，自主研发了《常州之最》电子触摸屏系统和《常州古运河印象》电子相册系统，供参观者自主翻阅查询。同时针对青少年特点，自主研发了《常州知多少——青少年趣味答题学习系统》，利用图像、声音、视频、动画等方式，让青少年在愉快轻松的闯关游戏中，学习文化巩固知识。"常州市档案博览中心"通过对工业档案的保护抢救和开发再利用，与"运河五号"内工业遗存交相辉映，构成一部鲜活的常州百年工业文明史，使"运河五号"创意街区成为独具特色的"古运河畔老工厂，常州文化新码头"。

6. 与教育部门对接，开展了丰富多彩的档案教育社会实践活动

认真贯彻落实国家和省教育、档案部门关于建立中小学档案教育社会实践基地、开展档案教育社会实践活动文件精神，积极挖掘开发档案资源，探索和建立档案教育社会实践活动新机制，充分发挥"常州市干部教学培训现场教学基地""常州市科普教育基地"和"全国中小学档案教育社会实践基地"作用，开展了夏冬令营、"亲近档案一日游""好书伴我成长""走进运河五号寻访常州工业历史"等丰富多彩的活动。针对学生活泼好动求知欲强的特点，今年又开辟了"学生成长档案体验馆"和"社会实践活动体验馆"，以"我的档案我作主"为主题，制作了"幸福家庭全记录"固定展板，开辟了个人成长档案实际操作体验区，让中小学生亲身体验制作个人档案乐趣。2012年接待学生参加社会实践 7000 人次，收到学生书画作品、摄影作品200 件。来自美国、德国、法国、英国、西班牙、印度尼西亚、日本、韩国、坦桑尼亚等国留学生很有兴趣地参观了博览中心，悠久的中华文化给外国友人留下深刻印象。"全省中小学档案教育社会实践基地推进会"在常州召开，会议代表对档案博览中心的创建模式给予了高度评价。

7. 与工业旅游对接，提供一个旅游休闲观光的好景点

主动融入工业旅游建设，进一步完善旅游安全设施，进一步规范旅游接待水平。常州市档案博览中心是一座极具观赏性和吸引力的，反映常州工业建筑、工业档案、工业设备、工业产品的展览馆，它与周围的老街、老巷串联起来，与五号街区锯齿形厂房、斑驳的老墙、陈旧的设备浑然一体，勾起大家对常州百年工业起步、兴盛、辉煌的美好回忆和未来向往。运河五号街区里，恒源畅历史陈列馆、图书馆、常州画派纪念馆、《秋之白华》纪念馆、

半农摄影中心、五号剧场、五号美术馆经常举办的各类展览展示、文艺表演等，"运河五号"码头水上游项目开设，使"运河五号"创意街区成为常州古运河工业旅游带上的一个重要景点，获国家级 AAA 景区称号。十二五期间，来"运河五号"参观旅游、休闲生活、学习实践的中外游客、大中小学生、市民已达 31 万人次。来中心参观的省市领导、中外游客和留学生、大中小学生及市民 8 万余人次。

数字档案馆业务流程分析与评价体系研究

目前国内外相继开展数字档案馆建设，对数字档案馆的研究已经成为国内外档案信息化建设的重点。在数字档案馆评价研究理论成果中，也已经有学者初步构建了指标体系，但在权重分配、数据来源和具体计量方法等方面都需要进一步深化研究，以求在实践中验证、完善。虽然我国在数字档案馆建设上取得了一系列成果，但客观地看，这一专题上的研究成果目前尚未达到系统化水平，理论深度尚显欠缺，理论成果也并没有引起业界在实践中的充分关注，其科学性尚待在实践中进行验证。同时也应注意到，对仓促起步的我国数字档案馆建设实践如何进行总结分析和效益评估正成为理论界必须研究和面对的棘手问题。

本课题结合承担国家重大科技项目"核高基"专项"基于国产 CPU/OS 的数字档案管理系统"以及天津市数字档案馆建设，综合采用多种研究方法，重点对国际上著名的数字档案馆建设的标准规范的实践进行案例分析，研究数字档案馆六大功能实体，分析研究数字档案馆各项业务流程，并设计出一套科学严谨的数字档案馆建设评价指标体系，对数字档案馆相关研究和实践具有一定的借鉴意义。

一、课题的研究内容

（一）数字档案馆建设的相关文献研究和实践分析

对国际上几个著名的数字档案馆相关的标准规范进行实践案例分析，重点分析 DOD5015.2 电子文件管理软件应用系统设计标准（美国国防部第5015.2 号标准）、MoReq（欧洲电子文件管理模型需求）、DIRKS（澳大利亚电子文件管理指南）、ERA 电子档案馆功能需求和我国的数字档案馆建设指南。

（二）数字档案馆系统模型与功能分析

以 OAI S 为数字档案馆系统参考模型，结合天津市数字档案馆应用系统应用功能架构，研究数字档案馆六大功能实体，包括档案收集功能、档案存储功能、数据管理功能、系统管理功能、保存规划功能以及档案利用功能，以及每个功能实体所对应的功能模块。

（三）数字档案馆业务流程研究

业务流程是数字档案馆的核心业务，主要业务工作有：电子档案的移交和接收；实体档案的接收与管理；各种数字档案信息的分类、组织、编目、标引、元数据补录、元数据标引、存储管理。本项目主要按照 OAIS 参考模型，研究分析数字档案接收业务流程、数字档案三性保证业务流程、数字档案封装流程、数字档案长期保管流程、数字档案利用流程等数字档案馆建设业务流程。

（四）研究数字档案馆评估方法，建立数字档案馆建设的评价体系

数字档案馆系统评价是对系统进行全面估计、检查、测试、分析与评审，将实际指标与计划指标进行比较，以求确定系统目标的实现程度，并对系统建成后产生的经济效益和社会效益进行全面的评价。课题将系统研究数字档案馆评价模型确立、数字档案馆评价体系框架确立、数字档案馆评价的基本指标、评价权重和数字档案馆评价指标的量化方法等。

（五）评价体系研究方法

数字档案馆构建和评价指标体系确定是一个理论与实践相结合的过程，在定性分析的基础上，结合定量研究研究数字档案馆构建和评价指标体系。

二、课题成果简介

本课题以天津市数字档案馆建设为基础，对国际上著名的数字档案馆建设的标准规范的实践案例分析，重点分析 DOD5015.2 电子文件管理软件应用系统设计标准（美国国防部第 5015.2 号标准）、MoReq（欧洲电子文件管

理模型需求)、DIRKS（澳大利亚电子文件管理指南）、ERA 电子档案馆功能需求和我国的数字档案馆建设指南，同时以 OAIS 为数字档案馆系统参考模型，结合天津市数字档案馆应用系统应用功能架构，研究数字档案馆六大功能实体，包括档案收集功能、档案存储功能、数据管理功能、系统管理功能、保存规划功能以及档案利用功能，以及每个功能实体所对应的功能模块。分析研究数字档案接收业务流程、数字档案三性保证业务流程、数字档案封装流程、数字档案长期保管流程、数字档案利用流程等数字档案馆建设业务流程，以及研究数字档案馆安全保障体系。

课题最后设计《数字档案馆评估指标体系权重分析调查表》，以问卷的形式向国内多名数字档案馆理论和建设专家进行评估指标体系权重的调查，并利用德尔菲法及数学统计的方法尝试建立数字档案馆评价体系数学模型，以数学方式对数字档案馆评价指标进行量化分析，对指标体系中的每一项元素做精确的比对和权重赋值，最终得出科学严谨的数字档案馆建设评价指标体系。

目前国内外相继开展数字档案馆建设，对数字档案馆的研究已经成为国内外档案信息化建设的重点。在数字档案馆评价研究理论成果中，也已经有学者初步构建了指标体系，但在权重分配、数据来源和具体计量方法等方面都需要进一步深化研究，以求在实践中验证、完善。虽然我国在数字档案馆建设上取得了一系列成果，但客观地看，这一专题上的研究成果目前尚未达到系统化水平，理论深度尚显欠缺，理论成果也并没有引起业界在实践中的充分关注，其科学性尚待在实践中进行验证。同时也应注意到，对仓促起步的我国数字档案馆建设实践如何进行总结分析和效益评估正成为理论界必须研究和面对的棘手问题。

本课题结合承担国家重大科技项目"核高基"专项"基于国产 CPU/OS 的数字档案管理系统"以及天津市数字档案馆建设，综合采用多种研究方法，包括调查表、德尔菲法、层次分析法、回归分析法、流程分析法以及功能分析法等，研究探讨数字档案馆业务流程和评价体系，指导并推动我国数字档案馆建设，对档案界相关研究和实践具有一定的借鉴意义。

电子公文归档应用技术与方法研究

通过该项目的研究能够为电子公文归档的实现方法和技术应用寻找最佳可行的解决方案。结合本地区实际，制定适合的技术方法和路线，提出电子公文归档管理的有关业务流程和应用技术要求；构建电子公文归档、移交的实际应用项目事例；探索适用于不同 OA 系统、档案管理系统在同一标准体系的指导下，实现不同软硬件平台和应用系统间电子公文归档，实现数据交换和信息共享；在电子公文归档移交中采用云计算应用服务理念，探索采用一种新型的、低成本、易于推广部署的电子公文归档移交管理模式。

一、项目研究目标与研究内容

通过该课题的研究能够为电子公文归档的实现方法和技术应用找到最佳的解决方案，结合本地区实际情况，研究制定适合的技术方法和路线，主要从以下四个方面进行：

（1）研究电子公文归档管理的有关业务流程和应用技术要求。

（2）构建从电子公文全程管理到电子公文归档、移交的实际应用项目事例。

（3）研究探索不同立档单位不同 OA 系统、档案管理系统在同一标准体系的指导下，解决不同系统和软硬件平台所形成的信息共享和数据交换问题。

（4）研究在电子公文归档移交中采用先进的云计算应用服务理念，探索采用一种新型的、低成本、易于推广部署的电子公文归档移交管理模式。

二、项目详细科学技术内容

（一）电子公文归档方法研究

电子公文归档的两种方式研究，通过对离线方式和在线方式的比较提出电子公文归档要因地制宜选择合适的归档方式。

（二）电子公文归档的技术研究

电子公文归档的技术研究主要包括以下几方面：

（1）元数据研究：在项目研究过程中结合本地区电子文件管理的现状，制发《天津市文书类电子文件元数据方案（试行)》，作为指导电子公文归档的元数据要求。

（2）存储数据结构研究：通过对本地区电子文件管理和归档的实际情况调研，制定出以树型目录对电子文件进行组织的数据存储结构。结构如下：

电子文件存储数据结构示意图

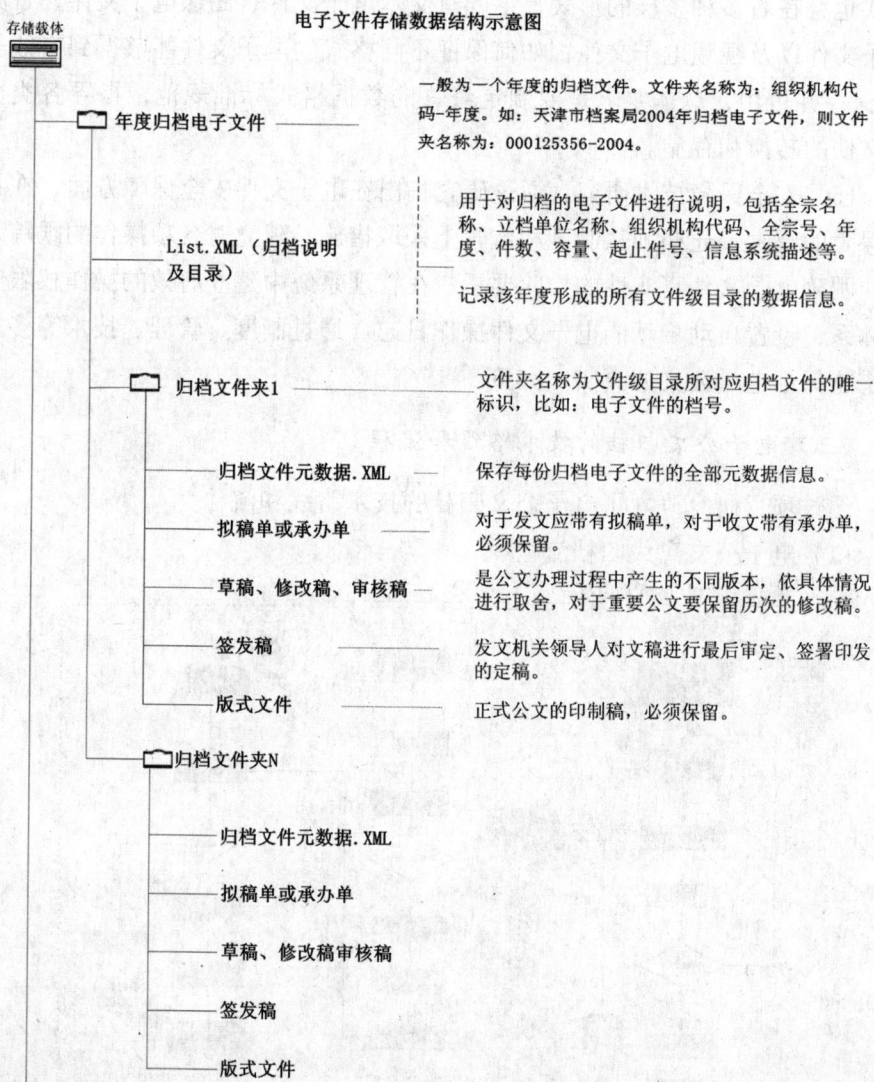

存储载体

年度归档电子文件 —— 一般为一个年度的归档文件。文件夹名称为：组织机构代码-年度。如：天津市档案局2004年归档电子文件，则文件夹名称为：000125356-2004。

List.XML（归档说明及目录） —— 用于对归档的电子文件进行说明，包括全宗名称、立档单位名称、组织机构代码、全宗号、年度、件数、容量、起止件号、信息系统描述等。

记录该年度形成的所有文件级目录的数据信息。

归档文件夹1 —— 文件夹名称为文件级目录所对应归档文件的唯一标识，比如：电子文件的档号。

归档文件元数据.XML —— 保存每份归档电子文件的全部元数据信息。

拟稿单或承办单 —— 对于发文应带有拟稿单，对于收文带有承办单，必须保留。

草稿、修改稿、审核稿 —— 是公文办理过程中产生的不同版本，依具体情况进行取舍，对于重要公文要保留历次的修改稿。

签发稿 —— 发文机关领导人对文稿进行最后审定、签署印发的定稿。

版式文件 —— 正式公文的印制稿，必须保留。

归档文件夹N

归档文件元数据.XML

拟稿单或承办单

草稿、修改稿审核稿

签发稿

版式文件

219

（3）封装技术要求：通过对 VEO 和 METS 两种封装方式的比较分析，得出在档案领域可以采用两种封装方法相结合的方法，基于 VEO 的封装方法可以更多的应用于档案馆对数字档案信息的长期保存，而在信息交流、信息资源利用方面可以更广泛地采用 METS 的封装方式。

（4）格式转换技术研究：由于电子公文生成环境各异，因此电子公文的格式也存在着多种多样的形式，主要有文本电子文件、图像电子文件、音频电子文件以及视频电子文件，如何保证不同格式的电子文件能够得到有效长期 保存并可用，总体要求是要制定统一的数据格式标准规范，指导各类电子文件的转换和存储。

（5）安全保障技术研究：通过研究指出在电子文件安全保障方面，在技术保障的同时，还必须从制度和监管上采取措施，建立对各项操作的跟踪记录，明确电子文件真实性的检验要素；在管理系统中建立有效的操作权限管理体系，设置自动启动的电子文件操作日志。通过制度、管理、技术等多方面措施保证电子公文的真实、完整。

（三）电子公文归档的技术路线和流程

通过项目研究确立了电子公文归档的技术路线和流程。

（1）电子公文离线归档流程

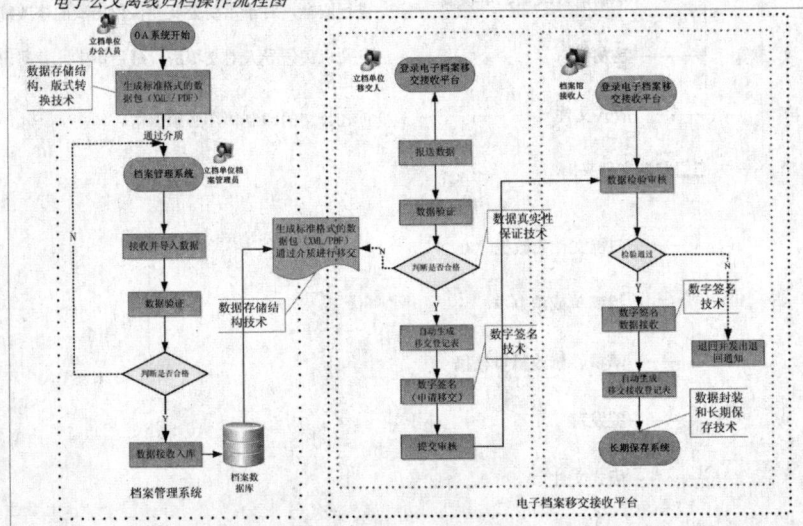

电子公文离线归档操作流程图

（2）电子公文在线归档——档案管理系统自动采集方式流程

（3）电子公文离线归档——公文办理系统报送数据方式流程

三、项目的创新点

（1）从电子公文的元数据、存储结构等方面提出归档要求，并提炼归档流程的关键节点，保证电子公文全程管理的真实、完整、有效和安全；

（2）通过规范归档存储数据的内容、存储结构，实现电子公文归档管理系统与档案馆电子语言件移交接收平台对接；

（3）通过构建电子档案移交接收平台，实现归档电子文件在线或离线的接收，实现馆室之间的互联互通，充分发挥信息化建设下的网络优势，节省人力、物力；

（4）规范电子公文格式和数据要求，实现电子公文的数据信息的长久保存和有效利用；

（5）指导实际应用，通过示范工程对标准规范进行验证，提出符合当前要求的方法和思路。

四、成果简介

项目研究遵循电子文件生命周期理论，按照电子文件全程管理、前端控制原则和电子文件真实性、完整性、可读性保障原则等电子文件管理的基本原则，分析电子公文从形成、办理、交换、归档、保管、利用或销毁的业务流程，规范业务流程中的关键节点及数据结构，保证电子公文归档管理业务流程的顺畅。项目研究的基本思路如下：

（1）技术标准规范及应用系统业务流程研究：按照电子文件全程管理的原则，通过建立标准体系来规范电子文件的产生、形成和归档过程。

（2）应用系统构建及验证测试：计划在天津市选择数家市级立档单位与市档案馆构建一个完整的电子公文从形成、办理、交换、归档、保管及移交报送实际应用范例，从而总结出电子公文归档的业务流程和方法，并应用于实际。

（3）项目研究完成后，研究成果将在全市范围推广应用。

项目研究的意义在于如何更好地实现电子公文归档系统的功能开发，首先我们必须明确电子公文归档的方法，明确电子公文归档的技术路线，在此基础上我们才能有针对性地开发系统功能，才能开展软件系统的设计工作，才能确保电子公文从生成、传输、归档、长期保存到提供利用等环节能够顺畅进行，才能肩负起历史赋予我们的重任。

通过该项目的研究能够为电子公文归档的实现方法和技术应用寻找最佳可行的解决方案。结合本地区实际，制定适合的技术方法和路线，提出电子公文归档管理的有关业务流程和应用技术要求；构建电子公文归档、移交的实际应用项目事例；探索适用于不同 OA 系统、档案管理系统在同一标准体系的指导下，实现不同软硬件平台和应用系统间电子公文归档，实现数据交换和信息共享；在电子公文归档移交中采用云计算应用服务理念，探索采用一种新型的、低成本、易于推广部署的电子公文归档移交管理模式。

课题研究取得如下成果：

（一）制定电子公文归档、接收、保存等相关工作规范

根据国家电子文件管理的要求，结合天津的实际，按照突出重点、急用先行的原则，统一标准，修制订有关电子公文管理急需的工作规范标准，满足天津市对电子公文归档管理的需要，并逐步形成天津市电子文件管理的规范体系。

（二）制定电子公文归档的元数据规范

选取市级立档单位，按照电子文件全程管理的原则，制定元数据规范指导电子文件的产生、形成和归档过程。

（三）制定电子公文归档移交的数据结构规范

为了保证文书类电子文件准确性、完整性、可用性和安全性，以归档环节为关键点，制定电子公文归档移交的数据结构规范，收集捕获电子文件形成的内容、背景、结构信息以及文件办理的过程文件等。

（四）开发归档电子公文移交云平台

依托天津市正在建设的政务内网，利用政务内网统一的密钥管理系统和电子认证系统，建设基于内网的电子文件（档案）管理平台，实现立档单位向市档案馆的电子文件（档案）移交报送。

（五）确定了电子公文归档的方法和应用技术

通过课题的研究，确定了天津市电子公文归档的方法，由于电子公文处理系统与档案管理系统可以共同运行于同一网络平台，在网络条件允许的情况下可以采用在线归档的方法，若不在同一网络平台或由于条件要求不能运行于同一网络平台可以采用离线介质的方法。在归档的应用技术上，由于各单位运行的系统并不统一，因此在现阶段采用数据包的形式进行电子公文归档操作，制定统一的元数据规范和数据存储结构要求，无论系统本身的运行状况如何，经过一定的改造均可以实现数据按照标准进行组织，并能从系统中脱离形成符合条件的数据包。无论是在线还是离线均可以通过数据包传输的方法实现电子公文的归档。

电子文件元数据自动采集与智能分析实证研究

一、研究内容

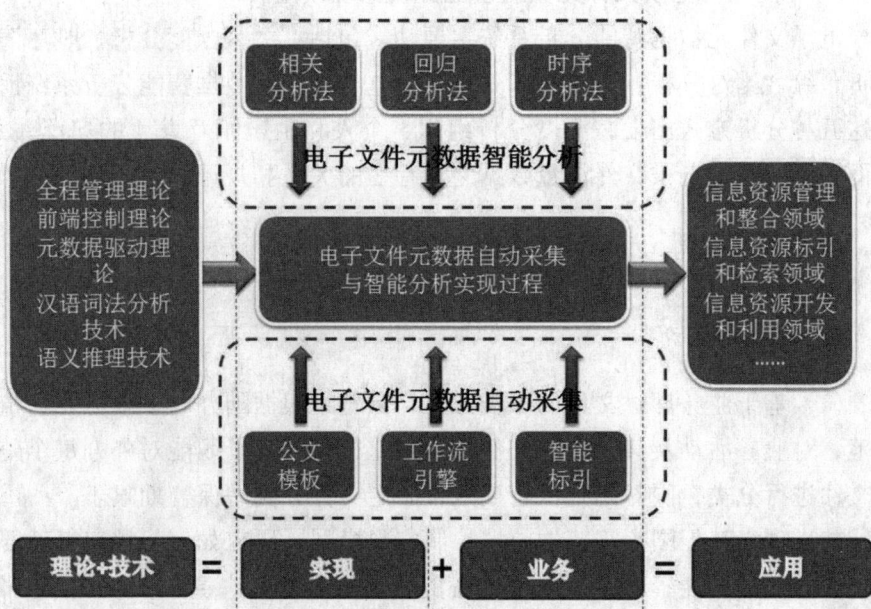

图 1　研究框架图

　　本课题研究内容包括：电子文件元数据自动采集模型、电子文件元数据智能分析与实际业务需求对接流程、可视化的电子文件元数据智能分析系统原型开发。

1. 电子文件元数据自动采集体系和采集模型

　　课题组经过研究和实践认为，电子文件元数据的自动采集是一个体系，需要综合运用公文模板、工作流引擎和智能标引系统才能实现。本课题采用上述三种方法，在实践的基础上建立了电子文件元数据自动采集模型。

2. 基于实际业务需求的电子文件元数据智能分析流程

课题研究表明，电子文件元数据智能分析与实际工作需求对接，真正为业务提供辅助决策，这是一个不断循环往复、协同运作的过程，需要以文件、档案一体化管理理论为指导，以业务需求为导向，通过科学的流程设计保证"理论—实现—应用"的有机衔接。研究内容主要包括：业务理解、数据理解、数据准备、智能分析、测试评价、项目实施六个环节，后续环节的知识发现会从前面环节的经验中受益。

3. 可视化的电子文件元数据智能分析系统模型

电子文件元数据智能分析系统主要功能包括：关联强度分析、时序演变分析、综合比对分析、当前热点分析等。电子文件元数据智能分析系统旨在从这五种分析方式出发，深度分析组织、个人和主题相互发生的广泛关系，从而揭示隐藏于电子文件海量数据之间存在的关系和规律。

二、主要创新

（一）理论创新

（1）基于业务探讨文件的分类方案，课题组根据国办电子政务业务梳理规范，对业务活动及其产生的文件进行细化梳理，基于职能对外办每个处室的文件进行分类，同时划定保管期限，制定文件分类—保管期限表。

（2）创立基于国家规范的前端控制实现模型，研究如何将档案管理要求无缝嵌入前端文件管理中，改变传统的分段管理模式，真正实现电子文件、档案一体化管理。为此，课题组依照国家有关文件、档案管理的一系列规范、规章，优化设计电子公文、档案一体化管理流程，统筹规划电子文件、档案一体化管理功能要求，同时将元数据嵌入系统，伴随文档一体化管理流程始终，贯穿电子文件全生命周期，切实保障电子文件的真实性、完整性、可靠性、可用性。

（3）拓展、升级基于《方案》的元数据框架，扩展元数据《文书类电子文件元数据方案》构建的标准元数据，在支持电子文件开发利用方面略显薄弱。本项目聚焦云计算、语义网等新技术环境，在标准元数据的基础上构建扩展元数据，主要基于电子文件内容的扩展元数据，支持电子文件内容信息的深度挖掘，辅助政府决策。

（二）思路创新

（1）在基于理论框架与技术实践研究的基础上，课题组将电子文件元数据自动采集与智能分析紧密衔接并与实际业务需求结合，提出从理论到实现、从实现到应用的思路和方法，为电子文件的管理、开发和利用提供了开创性的思路。

（2）提出基于机构职能、基于实际业务的文件分类体系与文件分类方法，建立以业务为主的信息资源目录体系。根据机构职能拆分具体业务内容，明确每项业务内容产生的文件，并建立与之对应的归档范围和保管期限。

（三）技术创新

本课题通过技术创新，实现了元数据的自动采集，并将元数据智能分析和可视化技术引入电子文件的开发利用中，通过数据挖掘流程，高效率、低成本地将电子文件中的浅层信息变为深层信息，将隐藏的信息转化为显性的知识产品。

基于信息化平台的建设项目档案工作全程监管
与有效服务研究

"基于信息化平台的建设项目档案工作全程监管与有效服务研究"科研项目研究目标是以项目建设文件全过程管理和前端控制理论为指导，以信息技术为平台，以建设项目档案工作保障体系为依托，通过对建设项目档案工作信息的全程跟踪采集、科学整理、及时传递和充分共享利用，寓监管于服务之中，实现档案行政管理部门、参建单位和各管理部门的信息共享、互相督促、管理共赢，进一步提高建设项目档案的服务能力和监管力度，确保建设项目档案的完整、准确、系统、安全。

一、背景情况

2009 年，国务院批复将原浦东、南汇两区合并，新浦东形成包括张江、金桥、外高桥、陆家嘴 4 个国家级开发区和临港、前滩、迪士尼 3 个新发展区域的"4＋3"产业功能分区格局。在上海市第十四届人大一次会议上，上海市代市长杨雄在政府工作报告中指出：2013 年将推进改革试点建立自由贸易园区等多项经济体制改革，迪士尼、虹桥商务区等重点工程项目也将陆续进入新一轮的建设计划，浦东综合配套改革将得到进一步的深入。

在浦东进一步城镇化发展的过程中，建设项目不断增多，年均受理在建项目咨询指导数为 1000 多次，验收发证达 300 多个，2013 年全区需监管项目达 1100 多个。面对如此点多、面广的建设项目，区域建设项目档案行政工作面临巨大压力，有效服务难、有效监管不到位已经成为建设项目档案管理工作中的突出难题。特别是对于区内重大工程项目而言，具有总量相对较多、建设地点分散、参建单位众多、建设周期较长等特点，档案行政管理部门也面临着信息获取滞后、过程监管困难等问题。

浦东新区档案信息化工作起步早，发展快。目前，新区档案局已经建立了三个相对独立的网络，作为全程监管与有效服务体系搭建应用的平台，即局域网平台、政务外网平台和互联网平台。可以说，这三个网络为档案行政管理部门与建设项目单位和社会公众实行监管与服务之间的互动提供了良好的通信基础。同时，新区目前已开发应用的业务系统有档案信息集成管理子系统、档案 GIS 目录中心子系统、电子文件中心子系统、文档一体化子系统、城建档案 GIS 信息子系统、社会诚信档案中心子系统、浦东档案信息网、办公自动化系统等，这些业务系统的建设为浦东新区档案局提供档案信息服务和行政服务搭建了良好的系统平台。多年的档案信息化成果也为全程监管与有效服务体系的建设奠定了基础。

二、研究意义

一是能为各级档案行政部门构建建设项目档案工作全程监管与有效服务体系提供参考，实现建设项目档案管理工作目标的最优化；

二是通过将建设项目档案管理纳入诚信管理系统，促进建设工程的质量管理，为我国城市建设的科学发展提供保障；

三是由于信息技术平台建设采用了较先进的技术，便于降低运行成本、规模化推广应用，且可提高档案信息化规范化、标准化管理水平，从而促进档案信息化从粗放型向集约型方向发展；

四是通过该应用软件向各区域档案馆推广，减少同类系统重复建设的成本，节约政府开支；

五是通过与项目建设各行政部门的管理信息资源共享，实现我国工程项目质量管理的整体优化，为城市建设提供高质量的档案，使档案资源发挥更大的经济效益和社会效益。

三、研究方法和内容

（一）研究方法

综合运用科技档案学、文件生命周期和软件工程等理论，结合工作实际提出、分析和解决问题，根据档案行政职能的要求，构建建设项目档案服务和监管的体系架构，并以此指导信息化平台建设。总体思路：注重理论与实际的结合，通过对建设项目档案工作信息的全程跟踪采集、科学整理、及时传递和充分共享利用，寓监管于服务之中，实现档案行政管理部门、参建单位和各管理部门的信息共享、互相督促、管理共赢，进一步提高建设项目档案的服务能力和监管力度，确保建设项目档案的完整、准确、系统、安全。

（二）研究内容

1. 提出了"寓监管于服务，以服务促监管，融监管与服务为一体"的行政新理念

课题提出了"寓监管于服务，以服务促监管，融监管与服务为一体"的理念，即将"监管"体现在"服务"的过程中，在"服务"的过程中进行"监管"，一方面使被监管对象能更好地理解做好建设项目档案工作的目的意义，增进监管者和被监管者之间的相互理解和信任，增进相互的配合和互动，共同做好档案工作；另一方面，更好地体现政府为民服务的执政理念和管理过程的公开、公平、公正，使相对人在享受服务中心悦诚服地自觉接受监管，从而营造和谐监管的良好氛围。另外，本课题定义的服务对象除了行政相对人以外，还包括新区档案局等与建设项目有关的领导和部门，主要通过提供利用项目档案工作的情况，辅助政府领导和主管部门的决策，促进建设项目的顺利实施。

2. 构建了以数据资源为核心，以需求为导向的全程监管与有效服务架构体系

课题以监管与服务信息资源建设为核心，构建基于信息化平台的建设项目档案工作全程监管与有效服务的体系架构。该体系由"浦东新区建设项目档案工作监管与服务信息化平台"和保障体系两部分组成。本课题详细描述了该体系的信息需求、功能需求和性能需求，数据在信息化平台中的流向以及与电子政务系统之间的数据共享关系。系统描述了该平台建设的目标，即做到服务无障碍、监管动态化、行政规范化和数据全覆盖。科学规定了该平台构建的基本原则，即总体规划、分步实施、需求导向和突出重点的原则。较详细描述了保障体系的具体内容，所有这些研究都为"浦东新区建设项目档案工作全程监管与有效服务信息化平台"的科学研发和有效运行奠定了基础。

230

3. 研究了建设项目档案工作全程监管与有效服务"可及性"的新概念和评价指标

课题引用了"可及性"概念，并结合建设项目的特点，对可及性的内涵进行诠释；论述了追求可及性的意义、可及性指标设定的原则；重点研究了建设项目档案工作全程服务"可及性"的三个"度"，即服务信息的丰裕度、服务功能的便捷度、服务对象的满意度；全程监管"可及性"的三个"度"，即监管对象的能见度、监管项目的可控度、监管方式的透明度。该评价指标的设定，既有利于体系建设的目标设计，也有利于目标实施，即通过评估，不断优化体系。

4. 开发和运行了"浦东新区建设项目档案工作全程监管与有效服务信息化平台"

在课题研究理论成果的指导下，课题组成功研制并试点运行了"浦东新区建设项目档案工作全程监管与有效服务信息化平台"。目前该系统功能包括：建设项目网上登记注册、项目节点信息及档案信息数据报送、项目报送数据对部门审批信息比对、项目节点监管和意见反馈、项目节点档案业务咨询和指导、项目审批和结果公开、项目过程信息和档案管理、项目基本信息查询和统计、建设单位诚信记录等。最终实现网上报送、网上提醒、网上指导、网上反馈、网上监督、网上服务的"六合一"信息化工作体系。

5. 初步建立了与建设项目档案工作全程监管与有效服务体系相适应的保障体系

课题研究的保障体系包括法律标准规范体系、组织架构体系、监督保障体系和安全与技术体系四大块，并且从浦东新区的实际出发，配合信息化平台的运行，建立和完善了相应的制度规范，从而提升了研究成果的实用价值。

四、研究成果

主要研究建设项目档案工作全程监管与有效服务体系的构建，突出地研究了"可及性"概念，定义了全程监管与有效服务体系评估指标的六个"度"，即服务信息的丰裕度、服务功能的便捷度、服务对象的满意度、监管对象的能见度、监管项目的可控度和监管方式的透明度。由此将研究工作引向深入，并为其配套的信息化平台的建设奠定了理论基础。同时，配套系统平台已正式运行，近2年内已有1000多个建设项目进行了档案信息的网上申报。为保障此项工作的实施，档案局制发了配套的规范性文件和制度明确具体要求，并制作了系统操作手册进行宣传和培训。

（一）具体成果材料

（1）撰写项目研究成果材料，包括：《基于信息化平台的建设项目档案工作全程监管与有效服务研究课题工作报告》《基于信息化平台的建设项目档案工作全程监管与有效服务研究课题研究报告》。

（2）研制"浦东新区建设项目档案工作全程监管与有效服务信息化平台"，形成系统研制的技术报告及有关文档材料。

（3）编制基于信息化平台的建设项目档案工作全程监管与有效服务体系建设的有关管理制度、规范性文件。

（二）产生效果

一是可与其他部门形成信息共享机制，为各级管理部门对建设单位开展项目的总体工作绩效评估提供依据；

二是鉴于浦东新区建设项目档案监管特点，本项目研制的"建设项目档案工作服务和监管系统"具有典型意义，可向各区域档案行政部门推广移植，避免各档案部门的重复建设；

三是可为各级档案行政部门制定建设项目档案管理制度、规范和绩效考核指标提供参考和决策依据；

四是可为各工程项目的建设单位开展工程档案管理工作提供业务操作平台和管理信息资源；

五是为项目承建单位提供了多途径的与档案管理部门沟通、联系的方式，减少了企业办事的成本，并进一步提高了档案管理部门的工作效率，实现了其科学管理的目标。

云计算技术与档案信息共享模式研究

当前，档案信息化建设中面临诸多瓶颈问题，云计算技术的出现为档案信息资源共享提供了全新的思路。全国各地档案馆纷纷建设基于云计算的档案信息共享平台，本文立足于对全国当前形势的分析，总结天津市档案馆近年来的实践经验，基于政务网和互联网两个平台，以两种共享模式为实现形式，依靠云存储、云安全、基于网络隧道技术、云虚拟化技术等各种技术手段，分析当前基于云计算的档案信息共享平台的建设方式以及实现策略。为全国各地建设基于云计算的档案信息资源共享平台提供了宝贵的实践经验和理论依据，文中详细分析了各种技术手段的特点，并且在项目实践过程中引入这些技术手段作出了有益的尝试，从理论和实践两个方面都做了深入而详细的探讨，具有很强的指导性。在全国具有一定的推广价值和实践应用价值，可以作为建设基于云计算的档案信息资源共享平台的指导性资料和文件。

1. 项目研究的主要内容

通过对云计算技术进行研究，并探索档案信息共享模式，提出档案信息资源共享的新途径，实现档案信息资源高度共享、集约化管理、节约化运行的新方式。

本项目从以下几个主要方面加以研究：

（1）研究国内外云计算技术和发展趋势，介绍云计算的主要特点和技术，结合建设档案信息资源共享平台，提出建设档案资源信息共享平台使用的云计算相关技术和方法，以及运用云计算技术的一些潜在风险。

（2）进行国内档案信息共享模式的调查分析，提出当前建设档案信息共享平台的两种模式和模式建设当中遇到的问题，并且总结出档案资源共享所使用的技术手段。

（3）研究基于互联网和政务网的档案信息共享策略和模式，从构建基于云计算档案信息资源共享的组织与协调机构、提升档案信息资源服务的社会影响力、构建服务于档案信息共享的统一的档案资源云存储、基于云计算的档案信息共享的安全保障等几个方面阐述档案信息共享的策略和模式。

（4）列出了近几年在基于云计算的档案信息资源共享平台建设方面天津市档案馆的探索实践，包括基于互联网的天津档案信息共享平台和基于政务网的天津档案信息共享平台。从平台的建设内容、建设目标、达到的目的、在平台建设当中使用的各种云计算技术和采用的档案信息资源共享模式等几个方面作了详细阐述。

2. 项目的创新点

（1）结合国内外的档案信息资源共享情况，基于计算机前沿的云计算技术，根据档案资源共享的特点，提出基于云计算的档案信息资源共享模式策略。

（2）基于互联网和政务网，依据档案信息共享模式策略，使用云计算理念和相关技术，采用软件即服务（Saas）和平台即服务（Paas）模式，建设天津市档案信息共享平台及民生档案信息服务平台，提供电子档案管理服务和档案信息利用服务。

（3）采用虚拟化隧道技术，在天津市民生档案业务专网接入系统中采用中国联通先进 MSTP 网络和 VPDN 备份电路技术，构筑了基于电子政务外网的全市档案工作网络。

3. 成果简介

目前进行的研究成果已经被应用于天津市档案馆的档案资源共享平台建设当中，构建了以档案云平台为核心的、以有线网络和无线网络双网组成的全方位网络体系。在平台具体应用上，通过制定发布文件，统一数据接收标准，收集各单位各部门的目录资源，形成集中的联合目录，在各个查询利用的节点可以通过统一的界面及功能获取需要的目录信息，再通过云共享服务系统，采用软件即服务的方式，通过政务外网提供软件应用服务模式。在各个档案管理部门为群众进行查档利用服务时，看到的是一个统一的界面和平台，屏蔽了因为在不同区域和因为不同的网络环境所导致的各种物理上的差异性。各个档案管理部门不需自行开发平台，各个档案管理部门上传的文件将会由平台根据相关的标准，应用"软件即服务"模式，提供一定的电子档案管理功能；为立档单位归档电子文件提供格式转换、数据封装服务；提供对移交电子档案的规范性检测功能，实现对电子文件的识别、归档、保管、处置；实现电子文件移交接收管理流程规范，保证电子文件内容的完整性、元数据等数据结构的一致性，保证数据流畅通、完整；有效维护电子文件的真实性、完整性、有效性和安全性，保证电子文件得到安全规范保管和有效利用。而各个档案管理部门在平台上看到的档案资源也会是一个统一的格式和文件，屏蔽了接口和标准的差异性，构筑一个"档案云"，方便了资源的利用。

基于 RFID 技术的法院智慧档案室

　　随着信息社会的迅猛发展，传统档案工作方法与时代发展客观需求之间的矛盾日益加剧，现代化建设成为新时期档案工作发展的必然趋势。进入新时期，法院档案工作同样面临着现代化建设的挑战，档案数量不断增加、传统档案管理方式效率低下，且档案工作人力、物力资源有限，严重影响了档案工作的效率和质量。在档案工作实践中，课题组深刻体会到，必须采用现代化的管理方式和手段提高档案工作的水平，使档案工作在法院各项工作中充分发挥应有的作用，这样才能切实推进档案工作为审判服务、更好地践行司法为民的宗旨。为此，北京法院加快了档案管理现代化建设的步伐，举措之一即是开展基于 RFID 技术的法院智慧档案室研究及在实际工作中的应用。

一、研究目的

　　研发法院智慧档案室项目的主要目的一方面在于通过综合管理系统实现对档案从归档、借阅、统计、库房盘点到监控的现代化管理，另一方面通过智能盘点硬件系统实现对库房和实体档案的高效、安全管理和控制。通过 RFID 技术可以建立实用、高效、先进的档案管理模式，解决档案归档、整理、查找、利用、检索耗时费力、工作效率较低的问题，从而提高档案管理的现代化水平。法院智慧档案室就是运用当前先进的 RFID 技术，结合档案库房安全管理和档案全流程管理研发的，以此作为加强法院档案管理现代化建设的有效途径和科学手段。

二、研究内容

1. 基于 RFID 技术的系统方案设计

RFID（Radio Frequency Identification），即无线射频识别，它是集编码、载体、识别与通信等多种技术于一体的综合技术，主要原理是利用无线电波对一种标记媒体进行读写、识别的过程，非接触性是其明显特征。在实际应用中，读写器将特定格式的数据写入 RFID 标签，然后将标签附着在待识别物体的表面。读写器亦可无接触地读取并识别电子标签中所保存的电子数据，从而实现对物体识别信息的远距离、无接触式采集、无线传输等功能。法院智慧档案室系统的研发主要就是基于 RFID 技术的上述特点：无须接触、远程控制、自动读取、无人干预。

储位管理子系统，该子系统能够实现卷宗自动识别模块所储存的卷宗盒编号和储位自动识别模块所储存的储位编号自动匹配，从而在进行卷宗的出入库时较好地实现卷宗储位的定位。此外，储位自动识别模块还具有储位分配、储位信息管理的功能，可实现卷宗储位的可视化、动态化管理。

查询管理子系统，在查阅卷宗时，由该子系统提供卷宗编目查询、密级查询等，并发出出库指令，指令通过计算机总线将查询信号传输至密集架。

安全管理子系统，该子系统可实现对档案库房现场的实时监控与异常警报功能，以防止档案被毁、被盗等。该子系统负责档案防盗和现场监管，实施档案管理的安全机制。当档案盒在非正常情况下离开储位（指不经查询子系统发出出库指令情况下），安装于储位区的阅读器将捕捉到这一信息，将档案信息无线传回管理系统，监控模块将会把这一异常信息立即发送给警报模块，警报模块接收到信息后向计算机控制中心发出警报。

综上所述，RFID 数据管理系统与卷宗管理信息系统通过系统接口实现系统间的对接，由 RFID 数据管理系统实现卷宗数据的收集、储存、读写电子标签；卷宗管理信息系统实现对卷宗信息的应用与管理。同时，可对系统用户设置不同权限，以实现对用户的安全性管理。将 RFID 技术应用于卷宗管理工作中不仅能大大提高管理的效率，同时还有助于提高卷宗管理的安全性。

2. RFID 数据管理系统模块设计

一般卷宗库房的面积较小，可选择超高频（UHF）频段的读写器和无源电子标签。RFID 标签根据用途不同可以分为卷宗标签和储位标签。

电子标签信息项的设定。卷宗标签上储存的信息项包括卷宗编号。储位标签上储存的信息项包括对应档案编号范围。

电子标签粘贴位置测试。在卷宗标签中，将电子标签封成卡状或不干胶纸质，贴于每个卷宗盒或卷宗文件上。储位标签直接安装在储位正下方的支撑横梁上，储位标签在储位不需要调整，或者标签没有损坏的情况下，一般只需安装一次。

电子标签阅读器的安装。在档案库房墙壁或天花板上安装阅读器，设备的正常工作需外接 110—240VAC 电源适配器，并有局域网或无线局域网覆盖，以进行数据传输。将 RFID 标签阅读器 RJ45 口与电脑网口相连接，从而可将 RFID 标签阅读器读取的数据通过网络或无线网络的方式传回服务器。

手持式阅读器使用方案。用于卷宗资料盘点、顺架清理。管理人员持手持式阅读器进行现场核对，修改系统信息或现场信息，从而完成卷宗顺架盘点。

无线射频天线安装测试。为确保卷宗标签数据的读取，需要根据档案库房实际情况定制天线，包括卷宗柜、卷宗密集架的尺寸样式、材料来确定天线布置，确保最佳读写效果。

密集架架体多天线分支器。UHFRFID 天线分支器有 1—8 个接口，它可用于联网和在实时卷宗跟踪及密集架中分配 RFID 天线。天线分支器由主天线分支器和从天线分支器组成。

密集架架体主天线分支器。主天线分支器的每个射频输出端口（ANT1—ANT8）可以连接多达 32 个 RFID 天线。也就是每个主天线分支器可以支援 4 个从天线分支器。注意：考虑到实际的应用场合，实际使用数量未必达到 256 个天线，请合理规划以发挥最大效能。灵活的天线布置、扩大读写控制半径、大大节省系统成本。

3. 档案信息管理系统模块设计

档案入库流程，新的卷宗入库前，首先要根据卷宗的类别、年度、案号和密级等相关信息对新建卷宗进行编目，并通过终端管理器写入 RFID 标签，生成的电子标签数据被传送到中心数据库里以备系统其他模块调用。

库房盘点流程，将 RFID 应用于卷宗管理，使盘点卷宗变成一项简单快速的工作：由卷宗管理信息系统的查询子系统发出盘点指令，RFID 阅读器立即完成对卷宗的相关信息以及相应的储位信息的收集，并自动返回所收集的信息与中心数据库中的数据进行核对。如对于不能匹配的信息，由管理人员持手持式阅读器进行现场核对，修改系统信息或现场信息，从而完成卷宗盘点。

档案查阅流程，在查询相关卷宗时，管理员首先通过查询管理子系统查阅卷宗的编目号，系统将根据编目号提取中心数据库里所储存的数据信息，核对无误后发出出库指令，储位管理子系统中的卷宗自动识别模块将根据编目号映射其储位编号，找到该卷宗所存放的物理位置。管理员发出出库指令。当卷宗经过出库口时，出库口的 RFID 阅读器将读取卷宗信息反馈给管理系统，管理人员再次确认所查卷宗与所出库卷宗一致后确定出库。此时，系统将记录下卷宗的出库时间信息。如若反馈信息与查询信息不一致，监控模块将向警报模块发出异常警报。

安全管理流程，安全管理子系统可实现对档案库房现场的实时监控与异常警报功能，以防止卷宗被毁、被盗等。每本卷宗入馆时先精确测量其重量、页码等物理特性，并存入 RFID 数据管理系统，由监控模块对这些信息进行监控。所有馆藏卷宗均处于阅读器的读取范围中。当卷宗被取出时，由出库口的 RFID 阅读器捕捉卷宗信息，并与出库指令信息进行核对，如果卷宗是未经卷宗管理信息系统发出出库指令而异常离开库位，监控模块会激活警报模块发出异常情况警报。

三、项目运行效果

档案盘点快捷高效，实现了库房管理智能化。虽然档案一般都分类存放，但在档案存取过程中，由于人工操作难以避免乱架情况，容易造成档案存放无序，查找困难。以一中院为例，如果要在近 37 万件档案里查找一个放错位置的档案，需要将所有的档案盘查一遍。因此，档案库房需要定期进行盘点，这是档案管理的一项基础性工作。传统的盘点工作十分烦琐，需要人工逐卷逐册清点登记，这对拥有近 37 万卷档案、库房分散的一中院来讲是一项繁重的任务。

档案管理全面系统，实现了各环节有机统一。该系统奠定了各类档案信息化管理的基础，包括诉讼档案、行政文书档案、会计档案、基建档案、声像档案、照片档案、实物档案等，一中院近 37 万件各类档案归档档案数据已全部纳入系统，能够提供快捷、高效、准确的查询。档案日常管理工作琐碎繁杂，档案归档登记、档案利用登记、未归档原因登记、档案催归档统计、档案扫描统计、档案数字化副本挂接情况统计、档案各项管理工作统计等等，需要有一个数据库存放所有的日常档案管理数据，并能够提供及时有效的数据跟踪。审判系统中的档案管理模块不能满足档案高效管理的需求。由于法院智慧档案室项目具有良好的交互功能，因此能够科学全面地进行日常归档管理、档案利用管理，可以对档案管理中的各类数据进行统计分析；可以实现对每一本档案的利用追踪，从系统中查询档案的历次利用情况；可以对档案数字化副本的扫描挂接进行统计监督，切实保证全部扫描档案挂入档案系统；智能盘点硬件系统则能实时监控实体档案库房状况，确保档案实体安全。

智能化档案管理软件系统与智能盘点硬件系统深度融合，将档案工作的所有环节集成到一个系统中，实现批量化、统一化作业，为档案工作带来极大便利，提高了档案管理工作的效率。

四、项目创新点

课题组在法院智慧档案室的研发过程中不畏艰难、勇于创新，经过三年探索五次改版，攻克了档案库房自动盘点难关。经过委托国家档案局档案科学技术研究所查新，本项目在全国范围尚属首例。

首次在机关档案室实现基于RFID技术对档案库房自动盘点。法院智慧档案室的创新之处在于将RFID技术与档案管理的有效融合。它利用集编码、载体、识别与通信等多种技术于一体的RFID综合技术，结合档案库房管理的需求，实现卷宗编号与储位编号的自动匹配，能够自动对档案库房中存放的纸质或其他介质的档案进行盘点，整个盘点过程自动完成，无须人员值守。试点库房2万卷档案工作人员手工盘点1个人需要7个工作日，而使用智能化档案管理系统盘点只需要3小时就可以完成。通过该系统检查卷宗的在库情况，并通过系统比对后，针对不在库卷宗出具盘点报告，实时掌握卷宗流向，高效准确地进行档案库房管理，减轻档案工作人员的负担。

全面集成档案管理收集、保管、利用环节，实现精细化管理。课题组经过多年工作实践，汇集经验教训，通过对档案工作各个环节不同需求的准确分析，量体裁衣地定制了智能化档案管理的软件系统。其创新之处在于全面整合档案工作的各项功能，对档案管理收集、整理、保管、利用等实现全面集成。系统集成了诉讼档案、行政文书档案、会计档案、基建档案、声像档案、照片档案、实物档案等不同类型的档案在归档、扫描、挂接、库房管理、检索利用、统计分析等各个档案工作环节的管理，建立一个数据库存放所有的日常档案管理数据，如卷宗归档登记、档案利用登记、未归档原因登记、档案催归档统计、档案扫描统计、档案数字化副本挂接情况统计、档案各项管理工作统计等等。将档案工作的所有环节集成到一个系统中，实现批量化、统一化作业，为档案工作带来极大便利，提高了档案管理工作的效率。

延伸法院智慧档案室的功能，推动审判工作向科学高效迈进。我院即将把 FRID 技术应用到法院审判工作的全流程中，实现三位一体的案件管理模式，即案件从法院立案审查到案件审判完毕直至归档的全过程中，并衍生到归档卷宗的提供利用的每个环节，以上细节均纳入法院审判管理的主动监督，并以此为基础，整合我院多个数据资源库并实现共享。三位一体功能实现以后，还能够在一定程度上监督审判业务，避免工作纰漏，实现全程、全员、全方位的审判利用功能，提高办案办事效率和便民利民服务水平。

实用新型专利：

基于 RFID 的批量识别装置，ZL 2014 2 0151019.1

基于 RFID 的档案存储系统，ZL 2014 2 0151020.4

发明专利：

基于 RFID 的档案存储系统，ZL 2014 1 0128332.8

智能化档案管理控制系统及方法，ZL 2014 1 0128393.4

中央企业重要档案异质异地备份研究

一、项目简介

本项目是国家档案局 2012 年科技项目计划项目（编号 2012-X-43）。通过对中央企业 16 个行业中 87 家中央企业的调研统计，保管的纸质档案达 1 亿多卷，排架长度 438 万延长米，还有大量不同门类的特殊载体档案，由于规模庞大、管理层级多、地域分布广泛、科研项目多且周期长、企业特点和形成的档案载体不尽相同等原因，多数中央企业及下属单位还未对重要档案开展异质异地备份工作，个别企业开展异质异地备份工作也存在着标准不统一、业务不规范、制度不健全等问题，异质异地备份工作亟待统筹规划。项目组以档案信息化管理现有资源为基础，在建立备份中心、异质异地等方面，构建了覆盖中央企业重要档案异质异地备份的总体框架和顶层设计，提出了科学合理的备份技术方案，建立了完善的备份制度管理体系，并成功应用于中央企业。

二、项目主要成果

1. 编制了《中央企业重要档案异质异地备份研究报告》

一是在研究国内外档案异质异地备份现状的基础上，对国内中央企业重要档案备份现状分析研究，找出存在的不足，开展针对性的研究；二是提出了中央企业重要档案异质异地备份的总体解决方案，并制订了备份实施方案；三是中央企业重要档案异质备份技术研究，主要包括：异质备份的格式、方式、技术实施、介质管理及异质备份工作流程及常用表式；四是中央企业重要档案异地备份技术研究，包括备份中心选址原则、自主可控环境下的互为备份中心、异地备份报送和检测、异地备份工作流程及常用表式等；五是中央企业档案信息系统备份技术研究，包括档案信息系统备份方式、档案信息系统灾难恢复等；六是中央企业档案备份安全管理研究，包括备份中心安全管理、备份数据及载体安全管理、备份中心应急处置预案管理、灾难恢复管理等内容。

2. 编制了《中央企业重要档案异质异地备份工作指南》

利用中央企业档案工作管理机制,建立重要档案异质异地备份组织管理、全宗设置、基础设施保障、技术能力支持、维护管理能力,从而实现档案异质异地备份策略。包括:机制建立、备份策略、工作流程、技术规范、安全管理及灾难恢复等内容。

3. 编制了《中央企业重要档案异质异地备份技术方案》

针对中央企业重要档案异质异地备份管理应用情况,规定了备份工作的技术要求和应用规范,确保企业档案和档案信息系统的安全备份,为档案安全保障体系建设提供技术支持。

4. 形成完整的中央企业档案异质异地备份管理制度工作体系

根据中央企业管理模式,制定了档案异质异地备份管理办法、安全保密协议、应急处置预案等系列管理制度,完成了档案备份制度建设。

5. 试点单位的成功应用

形成并积累了中央企业重要档案异质异地备份工作实践经验和技术数据。

三、项目创新点

1. 构建了覆盖中央企业重要档案异质异地备份的总体框架和顶层设计

按照地域划分、安全保密原则和统一规划、试点先行、分级管理的策略,基于先进的档案异质异地备份技术,利用中央企业档案信息化建设资源,建立了以集中与分布相结合的全方位备份管理体系。

2. 编制了较为完整的中央企业档案异质异地备份工作技术规范

针对中央企业重要档案异质异地备份工作各异之现状,以及行业推荐标准涉及新技术应用等方面交叉存在的技术问题,在备份范围、备份格式、备份技术、备份制度等方面,编制了较为完整的中央企业档案异质异地备份工作技术规范,并成功试点应用,为中央企业档案备份提供了一整套科学、规范的解决方案。

3. 建立了系统的中央企业档案备份工作管理体系

备份工作指南、工作流程、管理制度等系列通用性管理文件，成为保障中央企业重要档案备份工作的业务手册。

四、推广应用

1. 试点单位应用

在国资委所属企业中，选取了数字化基础较好的 29 家试点单位，分批进行了试点应用，按照工作计划分步实施，完成了总部、二级单位、基层企业集中与分布相结合的备份中心建设，第一、二批（29 家）试点单位异质备份载体的异地备份检测、接收、入库工作已经完成。截至 2014 年 8 月，华能、航天科技和鞍山钢铁集团 3 家集团总部及其所属 8 家二级单位和 17 家基层企业，完成了重要档案异质异地备份工作，异质备份档案 28.4 万卷（13460G）、48.8 万件（2650G），照片 4.5 万张（454G）。按照地域、气候等特征建立了集中式和分布式相结合的异地备份方式，先后建立了 10 个备份中心。

2. 技术标准推广

试点单位一致认为备份工作总体方案框架和顶层设计科学合理，集中与分布相结合的全方位备份管理体系符合中央企业档案工作发展的要求。备份范围、格式、技术、制度等方面的技术要求，为企业解决了相关标准及新技术应用等方面存在的技术难点。

3. 已列入国资委中央企业档案工作对标考核体系中

按照国资委印发的《中央企业档案工作评价办法》（国资厅发〔2011〕32 号）要求，该项工作已进入常态化，并纳入国资委中央企业档案工作对标考核体系中。

4. 期刊论文发表

该项目的理论研究成果《企业自主可控环境下重要档案互为异地备份策略》和《浅谈企业重要档案异质异地备份管理体系的构建》论文，已在《机电兵船档案》等期刊发表。

数字档案信息输出到缩微胶片上的
关键技术方法研究

一、背景

档案信息长期安全保存和快速有效利用问题一直是档案界研究的重要课题。随着信息技术的发展，特别是信息化建设的广泛开展，各个档案馆均采用数字化手段，将馆藏档案数字化，以提供快速有效利用，数字档案信息大量产生。档案工作者不仅要做好传统载体档案的管理工作，还要研究解决呈海量增长的数字档案信息的长期安全保存问题。国内外已有多个案例证明，由于管理方法有误、技术跟踪迟缓等原因造成了大量档案信息的损毁、丢失或无法读取。档案信息的长期保存与有效利用问题已经更加突出地摆在了档案工作者面前。由于数字档案信息载体的脆弱性、信息的不稳定性和对计算机软硬件环境的依赖性等特点，使得仅从载体上对其进行保护是远远不够的，还必须保证其内容的真实性、完整性和有效性等，这就需要现代化技术手段的介入。世界各国多领域专家学者对此开展了多方研究，并以研究结果为基础进行了大量实践。

实践表明，利用计算机输出缩微品技术，将数字档案信息输出到缩微胶片上，可以发挥缩微品稳定、受技术环境因素影响小、节省空间等优点，是对数字档案信息进行长期安全保存的行之有效的方法之一。当时，国内已有单位开展了这方面的工作，取得了一定成效。但是，实际工作中仍存在一定问题。例如，由于缺乏实验基础，各单位针对每类原件都需要做大量实验以确定相关参数，造成资源浪费；又如，由于缺乏相关标准和技术规范，各单位在输出胶片的过程中没有统一的原则作指导，有时以节约胶片为原则，较多利用合幅功能，甚至合幅输出时影像如何摆放最节约胶片就如何摆放……这些做法对日后胶片上信息的利用问题考虑不周，为利用过程中很多问题埋下隐患，将造成人力物力的极大浪费。

为此，针对数字档案信息缩微胶片输出工作开展研究，解决输出过程中的相关问题，为数字档案信息缩微胶片输出工作提出科学合理的工作流程和规范实用的操作规程，制定符合我国档案工作实际情况的数字档案信息缩微胶片输出工作相关标准是势在必行的。

二、研究成果主要内容

随着信息化建设的深入，数字档案信息大量产生。保证数字档案信息长期安全保存和有效利用，是信息时代档案工作面临的重大课题。研究表明，通过计算机输出缩微品技术，将数字档案信息输出到缩微胶片上进行异质备份，是解决这一问题的有效手段。

数字信息缩微胶片输出涉及计算机、图像处理、缩微等多种技术的整合应用，这对该领域配套的管理、技术研究和标准化工作都提出了较高的要求。但当时国内外档案界尚缺乏针对数字信息缩微胶片输出的研究成果和实际工作经验，没有相关国际标准、国家标准或档案行业标准的指导，其他国家的标准也极为鲜见，这些都严重阻碍了该技术在档案界的应用。为此，国家档案局科研所专门组成项目组，开展本项目研究。

1. 工作流程与技术细节研究

针对数字档案信息缩微品输出各工作环节开展实验，提出各环节工作流程、操作规程等系统化指导文件。针对不同技术参数对胶片密度、解像力的影响等开展实验，解决了胶片输出过程中的一系列技术问题，获得标准制定所需的大量实验数据。

2. 标准研制

以前期研究为基础，形成档案工作行业标准 DA/T 44—2009《数字档案信息输出到缩微胶片上的技术规范》。该标准以实验研究为基础，规范了在卷式黑白缩微胶片上输出数字档案信息的工作，提出了合理的操作程序和各操作环节的技术要求。

3. 撰写制作档案业务人员培训多媒体教材

撰写档案业务人员培训多媒体教材《数字档案信息缩微品输出》，协助标准的贯彻实施。全书共计 24.5 万字。与本书配套，还配备有演示光盘，有助于实际操作人员的系统学习和参考。本书面向的读者主要是数字档案信息缩微品输出相关工作人员、管理人员，对于档案科研人员及档案专业师生也不失为一本重要的参考书。

4. 推动相关研究持续进行

本项目研究形成的标准属国内首个数字档案信息缩微品输出方面的档案行业标准，它带动了 DA/T 49—2012《特殊和超大尺寸纸质档案数字图像输出到缩微胶片上的技术规范》《COM-COLD 双套保存数字档案的技术规范》等系列标准的研制。同时，推动国内各研究机构跟踪相关领域研究进展，开展了异质备份策略、彩色缩微品输出等方面的研究。

5. 推动数字档案信息缩微品输出工作科学开展

本标准自发布实施以来，在各级各类档案机构得到广泛应用，受到广泛好评，对档案科技进步起到极大推动作用。

三、项目成果应用情况

1. 标准宣贯及成果推广

项目完成后，项目组积极通过科技论文、各类学术交流等方式对本项目研究成果进行宣传与推广工作。同时，撰写了《数字档案信息缩微品输出》多媒体教材，制作了演示光盘。

目前，标准及科研成果已在各类档案部门得到广泛应用，受到广大档案工作者的好评。

2. 推动后续研究情况

以本项目研究为基础，近年来，项目组继续在影像技术方面进行了大量研究工作，如"档案安全保障体系中数字档案信息异质备份策略与技术应用研究"（获得国家档案局 2012 年档案优秀科技成果二等奖）、"不同方式产生的缩微影像质量及数字图像质量比较研究""彩色 COM 技术在电子档案管理工作中的应用研究""计算机输出彩色缩微品质量评价方法研究"等课题，作为本项目的延续，将在档案信息异质备份工作中发挥更大作用。

3. 推动标准化体系完善

以 DA/T 44—2009《数字档案信息输出到缩微胶片上的技术规范》为基础，DA/T 49—2012《特殊和超大幅面纸质档案数字化图像输出到缩微胶片上的技术规范》《COM-COLD 双套保存数字档案的技术规范》（目前处于报批阶段）等档案行业标准也陆续推出。它们将作为数字档案信息缩微品输出的一系列标准，使档案信息异质备份工作标准化体系更加完善。

　　随着档案信息化建设的不断深入，数字档案信息将继续呈现海量增长的态势。数字档案信息的安全存储和有效利用仍将是档案管理和档案科研工作所应解决的最为重要的问题。档案信息异质备份将是解决数字档案信息安全管理问题的重要策略。新的科学技术和管理模式的出现，相关配套研究的开展、标准体系的完善，将极大地推进异质备份在数字档案信息安全存储和有效利用中的应用，进而为档案安全保障体系建设增添有利的理论支撑和技术保障。

"铁盐墨水"字迹档案自毁成因和抢救修复保护研究

湖北省档案馆馆藏当时亚洲最大钢铁联合企业——汉冶萍煤铁厂矿有限公司档案 6656 卷，真实反映了我国民族钢铁工业的创立与发展、生产技术与生产力的进步、生产关系及其经济制度的变革等历史进程，并首批入选《中国档案文献遗产名录》，弥足珍贵。

一、立项背景

湖北省档案馆对该批档案进行细致分类管理和提供利用的过程中，发现该批档案绝大多数以当时从欧洲进口的"铁盐墨水"书写而成。由于该墨水中所含无机酸和铁离子对纸张纤维的水解断裂和催化氧化降解的共同作用，使其笔画以下的纸张受到严重腐蚀，字迹腐蚀现象非常严重，逾 20％已经脱落形成空洞，使该批档案整体濒临自毁。其上承载的珍贵历史信息可能永远消失。

针对这一状况，湖北省档案局（馆）领导高度重视，并指示摸清情况，安全、科学、全力抢救！为抢救保护这批国家珍贵档案文献，2008 年 5 月 12 日，湖北省档案局（馆）邀请陕西省档案保护科学研究所所长、陕西师范大学历史文化遗产保护教育部工程研究中心主任李玉虎教授前往湖北省档案馆实地考察。对腐蚀脱落状况进行了甄别后认为，该批档案病害字迹以"铁盐墨水"书写而成，是因墨水中所含无机酸和铁离子对纸张纤维素的水解断裂和催化氧化降解共同作用而导致。据考证，铁盐墨水档案不仅仅存在于汉冶萍公司，在"洋务运动"中诞生的其他反映我国民族工业起步的公司中，也书写形成了大量铁盐墨水档案并分别存放在国内不同档案馆。此外，在国外特别是英联邦国家的档案中也普遍存在铁盐墨水自毁现象。但铁盐墨水档案的抢救是世界性难题。为了破解这一难题，由国家有突出贡献中青年专家、博士生导师李玉虎领衔，由湖北省档案馆、陕西师范大学历史文化遗产保护科学研究中心、陕西省档案保护科学研究所等单位有关技术人员组成的课题组，经过 3 年多的悉心研究，建立了一套完整的铁盐墨水自毁档案抢救、修复、保护体系，攻克了这一世界性难题，不仅填补了我国档案保护方面的空白，在国际上也处于领先地位。

湖北省档案局（馆）领导和陕西省档案局（馆）领导的高度重视与支持下，李玉虎教授、刘晓春研究馆员共同负责，起草了研究方案，由湖北省档案局（馆）、陕西师范大学历史文化遗产保护教育部工程研究中心、陕西省档案保护科学研究所共同向国家档案局申报"铁盐墨水字迹档案自毁成因和抢救修复研究"课题。

2012 年 5 月该课题顺利通过国家档案局组织的，由全国档案、文物、博物知名专家组成的鉴定组的鉴定。国家档案局鉴定意见认为：课题组对铁盐墨水字迹档案濒危状况进行了充分调查，研究分析了铁盐墨水的化学成分、字迹腐蚀脱落的原因，研制了脱酸、加固及防扩散材料，对湖北省档案馆馆藏汉冶萍等公司珍贵档案抢救、修复、保护提供了技术支撑，并对国内外同类档案的抢救、修复、保护具有示范和借鉴作用，为国内首次，具有创新性和较好的社会效益和应用前景。2014 年，该项目获得国家档案局优秀科技成果二等奖。

二、项目研究的组织

本课题由湖北省档案局（馆）、陕西师范大学历史文化遗产保护教育部工程研究中心、陕西省档案保护科学研究所合作研究，课题的负责人为陕西师范大学历史文化遗产保护教育部工程研究中心主任、陕西省档案保护科学研究所所长李玉虎教授和湖北省档案局（馆）科技处处长刘晓春研究馆员。

三、项目研究的过程

本项目的研究基本上按照项目任务书中所规定的研究进度和任务执行，具体过程如下：

项目立项

第一阶段：2009.05—2009.12

进行铁盐墨水字迹档案自毁成因与机理研究。

主要包括：

1. 病害成因调研与分析

对该批档案中铁盐墨水字迹的化学组成、酸度、纸张的植物纤维、纸张填料的种类等进行了详细、系统的分析与检测，研究清楚了汉冶萍铁盐墨水濒危的成因。

2. 加速老化系统评价

对脱酸和加固材料处理后的模拟样品与对比样品进行了高温高湿、氙灯光源、干热、紫外光等加速老化实验，进行了加速老化前后的系统评价，证明脱酸剂和加固剂能够显著提高档案纸张的耐久性，解除了隐患。

第二阶段：2010.01—2011.01

铁盐墨水字迹档案抢救修复保护研究。

主要包括：

1. 脱酸与加固材料的筛选与研制

针对档案的濒危状况，课题组研究了在铁盐墨水字迹档案中沉积磷钨酸钡、磷酸钡、碳酸钡的方法，对档案进行脱酸与初步加固；用三氟乙烯与乙烯基醚对脆化严重的档案进行加固。通过实验研究得出，该保护方法能使被铁盐墨水严重腐蚀的纸张酸度保持在中性偏碱性缓冲状态，并使其强度得到恢复与增强。

2. 修复保护工艺研究

按照最小介入的原则，对已经被严重腐蚀而濒临自毁的档案研究了脱酸、加固与修裱相结合的工艺方法，对于尚未脱落的档案，研究了脱酸与加固结合的工艺方法。

3. 环保型"四防"耐久收藏

对抢救修复后的档案用环保型"四防"（防火、防虫、防霉、防酸）耐久收藏盒收藏。每卷档案还用环保型"四防"炭素耐久隔卷纸隔衬。

上述过程与措施使濒危的铁盐墨水档案得到抢救修复与保护。

第三阶段：2011.01—2012.05

对第一、第二阶段的研究工作进行综合、集成、撰写研究论文，进行项目验证，组织同行专家咨询论证，完善项目研究成果，做好国家档案局组织的鉴定准备工作。

四、项目研究取得的成果

(一) 研究报告

研究报告是本课题最重要的研究成果，是对项目任务书所规定的研究目标及内容的具体描述，后面将专门由本课题负责人之一、陕西师范大学历史文化遗产保护科学研究中心主任、陕西省档案保护科学研究所所长李玉虎教授向专家汇报。

(二) 论文

1.《强力缓冲型档案纸张纤维素螯合与脱酸保护研究》
  (邢惠萍 李玉虎 《档案学研究》2010 年第 2 期)
2.《铁盐墨水档案的抢救与修复——以汉冶萍公司档案为例》
  (童雁 《湖北档案》2011 年第 9 期)

(三) 工艺

以项目中研制的脱酸加固材料和脱酸加固工艺，按照照相—记录—观测—绘制文物病害图—预加固清理（去除前人修复粘结痕）—脱酸（采用LC 系列试剂沉淀脱酸）—加固（采用水性氟加固材料对其加固）—修裱—装盒的修复技术路线抢救修复了 30 余卷濒危档案，并用自行研发的环保型"四防"（防火、防虫、防霉、防酸）耐久收藏盒对抢救修复的档案进行了收藏。

五、项目研究的主要创新点

该项目的研究在下列方面取得了成绩与创新：

(一) 材料加固

针对铁盐墨水档案字迹濒危状况，研究了其自毁成因，进行了中性强力缓冲脱酸与氟材料加固。

（二）修复工艺

铁盐墨水因为酸性太强，致使用其书写的档案字迹部分出现穿孔、破洞、脱落，本项目结合传统修裱，研究了抢救修复工艺，为抢救铁盐墨水字迹档案提供了一种科学有效的方法。

六、项目预期的效益和应用前景

湖北省档案馆充分应用该项技术成果，在课题组指导之下，组织专人对馆藏汉冶萍公司数百卷"铁盐墨水"档案进行了甄别、修裱、去酸、加固、保护处理，已达到课题预期效果，使湖北省档案馆馆藏"铁盐墨水"档案得到科学地保护。

在课题组指导下，利用这一课题成果，我们规范了"铁盐墨水"档案操作过程，并利用处理病害积累经验完善操作方式，尝试利用这一成果向全省推广。

通过两年多的实践证明：经过病害档案处理"铁盐墨水"档案纸张的氧化催化速度大大减慢，易脆化的纸张明显得到加固，并增强了韧性，字迹扩散状况得到很好控制。该课题研究成果具有理论上的科学性，又有实践上的操作性，并有很强指导性。

《中国档案报》《楚天金报》分别以"铁盐墨水档案的抢救技术难题被攻克 填补了我国档案保护技术的空白""'国宝档案'墨迹实现'延年益寿'"为题进行了报道。《湖北档案》《楚天都市报》也对此进行了相关报道。

100 多年前，铁盐墨水从欧洲传入中国以来，除书写了汉冶萍公司档案以外，在"洋务运动"中诞生的其他反映我国民族工业起步的公司譬如江南制造总局、轮船招商局、天津机器制造局以及当时一些海关如江汉关、宜昌海关、沙市海关等，也书写形成了大量档案并分别存放在国内不同档案馆（室）。在荷兰、挪威、加拿大、美国等国家，特别是澳大利亚、新西兰、新加坡、印度等英联邦国家的档案中也普遍存在铁盐墨水自毁现象。目前，国内外不少档案馆都收藏着大量铁盐墨水书写的档案，并对此墨水损害都没有专门研究，可以说是一块空白，如不及时采取研究对策，将会导致大批铁盐墨水书写的档案信息自毁，后果是难以弥补的。

本课题具有典型性和创新性，其研究成果既有理论上的科学性，又有实践上的可操作性，并有很强的针对性和指导性。该课题的成功研究，将建立一套完整的铁盐墨水自毁档案抢救、修复、保护体系，不仅对该批珍贵的濒危档案抢救修复提供了技术支撑，还对国内外同类档案的抢救、修复、保护具有示范和借鉴作用，具有较好的社会效益和广泛的应用前景。

这次通过对湖北省档案馆馆藏汉冶萍公司铁盐墨水档案脱酸抢救修复的研究，突破性地解决了档案字迹部分的纤维腐蚀脱落和字迹淡化现象。

档案 2015 年优秀科技成果

海量数据离线存储系统研究

一、概述

本项目列入国家档案局 2013 年科技项目计划（项目编号：2013-X-66）。该项目获得 2015 年国家档案局优秀科技成果一等奖。

二、研究背景

当前，我国各级各类档案馆所保存的数字档案信息的数量急剧增加，种类日趋繁杂。这是由于随着国家电子政务的发展，各领域电子文件大量产生，档案馆将按期接收电子文件，并归档形成电子档案。此外，在信息化建设中，档案馆广泛开展了馆藏纸质档案的数字化工作，产生了大量的数字档案信息。在当今时代，这些以数字形式存在的数量庞大的档案信息，其应用范围不断扩大，重要地位和作用日益突现。科学合理的存储与备份工作的开展，是确保数字档案信息得以长期安全保存和有效利用的重要前提。

硬盘在数字档案信息存储工作中有着显著的技术优势，如社会普及程度较高，技术发展相对较快，单位存储成本逐年快速降低，数据读取速度快，硬盘单盘介质存储容量相对较大等，因此，硬盘在数字档案信息在线存储工作中有着广泛和稳定的应用，效果良好。当然，在作为离线存储介质时，硬盘除具备上述优势外，也存在不足，例如通常使用的硬盘为机械式硬盘，需要定期进行加电运行从而保证硬盘的正常运转；硬盘的防震和抗冲击力较弱；在不断的发展过程中使用了不同类型的接口，造成接口之间的兼容问题等。

近年来，由于技术的快速发展，成本快速下降，硬盘在数字档案信息离线存储工作中逐渐得以广泛应用。但是，经实践检验，很多备份工作并没有完全达到预期成效。例如，离线存储的数据多直接以硬盘存储，缺乏科学有效的管理和检测手段，因此，较容易出现硬盘损坏、数据丢失等问题。此外，有些档案馆由于条件的限制，甚至直接将硬盘存放于档案库房、后库等不适于介质保管的环境中，短短几年之内就有很大比例的数据无法读取。

如何通过科学有效的技术手段，解决海量档案数据离线存储和备份工作中的问题，便于档案部门对离线数据的有效管理，使数字档案信息资源得以安全地长期保存下去，是档案部门面临的重要问题。

三、研究成果主要内容

本项目针对硬磁盘离线存储工作中存在的问题展开研究，提出科学合理的解决方案，并形成了系列产品。主要包括：研究设计了硬盘离线存储、在线应用的新的利用模式的解决方案；开发了具有新型技术的 SATA 总线交换模块，并设计了六类实用产品；研制了具有实用价值的硬盘存储管理系统；制定了一套较为详尽、贴近实际需求的硬盘存储操作规程；完成了硬盘存储管理相关标准草稿，并立项形成档案行业的标准等。

（一）档案数据硬盘离线存储整体解决方案

该方案从整体架构设计、系统工作流程设计、硬件存储柜及软件系统功能设计等方面入手，设计海量数据离线硬盘存储系统。

1. 整体架构设计

海量档案数据离线存储系统由硬件系统和软件系统组成，并辅以系列化的操作规程，实现档案数据硬盘离线存储科学化、规范化开展。该系统将改变传统硬盘存储系统内设备群开、群关的管理和应用模式，可实现存储系统内硬盘在线和休眠状态的按需转换，在确保硬盘存储系统的低功耗运行的同时，实现档案数据的快速检索应用，同时解决离线设备的自动定期检测、定期加电维护等技术问题，实现对硬盘的保护。系统架构设计如图 1 所示。

2. 系统工作流程设计

项目组对档案数据硬盘离线存储系统的工作流程进行了详细设计，规划了磁盘柜管理员、数据管理员、档案利用人员三类角色，磁盘柜管理员主要完成磁盘入库登记、检查磁盘在位、检查磁盘参数、磁盘出库等工作，数据管理员主要完成建立档案目录结构、目录挂接、建立数据镜像等工作，档案利用人员可进行档案目录检索、查看原文、导出数据、打印数据等操作。具体流程如图 2 所示。

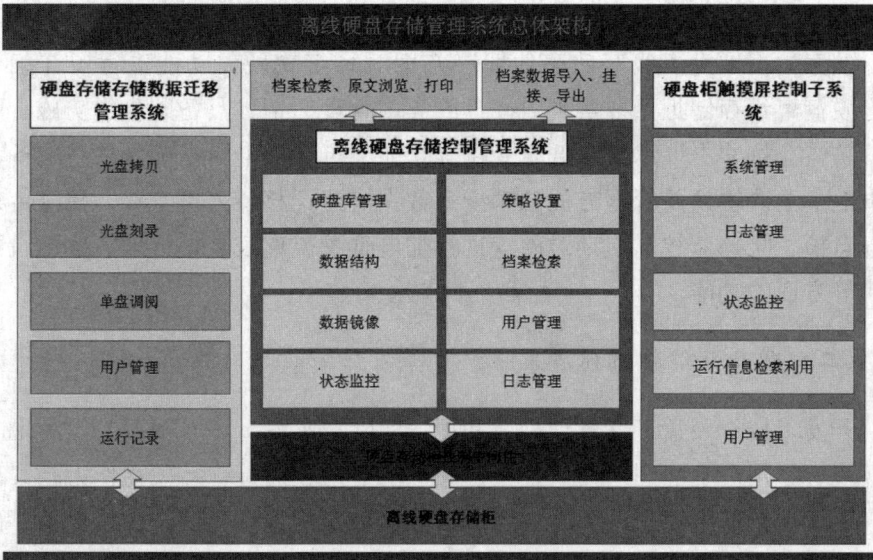

图 1　系统整体架构图

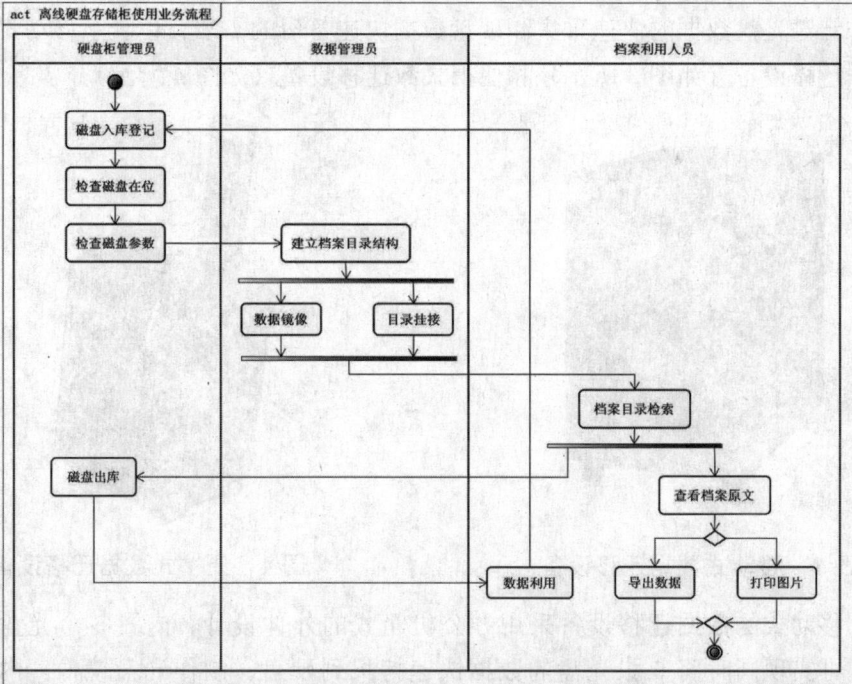

图 2　档案数据硬盘离线存储与利用工作流程图

3. 软硬件功能设计

档案数据硬盘离线存储整体解决方案对系统软硬件功能进行了详细设计。硬盘离线存储柜主要实现对硬盘的集中管理，柜体具备防尘、防磁、防水、防盗、抗冲击、承受高低温变化等功能，可在低电压下工作，并配备备用供电电池。软件及管理方面的功能有数据快速迁移、人机交互、硬盘定期循环自检、状态监控、定期对硬盘进行加电维护、离线数据管理、数据快速利用等方面的功能。

(二) 硬盘存储柜系列成果

开发了离线硬盘存储管理柜，并根据实际要求设计出 6 类产品，满足不同环境、不用需求的利用模式，根据硬盘的特质，通过弥补硬盘作为档案离线存储管理系统所存在的不足，实现了档案数据的离线存储、在线检索、磁盘检测和故障报警等功能。

1. 数据迁移设备

针对光盘数据的快速采集和硬盘数据快速备份的需求，设计了移动式的数据迁移设备（如图 3 所示）和便携式数迁移设备（如图 4 所示）。

图 3　移动式数据迁移设备	图 4　便携式数据迁移设备

移动式的数据迁移设备采用办公机箱式的外体设计，内置 5 个光盘驱动，可实现同时将 5 张光盘的数据快速拷贝到硬盘，制作光盘镜像。内置 20 块硬盘采集存储空间。

便携式数迁移设备采用拉杆行李箱的外体设计，携带方便，主要用于异地进行各类电子数据的采集。箱体本身材料具备防尘、防盗、防磁、防水，减震等特点。可实现硬盘间一对三快速拷贝，内置 15 块硬盘的存储空间。

2. **办公式硬盘离线存储柜**

针对日常办公环境下的档案数据存储需求，设计办公式硬盘离线存储柜（如图 5 所示）。采用小型文件保险柜的样式，用于普通办公环境中，柜体本身具备防尘、防盗、防磁、防水等特点，内置 20 块硬盘数据存储空间。

图 5　办公式硬盘离线存储柜

3. **机柜式硬盘离线存储柜**

针对机房环境下档案数据存储需求，设计标准的机柜式硬盘离线存储柜（如图 6 所示）。采用类似 19 英寸标准机柜，柜体本身材料具备高强度的防尘、防盗、防磁、散热等特点。内置 60 块硬盘数据存储空间。

4. **仓储式硬盘离线存储柜**

针对档案库房环境下档案数据离线存储需求，设计仓储式硬盘离线存储柜（如图 7 所示）。采用直流 16V 电源，并配有 1600WH 锂电池，电源柜体本身材料具备高强度的防尘、防盗、防磁、散热等特点。内置 60 块硬盘存储空间。

图 6　机柜式硬盘离线存储柜

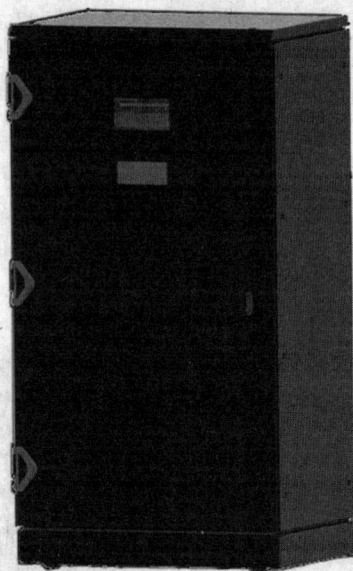

图 7　仓储式硬盘离线存储柜

5. 军用备灾式硬盘离线存储柜

针对后库、军队备灾库等特殊存放环境，设计军用备灾式的硬盘离线存储柜（如图 8 所示）。柜体外壳采用军用级防震、防水、防潮、防尘、防磁的抗冲击箱体，内置 20 块硬盘的存储空间。

图 8　军用备灾式硬盘离线存储柜

（三）支撑软件系统

该系统分为三部分，分别是光盘数据迁移管理系统、柜内触摸屏查询系统和离线硬盘存储管理系统，满足光盘数据迁移要求、柜体独立的管理及控制终端的管理要求。系统通过模块化设计，三个系统既独立又通过底层数据库及通信协议形成一个统一体。

1. 硬盘存储数据迁移管理系统

硬盘存储数据迁移管理系统主要完成光盘、磁带、硬盘数据向硬盘的数据迁移工作。通过目录数据导入和图像数据的对应挂接，实现标准化结构化的管理。

2. 柜内触摸屏查询系统

本系统分为人机交互和后台管理两部分。通过触摸屏可实现人机交互，主要完成查看硬盘在位情况、进行硬盘操作、日志管理、报警设置、报表生成等操作。后台管理可以在后台执行自动数据校验和硬盘健康状况监测等功能。

3. 离线存储管理系统

通过灵活定制的策略设置，实现离线存储数据的快速检索利用，同时实现存储设备运行状况监控、存储设备环境监控、电源管理、存储设备管理、远程操作、多设备联合运行管理等功能。

（四）档案数据硬盘离线存储系列操作规程

针对离线硬盘存储管理，对硬盘的利用、存储、备份以及检测等方面提出并形成了系列操作规程，规定了数据离线存储硬盘技术要求、检验规则、安全控制、离线存储、在线管理和应用的基本方法。适用于海量数据离线硬盘的备份与管理。

（五）档案行业标准草稿

形成档案行业标准《档案数据硬盘离线存储管理规范》草稿，可为档案行业应用硬盘开展档案数据备份工作提供技术依据。该标准已由全国档案工作标准化技术委员会第二十二次年会审议通过，列入 2014 年档案工作行业标准制定计划。

四、软硬件系统主要技术指标

(一) 硬盘模组

每个硬盘模组可以连接 5 块硬盘，能独立对单个硬盘的开关电控制。实现通过一条 SATA 总线对 5 块硬盘访问。

(二) 硬盘传输速率

基于 SATA II 的技术传输速率能达到 3Gbps 外部传输率。

(三) 硬盘 MTBF (平均无故障时间)

硬盘的 MTBF (平均无故障时间) 大于 20000 小时。

(四) 系统响应时间

系统响应时间小于 3 秒。

(五) 存储容量

存储容量，按照产品型号单机分别是：
移动式为 20 块硬盘
办公式为 15 块硬盘
机柜式为 60 快硬盘
仓储式为 60 块硬盘
军用备灾式为 20 块硬盘

(六) 硬盘桥接时间

硬盘桥接时间小于 30 秒。

(七) 接口适用性

硬盘接口满足 IDE、SATA1.0、SATA2.0、SATA3.0 类型。

（八）柜体性能

序号	项目	主要内容	测试时间	符合标准
1	振动	三向,每向 1h	3h	GB 2423.10—2008
2	电磁兼容	信息技术设备的无线电骚扰限值和测量方法	/	GB 9254—2008
		信息技术设备抗扰度限值和测量方法	/	GB 17618—1998
3	防尘防水	IP65	/	GB 4208
4	高低温	−20℃～+65℃	48h	GB 2423.1—2008 GB 2423.2—2008

五、取得的技术专利

项目研究过程中应用了大量先进技术，并进行改进研发，已取得三项技术专利

（1）SATA 硬盘矩阵的远程访问系统，专利号：201520065855.2

（2）SATA 硬盘矩阵级联系统，专利号：201520071314.0

（3）SATA 硬盘写保护系统，专利号：201520060242.X

六、在档案工作中的主要贡献

（一）有利用于实现数字档案存储工作的科学化管理

本项目研究形成海量档案数据硬盘离线存储整体解决方案，解决了海量档案数据硬盘离线存储过程中的一系列技术问题，为档案数据存储方式、存储载体多样化提供了重要的技术途径，有利用于实现数字档案存储工作的科学化管理。

（二）推动了档案信息安全备份工作的标准化

项目组对研究成果进行了分析、总结、归纳，并进一步提升，形成档案

行业标准草案及系列规范化操作规程，对档案信息安全备份工作的标准化具有推动作用。

（三）充分实现了自主研发、自主可控

本项目研究大力推进了数字档案备份工作软硬件系统的自主研发，从芯片、板卡级别的研发，到整机研制，充分实现了自主可控，为根据不同类型、不同级别的档案馆用户的个性化硬件需求的定制打下了坚实的基础，为摆脱存储技术受制于人的局面创造了条件。

（四）具有广泛的推广应用价值

研究成果在多家档案部门进行了实际应用，结果表明，系统性能稳定，兼容性高，能够满足档案馆对数字档案存储与备份工作的需求，大大提高了档案数据安全管理的可靠性，对数字档案离线存储工作的开展具有重要的实用价值。

智慧档案馆建设关键技术研究与应用

"智慧档案馆建设关键技术研究与应用"是青岛市档案馆承担的国家档案局立项的科研课题（立项编号：2013-X-25）。该课题以智慧档案馆为研究对象，主要围绕智慧档案馆的概念、基本功能及关键技术展开研究工作。

2015年3月，国家档案局组织专家对该课题进行了鉴定。鉴定委员会认为，该课题率先提出智慧档案馆的概念、特征、框架模型及建设方案，研究了云计算、物联网、移动互联网等技术在智慧档案馆建设中的应用，提出了以档案自动收集、智能管理、便捷服务、自主保护、全程监督为核心的智慧档案馆建设模式，创新了档案信息化建设的理念，对推动档案信息化发展具有重要的理论指导意义。该课题开发的智慧档案馆系统，能够完成多类型数据化档案信息资源的采集和管理，并运用数据挖掘、知识管理、移动服务等技术进行深度开发，实现了档案实体信息、档案内容信息、档案业务工作信息等的全面感知、综合处置和泛在服务，突破了档案信息收、管、用的既有模式，功能完备，实用性强，对档案信息管理系统建设具有引导和示范作用。同年，该课题研究成果获得2015年国家档案局档案科技进步一等奖。

一、课题研究的背景

随着信息技术的迅猛发展，城市智慧化已成为继工业化、电气化、信息化之后的"第四次浪潮"，青岛市也正在积极地全力打造"智慧城市"。2013年年初，青岛市人民政府办公厅发布《关于成立青岛市智慧城市建设领导小组的通知》（青政办字〔2013〕21号），标志着青岛智慧城市建设开启新的篇章。在"智慧青岛"的建设中，青岛市档案局深刻认识到智慧档案馆是智慧城市不可缺少的一部分，必须站在智慧城市的高度考虑智慧档案馆的建设工作，各级、各类档案部门积极行动，从完善基础设施入手，以档案数字资源体系的建设、整合、共享为基础，着力抓好服务"智慧青岛"的各项重点工程建设，提高多种形式的信息化服务能力，提高档案信息化管理水平和文化资源利用水平，在提高城市竞争力和提升城市文化软实力方面发挥作用，构筑智慧化、网络化的服务平台，形成完善的"智慧档案"应用体系，快捷方便地向社会各方提供所需的档案信息资源服务。

此外，随着物联网技术、移动通信技术以及云计算技术缩微迅速发展、日益普及和广泛应用，将不可避免地对档案信息资源管理产生直接的、深刻的影响。新技术、新理念的出现，迫使档案馆应具有档案资源数据化、档案实体管理物联化、电子档案接收网络化、数据存储集约化、信息开发知识化、档案服务泛在化、档案业务协同化的智慧能力。档案馆应跟进技术发展的新趋势，研究智慧档案馆的发展理念、工作目标和实现路径，开展智慧档案馆建设，为档案馆事业的持续发展创造条件。

二、课题研究的主要内容

智慧档案馆是在数字档案馆发展和智慧城市建设背景下，档案馆发展的高级形态。它的构建需要深化使用物联网、云计算、移动互联网、大数据等不断进化的新技术，全面整合档案资源、再造档案工作流程，使得档案馆具有档案资源数据化、档案实体管理物联化、电子档案接收网络化、数据存储集约化、信息开发知识化、档案服务泛在化、档案业务协同化的智慧能力，作为智慧城市不可或缺的重要组成部分而发挥其记载历史和传承文化的作用。因此，智慧档案馆的实现需要将档案人、档案馆基础设施、档案馆业务、各类新型的信息技术和智慧城市对档案馆的信息消费需求进行紧密结合，实现档案馆内部全面的信息化和智慧化。

（一）智慧档案馆基本原理研究

2012 年以来，我国先后启动了三批智慧城市的试点工作，目标是以信息化引领新型的城市化进程，推动低碳、智慧、幸福及可持续发展的城市化，实现以人为本、质量提升和智慧发展的城市化。智慧城市建设给档案馆工作带来新问题，也带来新机遇。

21 世纪初以来，数字档案馆建设方兴未艾，成为档案馆信息化建设的核心内容。但是，目前建设的数字档案馆，其主要功能是实现传统载体档案的数字化成果及文书类等电子档案的收、管、存、用，难以满足将智慧城市建设背景之下形成的、具有长久保存价值的数据化档案资源纳入档案馆档案资源体系这一新要求。因此，适应智慧城市建设的发展大势，拓宽档案馆信息化建设的新领域，成为档案部门必须面对的一个紧迫问题。

同时，当前数字档案馆建设的理念、目标和途径，主要围绕"数字档案"这条主线展开的，其主要任务是对"数字档案"进行信息化管理。但是，档案馆信息化建设应该是一个整体概念，其不仅是管理"数字档案"的档案馆，还应该是"数字化"的档案馆。即采用物联网、云计算、大数据及知识管理等技术，按照"信息化＋"的新理念，努力实现档案馆工作全要素、全流程的信息化管理，积极培育档案馆新业态。

基于以上认识，课题组提出建设智慧档案馆是必要的，也是可行的，并将智慧档案馆定义为"应用智慧管理技术的信息化形态档案馆"，将其定位于智慧城市的一个子系统，也是 1.0 版、2.0 版数字档案馆的发展与提升。还围绕智慧城市建设和档案馆信息化建设的新要求，提出了包括社会功能、基本功能、业务功能及基础功能在内的智慧档案馆功能体系，完成了智慧档案馆系统建设的系统需求分析、功能模块设计等工作。

(二) 智慧档案馆框架模型研究

1. 总体架构

青岛市智慧档案馆系统采用"云计算"技术，以"服务"的理念指导整个项目建设，包括基础设施服务（IaaS, Infrastructure as a Service）、信息资源服务（DaaS, Data as a Service）、支撑平台服务（PaaS, Platform as a Service）和应用系统服务（SaaS, Software as a Service）四个层面的服务。

青岛市智慧档案馆基于局域网、政务网和互联网开发部署了相应的业务平台。其中：局域网部署了智慧数据管理平台（综合管理端）、智能感知管理平台、智能检索和共享服务平台（局域网版）、综合业务管理平台，政务网部署有智慧数据管理平台（政务网数据采集端）、智慧监督指导平台、智能检索和共享服务平台（政务网版），互联网部署有智慧数据管理平台（互联网数据采集端）、智能检索和共享服务平台（互联网版）、"青岛档案"移动服务平台。

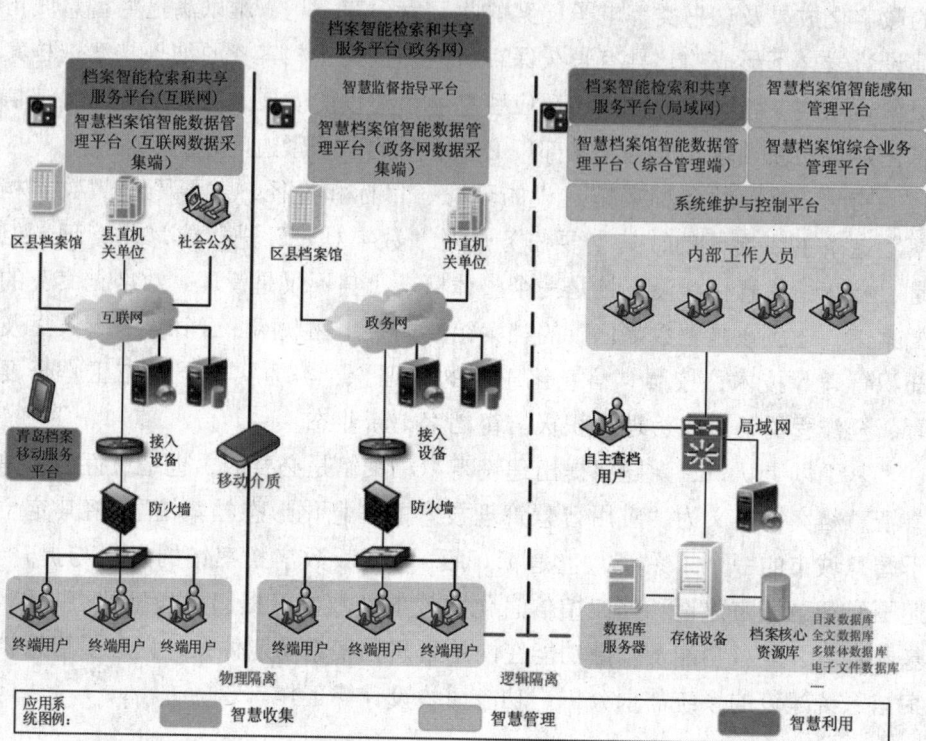

青岛市智慧档案馆网络架构图

2. 系统架构

智慧档案馆的系统构架是基于云平台的信息化架构，分为五大层次和三大保障体系。其中五大层次的主要内容：一是基础设施服务层，主要包括支撑智慧档案馆运行的计算机网络平台和应用系统，得以部署和运行的系统硬件和系统软件平台。二是数据服务层。通过各种智能化的档案信息资源采集的方式和手段，接收智慧城市建设和智慧档案馆运行所产生的各类信息资源，建立资源多元的档案信息资源总库。三是平台服务层。包括应用支撑平台集与应用工具集，应用支撑平台：基础组件平台、系统管理平台、报表平台、工作流平台、系统配置平台和应用安全平台，为应用系统的建设提供强有力的平台支撑。四是应用服务层。实现智慧档案馆智慧收集、智慧管理、智慧服务、智慧保护、智慧监督所需建设的应用系统。五是接入层。包括档案馆内部工作人员、立档单位业务人员、企事业单位工作人员以及居民公众等系统终端用户。三大保障体系主要包括：一是标准规范体系。主要的标准体系有：计算机网络、信息安全、软件工程、档案管理等方面。二是安全保障体系。包括网络安全、系统安全、数据库安全、信息安全、设备安全、信息介质安全和计算机病毒防治等各个方面。三是运维体系。从人才、资金、标准化体系和项目管理、项目监理、运行维护等方面保证项目的顺利实施。

3. 数据资源

青岛市智慧档案馆系统的业务数据来源包括青岛市数字档案馆原有的档案目录数据库、数字化成果、原生电子档案、照片档案数据、音视频档案数据等资源，还新增加了部分与智慧城市相关的数据库，包括：结构化的专业档案数据库（如城市气象专业档案数据库）、半结构化的 WEB 信息资源库（如青岛市政府网站信息资源库）、OCR 文本数据资源库（用于数字化成果内容文字的数据挖掘）、青岛历史文献数据资源库及青岛历史知识库等资源，还有通过数据挖掘和知识管理技术形成的虚拟人名数据库、虚拟地名数据库、虚拟摘要库等档案信息开发资源库及档案语料库、敏感词库等。

4. 功能架构

青岛市智慧档案馆系统搭建了智慧档案馆智慧数据管理平台、档案智能检索和共享服务平台、智慧档案馆综合业务管理平台、智慧档案馆智能感知管理平台、智慧档案馆智慧监督指导平台五大业务平台，以及系统维护与控制系统。

青岛市智慧档案馆系统基于智慧档案馆系统模型，综合应用物联网、云计算、移动互联网等新技术，开发了对档案实体、档案内容、档案服务和档案管理等信息的感知、处置等功能，实现了对档案信息资源和档案业务信息资源的智慧收集、智慧管理、智慧服务、智慧保护和智慧监督，为档案馆物与物、人与物、人与人的全面互联、互通、互动提供了基础条件，在推进数字档案馆向智慧档案馆跃迁方面取得了阶段性成果。

（三）智慧档案馆建设关键技术分析

智慧档案馆建设必须解决海量数据的运算和存储、档案实体和档案人员的智能管理、档案业务移动终端的业务拓展、多元化档案资源的智能接收以及海量档案数据的查全查准等难题，因此必须对云计算技术、无线射频

（RFID）技术、移动互联网络应用开发、智能化数据接收方法以及大数据挖掘等关键技术进行分析、研究和探索应用。

在智慧档案馆建设中，充分利用云计算技术的特征和优势，搭建智慧档案馆基础设施平台、智慧档案馆业务应用平台，及开展档案智慧服务，实现了海量数据的运算和存储、应用系统平台的灵活调配以及档案信息资源的"云服务"；基于无线射频（RFID）技术，实现了对档案实体的清点、出入库、借阅以及安全利用方面的智能管理，同时在档案馆重要场所出入口处安置感应装置，实现人员动向智能感知和处置；基于移动终端，构建微信公众服务号，实现档案信息服务的移动化；基于数据智能采集技术研发了数据智能采集魔方，有效解决了多元化档案信息资源的采集问题；基于大数据的文本挖掘技术，实现对档案内容的感知；通过对结构化数据的深入挖掘，建立档案信息之间的关联关系，在海量档案信息检索利用方面进行了大胆的探索和实践。

三、课题研究的创新点

（1）智慧档案馆作为智慧城市背景下应运而生的新兴产物，在国内对智慧档案馆的研究尚处在理念提出阶段的背景下，本课题通过对各种关键技术的研究，创新地提出了智慧档案馆的概念、根本特征以及框架模型，明确了智慧档案馆的根本定位和总体框架。

（2）提出档案资源数据化的新理念，突破了传统的档案数字化理念，拓展了信息化条件下档案资源体系建设的途径，对实现档案资源的深度控制和挖掘奠定了基础。

（3）针对智慧档案馆资源收集多元化的情况，课题组创新性地提出了数据智能采集魔方工具，解决了专业档案数据库接收和管理问题。数据智能采集魔方工具囊括了多样化的信息资源收集方式，可提供多种组合供用户进行数据采集，最终实现了智慧档案馆对档案资源的智慧收集。并且数据智能采集魔方工具在"青岛市智慧档案馆建设一期工程项目"中成功应用，起到了良好的示范作用。

（4）为了提供更加智能化的档案检索服务，课题组设计了11种智能检索模型，分别为人物时间事件相关检索模型、因果关系模型、热词检索模型、关联关系检索模型、递进关系检索模型、一对多检索模型、类似和相关关系检索模型、包含关系检索模型、交叉关系检索模型、人物检索模型，并通过数据挖掘和分析技术，实现了对档案信息资源的深入挖掘，以问题向导方式提供查询利用服务，从而进一步提高了档案检索的查全率和查准率。

（5）本课题基于云计算、物联网、移动互联网等各种先进的技术，随时采集环境信息、物体动态信息，增强智慧档案馆信息获取、实时反馈和随时随地智能服务的能力，充分发掘数字档案的资源优势，运用新的信息技术和通信技术手段感知、分析、整合档案资源和档案馆运行的信息，从而对于包括档案收集、管理、利用、存储、监督等活动在内的各种需求作出智能响应和智慧支持，为档案馆中物与物、人与物、人与人的全面互联、互通、互动提供了基础条件，为档案管理和信息开发创造更美好的前景。

基于云计算模式的区域数字档案馆群建设策略研究

一、成果简介

本课题内容以上海地区市级和区县级数字档案馆建设实践为基础，结合云计算的服务理念，以贯彻国家档案局"三大战略、三个体系"的建设要求为导向，以实现全市国家综合档案馆民生档案信息整合、远程共享服务为目标，研究探索区域范围数字档案馆群的建设思路，完善档案馆信息资源存储机制及共享机制，最终搭建跨区域和跨系统的档案信息资源规模化集聚和共享服务平台。

本课题经过研究取得了一系列研究成果，这些研究成果，具有以下几个特点：

（一）先进性

本课题探索研究了云计算模式最新的技术发展方向、服务理念以及在相关领域的应用情况，课题分析了云计算技术在区域性数字档案馆群建设中的优势，论述了云计算在数字档案馆建设应用中的成果，即实现检索的便捷化、信息的海量化、运算的高速化和应用的定制化。针对当前我国数字档案馆资源整合与共享存在的障碍，提出了构建基于云计算的区域数字档案馆群的方法和措施，针对档案收集、管理、存储、利用等业务在云计算模式下的实现方法提出了相应的资源策略、技术策略、管理策略、保障策略，逐步实现云计算与档案馆业务的融合，为区域数字档案馆群建设提供了理论和实践结合的工作模型。

（二）实用性

本课题以档案服务民生为导向，融入区域数字档案馆群建设理念，以民生档案管理与利用为切入点，完成了一站式民生档案利用服务平台的搭建，实现民生档案跨本地档案馆、跨区域利用服务功能。通过多方联动、资源整合、流程再造和技术创新等手段，打造了区域范围内民生档案服务的"馆际联动、馆社联动、馆室联动"新模式，研究成果已完全应用于实践，实现了群众不出社区即可就近远程查询全市任一国家综合档案馆保存并可提供利用的民生档案信息，并可按需当场免费获取有效证明。该平台属国内首创，为区域性数字档案馆跨馆一站式服务平台的建设奠定了基础。实践证明本课题成果具有很强的实用性。

（三）前瞻性

在信息化、网络化飞速发展的今天，信息资源跨地区、跨部门的共享已是方向和必然趋势，然而从现状看，档案部门这方面的工作相对滞后，特别是覆盖区域数字档案馆群建设，无论在模式和技术手段建设上还是缺乏成熟经验。本课题研究成果正是针对跨部门、跨地区和覆盖广域的档案远程便民服务的需求所开展的开创性探索，并取得了显著的实践成果，在全国率先建成了覆盖区域性的档案远程便民服务机制和技术平台，不仅具有先进性，而且可以为兄弟地区乃至全国档案界提供实践经验和技术借鉴。

二、创新点

本课题研究的创新点主要体现在以下几个方面：

（一）提出了区域性数字档案馆群建设与云计算之间的业务融合

当前国内已有不少数字档案馆运用云计算技术，但运用范围仅限于单个档案馆，没有实现联动。本课题提出的区域性数字档案馆群建设，是基于云计算实现多个档案馆资源的共享和服务的畅通，具有创新性。

（二）深入研究、缜密设计提出了区域性数字档案馆群建设策略

本课题针对区域性数字档案馆群建设，分别提出资源策略、技术策略、管理策略和保障策略，从区域性数字档案馆群的资源整合共享、云计算技术与业务融合、资源长效安全管理和实施安全保障四方面展开，提出了相应的理论规范和解决措施，为区域性数字档案馆群建设提供了理论和实践结合的

工作模型。

（三）指导建设了民生档案服务平台

本课题推出的民生档案服务平台具有鲜明特色，运用了云计算技术，实现了区域范围内民生档案服务的"馆际联动、馆社联动、馆室联动"新模式，属国内首创，为区域性数字档案馆跨馆一站式服务平台的建设奠定基础。

三、成果推广应用情况

本课题研究成果有效构建了基于云计算的区域数字档案馆群的方法和措施，针对档案收集、管理、存储、利用等业务在云计算模式下的实现方法提出了相应的策略，建立了民生档案远程服务机制，极大地方便了广大人民群众查档用档，促进了档案资源共享融合，提升了档案工作影响力。

（一）进一步推动了区域性数字档案馆群建设

本课题在分析云计算技术的基础上，深入研究、缜密设计，提出了区域性数字档案馆群建设策略。针对区域性数字档案馆群建设，分别提出资源策略、技术策略、管理策略和保障策略，从区域性数字档案馆群的资源整合共享、云计算技术与业务融合、资源长效安全管理和实施安全保障四方面展开，提出了相应的理论规范和解决措施，为区域性数字档案馆群建设提供了理论和实践结合的工作模型。

（二）进一步融合了新技术与档案业务

本课题提出了区域性数字档案馆群建设与云计算之间的业务融合。当前国内已有不少数字档案馆运用云计算技术，但运用范围仅限于单个档案馆，没有实现联动。本课题提出的区域性数字档案馆群建设，是基于云计算实现多个档案馆资源的共享和服务，利用该理念指导建设了一站式民生档案利用服务平台。该平台具有鲜明特色，实现了区域范围内民生档案服务的"馆际联动、馆社联动、馆室联动"新模式，属国内首创，为区域性数字档案馆跨馆一站式服务平台的建设奠定基础。

（三）进一步优化了群众查档用档服务

本课题研发的一站式民生档案利用服务平台目前已覆盖全市 17 个区县档案馆和 200 多家社区事务受理服务中心，并逐步向涉民部门便民服务窗口延伸。截至 2012 年 11 月底，累计已有 25733 位居民享受到民生档案远程服务机制所带来的便利，其中，有 4868 位利用者在异地档案馆获得跨馆出证服务，有 20865 位居民在家门口的社区事务受理服务中心拿到相关民生档案证明，全市实现"全市通办"的民生档案数据共计五大类型，数据条目近1300 多万条，全文数据超过 2500 万页。民生档案远程服务的便民与高效，深受老百姓的欢迎。

二维码在档案机读目录信息异质备份中的应用研究

一、简介

档案异质备份在档案信息长期安全保存和有效利用工作中起到了非常重要的作用。对于档案实体，多年来全国各级档案部门及科研机构在档案的抢救和保护方面做了大量卓有成效的工作，一批新技术、新方法在档案抢救与保护中发挥了重要作用。通过数字化扫描技术、仿真复制技术、缩微复制技术等技术的应用，全国各级档案部门已经建立了一套有效、安全的异质备份方式，为我国档案实体的长期保存提供了技术保障，打下了坚实的基础。

而针对海量的纸张、数字图像以及缩微胶片的管理与利用，必须依托完善的档案机读目录信息。如果说档案是前人建立的宝贵财富，那么档案的机读目录信息就是今人建立的宝贵财富，凝结着几代档案工作人员的智慧和汗水。为了后人能够继续对档案进行现代化管理，档案的机读目录信息也同样需要妥善地保留下来。

对于档案机读目录的管理，一般以数据库的形式存储在计算机中。因此，档案机读目录信息的长期安全保存同样重要，对其进行异质备份是一种有效保存方法。

本项目主要围绕档案机读目录信息的保存开展应用研究。本项目创新性地整合缩微技术和二维码技术，充分利用缩微技术的长期安全保存优势及二维码技术快速读取的特点，提出了档案机读目录信息异质备份解决方案，为档案机读目录信息的长期保存和数据灾难恢复提供了新途径。项目设计编制了档案机读目录信息二维码异质备份工作流程和操作规程，研究解决了信息备份还原准确率等关键技术问题，具有可行性。项目研发的二维码数据备份软件，实现了对 mdb、xls 等格式的档案机读目录文件的二维码图形化备份及还原恢复，并支持其与原文图像的批量挂接。系统设计简洁，运行稳定，具有较大的实用价值。

278

二、项目的必要性和相关背景

目前，全国各级档案部门对于档案机读目录信息的保存基本上采用两种方式：一种方式是依托纸张的纸质档案目录册，另一种方式是保存于各种光磁存储介质上的计算机数据库。针对这两种保存方式，一方面档案部门都设有档案目录查阅厅，提供纸质目录册给有档案查阅需求的读者来查阅，这种方式虽然直读，但因为查询效率比较低下，所以近年来查阅量逐步缩小。另一方面对于已经建立了档案目录数据库的档案部门，依托计算机档案管理系统，在计算机上输入需要查询利用的档案信息，通过综合检索的方式，在计算机中找到相应的档案摆放位置，直接调阅，提高了档案的查询利用效率。

由此可见对于档案的目录信息，还是停留在纸质和计算机光磁介质的保存上，缺乏一种更加安全可靠且备份恢复便捷的长期保存方式。因此，我们尝试将具备快速读取利用的二维码技术，与具备信息长期保存优势的缩微技术，共同应用于档案机读目录信息的保存工作中。

三、项目详细科学技术内容

本项目主要围绕档案机读目录信息的保存开展应用研究。针对不同类型的档案目录信息数据库，解决档案机读目录信息利用二维码技术进行异质备份的相关问题。从系统建设、工作流程和操作规程、关键技术应用等方面开展研究，提出合理的设备选型和环境搭建方案、科学规范的工作流程和操作规程，建立档案机读目录信息长期保存的解决方案，为档案部门解决档案机读目录信息的保存问题提供参考。

1. 科学原理

缩微技术，是档案信息长期保存最为稳妥的技术。全国很多档案部门已经对于档案实体展开了缩微胶卷的备份，拥有了必要的设备、人才和技术的储备，对于档案实体，已经基本形成了一套纸张原件、数字图像、缩微胶片相互备份的高安全性、高抗风险性、高备灾性的档案安全防护存储机制。

二维码技术，是用某种特定的几何图形按一定规律在平面分布的黑白相间的图形记录数据符号信息。在代码编制上利用构成计算机内部逻辑基础的

"0"、"1"比特流的概念，使用若干个与二进制相对应的几何形体来表示文字数值信息。它具有信息容量大、编码范围广、容错能力强、译码可靠性高、可引入加密措施、成本低、尺寸大小可变、阅读设备多等优点。

本项目整合应用缩微技术和二维码技术对档案目录信息进行存储。利用二维码编码信息密度高、编码范围广、解码准确、纠错能力好、具备加密性等特点，将档案机读目录信息进行二维码图像化转换，再输出到纸张或缩微胶片上，不但可以达到长期、安全保存的目的，还可以满足档案机读目录信息恢复重建利用的目的。

2. 研究方法

本研究采用调查研究、实验探索与分析、软件系统原型开发、系统试用验证等理论与实践相结合的研究方法。

(1) 调查研究

采用实地走访、文献调研、网络调研、电话访问相结合的方式，针对各级各类档案部门、从事相关研究的大专院校和科研机构，以及相关政府部门等，了解目前各单位办公系统、档案管理系统、业务系统等计算机信息系统的基本情况；计算机信息系统的文件目录信息主要保存的方式；档案异地异质备份的情况；条形码应用情况；缩微品使用的情况，以及二维码技术与应用情况等，获得项目研究的第一手资料和数据，为研究路线的选择和方案的制定提供理论基础和事实依据，并为针对性开展研究、解决实际问题打下扎实的基础。

(2) 实验探索与分析

以调研成果和研究方案为基础，进行实验探索与比较分析，重点开展二维码码制、编程编译控件、加密算法以及容量排版方式方面的实验，以及二维码缩微制作设备的选择方面的实验。通过实验，为技术路线的选择和技术应用的方式提供了科学依据，为项目研究提供了技术支持，使研究成果更具权威性。

(3) 软件系统原型开发

在二维码数据备份系统软件的程序编码阶段，采用原型开发的方式，通过开发系统原型，逐步验证软件设计的可行性，并进行不断的完善，在保证正确架构路线的同时，渐进完成系统开发工作。该方法既提高了软件开发的适用性，同时也缩短了项目研究周期。

（4）系统试用验证

项目组选取了深圳市档案局、深圳市检察院、暨南大学档案馆等单位，进行了二维码数据备份系统的试运行工作。通过开展系统的应用验证工作，既可以发现存在的问题，及时提供必要的反馈信息和改进方向；同时也能在应用过程中丰富和优化系统的功能和性能，进一步完善了系统，积累了二维码技术应用的实践经验，为系统的实际推广应用打下了基础。

3. 研究过程

本研究主要从五个方面开展。

（1）档案机读目录信息库结构分析及规范化格式转换研究

本研究内容是确定需要备份的档案机读目录信息进行数据规范化转换的方式和最终转换格式。

目前国内各个单位采用的档案管理系统不尽相同，后台采用的数据库也是多种多样，经过项目初期的走访和调研，国内绝大部分档案系统用户采用的数据库都是基于 Unix 或 Windows 操作系统的 SQL Server 和 Oracle，还有一些档案馆藏量不大的地方性、部门性档案单位采用 Access 数据库。我们对保存目录信息的数据库进行了结构以及内容分析，总结出：如果直接支持各种类型数据库直接导出转换二维码，必须具备相应的数据库管理权限，对用户的档案机读目录信息库需要进行读取操作，不利于数据安全；而且对多种数据库的支持，对软件开发也会带来很多开发工作，导致成本的升高。所以我们考虑将各种数据库进行转换，先导出成为一种较为常见的通用型的数据结构，再针对这种通用型的数据进行转换二维码的工作。这种方式不但对于用户的数据库安全性没有影响，也减低了系统软件的开发难度，降低了项目实施的成本。同时，如果有实际用户需要直接访问数据库的定制软件，在开发技术角度上，也是完全可行的。

基于走访和调研，目前主流操作系统主要为 Windows、Unix、Mac OS、Linux 等，Unix 和 Linux 主要针对服务器，Mac OS 是苹果设备的操作系统，本项目所涉及的 PC 端，Microsoft 公司的 Windows 各版本的操作系统装机率以及 Microsoft Office 或支持 Office 格式的金山软件股份有限公司的 WPS 的系统装机率对于国内非部队系统的用户，超过了 99%。所以，我们认为在数据规范整理上，xls 格式和 mdb 格式的数据文件具备良好的普及率、通用性和兼容性，能够满足我们工作的需要。同时，如果有实际用户需要不同格式的数据文件，技术角度也没有任何难度。

（2）二维码对中文支持情况及其字符容量的研究

本研究内容主要确定将档案机读目录信息进行二维码图像化转换时，采用的二维码制式、单个二维码最优容量等。

二维码有保存信息量大、支持中文的特点，本项目正是利用这一特点，对档案机读目录信息进行图形化备份。那么如何确定采用哪种制式的二维码，以及该二维码对于中文支持的情况，都是需要进行研究和确定的。

二维码保存信息量越大，会带来二维码密度的增加，为了在信息还原过程中的保证识别率，就必须增加二维码的尺寸大小。而二维码尺寸的大小，又会影响到输出打印的排版以及今后的扫描还原，因此必须在二维码保存数据的容量和其尺寸大小之间、识别率与识别效率之间找到平衡点。

经过研究，我们在二维码普及程度、容量、中文支持、容错率、识别设备以及开发资源方面进行了详细对比，QR Code 在各方面都有良好的支持，可以为我们开展工作带来很大的便利，因此我们决定采用 QR Code 作为系统开发的码制。

为保证二维码解码识别准确率，经研究确定单个二维码容量保持在 300-500 字节，可以达到比较高的识别准确率。

（3）二维码的编码解码及其加解密技术研究

本研究内容主要是确定将档案机读目录信息进行二维码编码、解码的方式及其加解密技术。

在前面研究工作的基础上，确定了二维码制式、容量、数据格式转换格式，接下来就是要确定如何把数据编码成为二维码以进行图像化转换、以及如何再将二维码解码成为数据以进行数据恢复。

我们采用的是 QR Code 二维码，目前市场上有现成大量 QR 码生成软件和 QR 码图像识别软件，综合考虑控件在编码解码的稳定性、执行效率、对硬件设备的要求、开发集成简易度、应用成本等方面，我们在进行系统软件的开发过程中，使用了 QRmaker & PsyQrDcd 二维码编译控件进行各项系统功能开发。

由于二维码具有识别方便的特点，为保证档案信息的安全性，我们对编码过程中如何对信息进行加密以及解码过程中如何解密的问题进行了研究。

经研究发现，在对档案机读目录信息进行编码时集成不同的加密算法，然后再转换为二维码，国际通用加密算法均可，且软件开发没有技术难度。但加解密过程会使得编码、解码耗时增加，且加密算法越复杂，耗时越长，因而进行加密操作会影响软件系统效率，用户可根据自身需要选择是否加密以及采用何种的加密算法。同时还需要提醒的是，一旦用户选择了数据的加密，对于系统提供者就会有一定的依赖性，如果出现系统提供者不能提供相应解密软件或者加密算法的密钥，就将面临前期备份数据无法打开使用的情况。

（4）二维码输出的排版、识别率、纠错容错能力及解码准确率研究

本研究内容主要是确定将档案机读目录信息进行二维码编码后，如何对所得二维码进行排版、输出，以保证数据恢复的便捷性、准确性和效率。

为了达到永久安全保存的目的，考虑将二维码打印输出到纸张或者缩微胶卷上。前面工作涉及二维码的容量和其大小尺寸有关系，因此必须对二维码打印输出中的版面加以规范，采用一种标准的格式去整齐地排放打印二维码。而保存在纸张、缩微胶卷上的二维码图形，也要考虑到数据恢复的便捷性、准确性和效率，因此采用扫描设备批量自动扫描的方式，针对整齐排放的二维码，自动进行识别并恢复生成档案机读目录信息。并对于整个工作流程，在识别率、纠错容错和解码准确率方面进行研究，控制达到最好的工作效果。

二维码图形输出时的幅面，我们依据规范统一为 A4 幅面，这样不但便于输出到纸张上，也便于采用 25 倍缩率输出到 16 毫米的缩微胶片上。我们通过研究和实验发现，限于输出设备和读取设备的精度，单页 A4 幅面的总信息量，在达到 6000 字节之后，识别率就会降低。同时，为了便于管理，我们还需要在幅面中加入直读信息，这样每个二维码的尺寸不宜过小，否则直读信息的字体也会相应变小，使得读取困难，因此我们建议的版式为 500字节@3×4 布局或者 300 字节@4×5 布局。

（5）二维码解码还原后档案机读目录信息库与档案影像挂接问题研究

目前国内不少单位对于自己的档案，已经采用了电子影像技术来管理，

还有部分单位采用了缩微技术来进行档案实体图像的模拟备份，在备份档案机读目录信息库的同时，必须建立档案的目录信息与档案影像的对应关系。本研究考虑通过在档案实体上面粘贴其目录信息的二维码的方式，在实体档案管理方面进行备份；同时通过档案机读目录信息中的文件页码信息，建立起目录信息与电子影像之间的对应关系，这样一旦出现灾难性事件，需要恢复系统的时候，可以通过扫描的方式，同时将保存有二维码的纸张或缩微胶卷和保存有档案图像的纸张和缩微胶卷上的信息恢复到计算机当中，并自动进行档案机读目录信息与档案影像的挂接。

4. 研究成果

本项目的研究成果，主要包括项目研究报告和二维码数据备份系统。

（1）研究报告

项目成果《二维码在档案机读目录信息异质备份中的应用研究报告》以调研、实验、研究分析为基础，利用二维码编码信息密度高、编码范围广、译码准确、纠错能力好、具备加密性等特点，提出了将二维码技术应用于档案机读目录库长期安全保存和快速有效恢复利用的整体解决方案，主要包括档案机读目录信息异质备份关键技术、档案机读目录信息异质备份工作流程和操作规程、档案机读目录信息异质备份系统建设方案等内容，可为档案部门开展相关工作提供参考和指导。

（2）二维码数据备份系统软件

项目成果"二维码数据备份系统"软件，是针对本项目实施开发的应用程序，是本项目进行二维码技术应用的核心技术体现，主要实现以下功能：

①数据备份。对多种数据格式文件进行自动识别，按照设定的二维码输出和排版参数将数据文件中的全部数据自动生成二维码影像文件。

②数据恢复。对指定的二维码影像文件自动进行批量识别，读取其中的数据信息并自动恢复生成多种数据库格式文件。

③影像读取。对单页二维码影像文件进行读取，显示其中储存的数据信息。

④影像挂接。根据挂接规则，将档案原文影像文件进行自动批量挂接。

5. 研究结论

本项目利用了缩微技术在存储时间上的优势和二维码在读取效率上的优

势，将档案目录信息进行二维码图像化转换，再输出到纸张或缩微胶片上，以达到长期保存和恢复利用的目的。

利用本项目研究成果，可以为各级档案部门在档案机读目录信息异质备份工作上，提供更长期和安全保存的解决方案，具备较强的实用性和适用性。同时，不仅仅局限于各级档案部门，本技术对于人口户籍信息、社会保障信息等静态的、需要长期保存的数据库类型，均有着广阔的市场前景。

四、项目成果与当前国内外同类研究的比较

目前国内外在档案管理方面，已经有很多条形码的应用，但使用技术一般局限于一维码，使用范围一般局限于档案的检索、借阅、利用、清点、统计或者档案数字化中的影像与目录挂接方面。而对于采用二维码技术对档案机读目录信息进行长期备份的研究，无论国内还是国外，都鲜见公开的文献报道。

五、项目的创新点

本项目研究整合运用缩微技术和二维码技术，充分利用缩微技术长期安全保存优势和二维码在读取效率上的优势，采用二维码对档案机读目录信息进行异质备份，具备较强的创新性。

根据中国科学技术信息研究所的查新结果，本项目研究成果在国内未见有过公开文献报道，其主要创新性为：

（1）利用缩微技术和二维码技术解决了档案机读目录数据的异质备份问题，解决了档案机读目录信息长期和安全保存问题。

（2）利用二维码技术信息容量大、编码范围广、容错能力强、译码可靠性高、可加密等特性，解决了档案机读目录数据备份还原过程中的容量和备份还原准确率问题。

（3）利用二维码技术读取方便的特点，将其应用于档案实体的管理，可提高档案实体的管理和利用效率。

本项目将档案机读目录信息快速编码生成二维码，并打印输出到缩微胶片上，以达到异质备份的要求；同时，可以采用高速缩微胶片扫描仪，对保存有二维码的信息进行批量高速扫描识别，快速准确地还原档案机读目录信

息，并利用档案机读目录信息数据库中档案页码及路径等信息，将档案电子影像自动挂接到案卷目录及文件目录上，在解决备份问题的同时，也解决了灾难发生后，档案机读目录信息数据库的快速重建和信息系统恢复问题。

六、项目成果应用前景

本项目研究成果具有较大的实用价值，应用前景十分广阔。研究成果可以为各级档案部门在档案机读目录信息异质备份工作上，提供更长期和安全保存的解决方案，具备较强的实用性和适用性。同时，不仅仅局限于各级档案部门，本技术对于人口户籍信息、社会保障信息等静态的、需要长期保存的数据库类型，均有着广阔的市场前景。

国家档案信息系统等级保护自测评系统建设

一、研究背景

随着信息技术的高速发展和网络应用的迅速普及，我国国民经济和社会信息化进程全面加快，信息系统的基础性、全局性作用日益增强，信息资源已经成为国家经济建设和社会发展的重要战略资源之一。保障信息安全，维护国家安全、公共利益和社会稳定，是当前信息化发展中迫切需要解决的重大问题。

1994 年国务院颁布的《中华人民共和国计算机信息系统安全保护条例》规定，计算机信息系统实行安全等级保护，公安部主管全国计算机信息系统安全保护工作。2003 年中央办公厅、国务院办公厅转发的《国家信息化领导小组关于加强信息安全保障工作的意见》再次明确指出，"要重点保护基础信息网络和关系国家安全、经济命脉、社会稳定等方面的重要信息系统，抓紧建立信息安全等级保护制度，制定信息安全等级保护的管理办法和技术指南"。

信息安全等级保护制度是国家在国民经济和社会信息化的发展过程中，提高信息安全保障能力和水平，维护国家安全、社会稳定和公共利益，保障和促进信息化建设健康发展的一项基本制度。近年来，公安部会同有关部门组织制订了一系列有关计算机信息系统安全等级保护的规章和标准，加强了对重点行业信息系统安全等级保护工作的监督、检查和指导，并于 2011 年建立了 54 个行业主管部门参加的等级保护联络员制度，档案行业为其中之一。

随着档案信息化进程的不断加快，档案部门通过档案信息系统管理的数字档案资源越来越多，提高档案信息系统的安全防护能力和水平，已经成为加强档案信息安全管理、促进档案事业健康发展的一项重要内容。以开展信息安全等级保护工作为抓手，全面提升档案信息系统安全水平，是国家档案局推动全国档案信息化建设中的一项重点工作。为此,根据《信息系统安全等级保护测评准则》《信息系统安全等级保护基本要求》(GB/T 22239—2008)等国家等级保护政策和标准,研究建设符合我国档案行业特点的"国家档案信息系统等级保护自测评系统",方便档案行业开展信息系统等级保护的自评估、自检测工作,是当前一项迫切的任务。

为更好地推进档案信息系统等级保护工作,2012年9月19日,国家档案局技术部和国家档案局档案科学技术研究所相关人组成课题组,立项研究档案信息系统等级保护自测评工具的研制。

二、研究成果主要内容

1. 档案信息系统等级保护评估指标体系

根据实现方式的不同,"档案信息系统等级保护评估指标测评体系"将测评指标分为技术测评指标和管理测评指标两大类。技术类测评指标与档案信息系统提供的技术安全机制有关,主要通过在档案信息系统中部署软硬件并正确地配置其安全功能来实现;管理类测评指标与档案信息系统中各种角色参与的活动有关,主要通过控制各种角色的活动,从政策、制度、规范、流程以及记录等方面作出规定来实现。技术测评一级指标从物理安全、网络安全、主机安全、应用安全和数据安全几个层面提出;管理测评一级指标从安全管理制度、安全管理机构、人员安全管理、系统建设管理和系统运维管理几个方面提出。

为确保指标体系的科学性、规范性,在起草过程中,遵循了信息安全等级保护国家标准以及档案行业标准、规范等,具体包括以下内容:

《中华人民共和国计算机信息系统安全保护条例》(国务院147号令)

《国家信息化领导小组关于加强信息安全保障工作的意见》(中办发〔2003〕27号)

《关于信息安全等级保护工作的实施意见》(公通字〔2004〕66号)

《信息安全等级保护管理办法》(公通字〔2007〕43号)

《关于开展全国重要信息系统安全等级保护定级工作的通知》(公信安〔2007〕861号)

《数字档案馆建设指南》(档办〔2010〕116号)

《档案信息系统安全等级保护定级工作指南》（档办〔2013〕5 号）

《各级国家档案馆馆藏档案解密和划分控制使用范围的暂行规定》（国家档案局、国家保密局 1992 年）

《计算机信息系统安全保护等级划分准则》（GB 17859—1999）

《信息安全技术 信息安全事件分类分级指南》（GB/Z 20986—2007）

《信息安全技术 信息系统安全等级保护定级指南》（GB/T 22240—2008）

《信息安全技术 信息系统安全等级保护基本要求》（GB/T 22239—2008）

2. 档案信息系统等级保护自测评系统

（1）系统概述

系统以档案信息系统资产管理为目标，分别从技术和管理两大方面对涉及信息系统管理安全的各项内容进行了比较全面的指标对应。课题组经过深入研究，提出进一步将等级保护检查工作中所使用的检查工具与自测评工具相结合的设计思路，即在测评时既有专家测评，又有检查工具辅助。力求测评时全面、准确地查找出安全差距，给出更为科学的测评结论。

（2）系统主要功能

系统主要包括知识库管理、信息系统管理、系统自测评管理、配置管理、辅助工具包等功能模块，实现等保自测评信息的登记、自测评指标建立、自测评结果统计分析等功能。可对档案信息系统安全等级保护自测评工作全过程进行科学规范管理。同时，支持各级各类档案部门定制安全自测评内容，对档案信息系统定期进行安全状况自检测。

（3）系统主要特点

①先进性。在设计过程中参考了国际、国内的最新相关规范、标准，技术路线符合当今技术发展潮流，可以保证该项技术不断地更新并可顺利升级而维持系统的先进性。

②成熟性。在设计过程中充分依照国际、国内的相关规范、标准，借鉴国内外目前主流的体系结构和运行系统，采用国际上成熟的模式和技术。

③可扩展性。系统结构易于扩充或调整，软件结构上要符合今后系统扩充的要求，并且提供用于扩展的开发接口。

④易操作性。系统界面友好，使各项功能使用简单、方便、快捷。系统配置和管理体现图形化、直观化，避免复杂的系统配置文件。

⑤规范性。采用国际和国内通行的技术标准和规范，系统设计和平台设计采用开放性和标准化的设计思想，所有应用系统都有开发接口，以便于后续发展及与其他系统的衔接。

（4）系统主要功能性能指标

表1

功能指标			性 能 指 标
分类	ID	名称	
知识库管理	1.1	知识库导入	执行时间超过1s,有进度提示
	1.2	知识库浏览	执行时间小于1s时,采用异步、分节点加载
	1.3	指标簇设置	执行时间小于1s
	1.4	指标簇指标设置	指标簇指标浏览时间大于1s,有进度提示
信息系统管理	2.1	新建信息系统	执行时间小于1s
	2.2	编辑信息系统	执行时间小于1s
	2.3	删除信息系统	执行时间小于1s
系统自测评	3.1	资产现场确认信息录入	执行时间大于1s,有进度提示
	3.2	现场测评表单生成	执行时间大于1s,有进度提示
	3.3	分项表单导入/导出	执行时间大于1s,有进度提示
	3.4	符合率统计	执行时间小于1s
	3.5	测评项统计	执行时间小于1s
	3.6	测评报告非自动生成内容输入	执行时间小于1s
	3.7	测评报告生成	执行时间大于1s,有进度提示

290

续表

功能指标			性 能 指 标
分类	ID	名称	
配置管理	4.1	测评单位	执行时间小于 1s
	4.2	测评人员	执行时间小于 1s
	4.3	被测单位信息管理	执行时间小于 1s
辅助工具	5.1	自主类工具下载管理	执行时间小于 1s
	5.2	辅助工具上传	执行时间小于 1s
备份恢复	6.1	备份恢复管理	执行时间小于 1s
账号管理	6.2	管理用户账号及密码	执行时间小于 1s

三、在档案工作中的主要贡献

本课题的研究，对于进一步规范档案信息系统等级保护自测评业务流程，促进测评工作的标准化，提升各单位信息系统等级保护安全差距分析的能力和水平具有重要意义。可为档案行业相关政策的出台和具体实施提供技术支撑。

档案信息系统等级保护自测评工具的研制，将有利于国家档案局进一步开展等级保护的定级备案、差距分析、整改提高、安全检查各项工作，有利于档案信息系统安全相关规范标准的进一步制定，有利于全面提升各档案部门的信息安全水平。

数字档案馆数据质量控制方法研究

一、课题背景

　　档案数据库建设是数字档案馆建设的核心内容，也是档案馆管理和开发档案资源的重要基础。但是，由于主客观原因，档案数据库建设面临着质量控制的诸多难题，特别是随着档案数据量的爆发式增长，档案数据质量的问题越来越突出，表现形式也越来越复杂，直接影响档案信息管理的科学性和安全性及档案信息的查全率和查准率，进而影响档案信息管理与服务工作，甚至给档案信息安全带来严重隐患。档案部门应高度重视数据库建设过程中的质量管控工作，以最大限度地提高数据质量，确保档案信息化建设的稳步发展。

二、研究目标

　　本课题以青岛市数字档案馆档案目录数据库和档案数字化成果数据库为对象，通过梳理数据质量问题，分析问题的表现形式和产生的原因，提出数据质量控制的基本原则和具体方法。

三、研究内容

　　（一）查找分析数字档案馆数据库存在的主要问题及其产生原因。针对目录数据库、全文数据库各自的特点，以及数据库在档案的收、管、存、用等环节所起的作用，制定相应方法，进行全面的质量检查，找出存在的主要问题，并进行问题追踪，找出产生的原因。

　　（二）发现与修正档案数据库质量问题的一般方法与路径。对发现的数据库质量问题进行认真分析研究，总结并归纳问题的内在规律，找出修正和处理的基本规则和操作程序。

　　（三）提出档案数据库数据质量控制的原则与方法。进行问题追踪，研究和探索数据库在收、管、存、用等环节流转过程中可能出现的易发问题，制定相应的防范措施、策略和控制原则，研究数据质量问题自动警示与人工纠正的方法。

四、研究方法

（一）数据库质量问题调查与形成原因分析。通过对现有档案数据库开展检查，摸清存在的主要问题，并分析其成因。

（二）提出数据修正方法。研究个别问题修正的基本规则与方法；研究普遍问题批处理的基本规则与方法。

（三）提出数据库质量控制策略与方法。针对易发问题，制定事前防范的策略，研究数据质量问题自动警示与人工智能纠正的方法。

（四）形成研究报告和工作报告。在前期调研的基础上，对查找的有质量问题的数据进行分类归纳，总结问题类型，分析产生的原因，提出解决问题的方法，为编制质量管理软件打下基础。

五、研究成果

本课题的研究成果为《数字档案馆数据质量控制方法研究报告》，由以下几部分组成：

（一）引言。介绍课题提出的背景及意义，明确研究对象、内容和目标。

（二）数字档案馆常见数据库类型。按照数字档案的组织类型、存储方式以及反映档案的形式进行归纳划分，数字档案馆的数据库可分为目录数据库、数字化成果及原生电子档案库（以下简称档案全文库）、照片档案库、音视频档案库。目录数据库和档案全文库是数字档案馆的核心数据，数据量大且应用频繁，因此本课题将其作为主要研究对象。

（三）数字档案馆常见数据质量问题。数字档案馆数据库常见问题可以归纳为以下类型：一是数据完整性问题，既包括目录数据必填数据项缺项或不完整，也包括与目录数据对应的相关全文数据全部或部分缺失。二是数据准确性问题，既包括目录数据不真实，没有准确反映档案的实际情况，也包括目录数据域全文数据没有准确挂接。三是数据规范性问题，既包括目录数据著录不符合《档号编制规范》《档案著录规则》《档案目录数据采集规范》

十二五时期档案优秀科技成果汇编

《中国档案机读目录格式》等国家标准的要求，也包括全文数字化不符合《纸质档案数字化技术规范》《缩微胶片数字化技术规范》《电子文件归档与管理规范》等国家标准的要求。

（四）数据质量问题产生的原因。影响数据库质量的因素大致分为人员因素、标准因素、管理因素、软件设计因素等。

（五）数据质量控制的一般原则。一是增量数据质量控制应前端化，二是存量数据质量控制全程化，三是数据质量应采取人工与软件检查、纠错相结合的方法进行控制。

（六）数据质量控制方法。

一是事前控制：1. 严格执行标准。2. 针对本地区档案特色，编制常用机构名称表、地名表、人物表等常用词表，用于自动纠错。3. 强化软件系统的质量控制功能。4. 加强人员培训。

二是事中控制：1. 实施数据生产质量检查制度，加大数据质量检查比例。2. 实行严格的数据生产质量制度落实情况的监管措施。3. 使用数据质量检查软件。4. 实行有错必究制度，对数据质量问题进行倒查。5. 建立数据质量问题协调沟通机制。

三是事后控制：1. 对质量检查合格的数据应实施质量追踪制度。2. 重视在数据利用过程中发现数据质量问题。3. 强化数据安全管理制度，防止人为出现数据误改、误删、误增等问题，维护数据质量的稳定性。

（七）数据质量评价体系。1. 数据库结构科学、规范。2. 数据格式规范、统一。3. 数据库内容正确、合理。4. 数据内容完整、一致。5. 数据安全、有效。

（八）档案数据采集质量标准。规定目录数据采集项目、各项目采集要求以及全文数据技术参数、问题处理、图像处理、图像存储等技术要求。

六、创新点

一是课题结合实际工作，首次以案例的方式列举了数字档案馆目录数据及全文数据的常见问题，具有极强的针对性、实用性和参考性。

二是课题深入剖析数字档案馆目录数据及全文数据常见问题的特点，归纳出完整性、准确性、规范性三类常见数据错误类型，有助于档案部门深入

294

研究数据质量问题产生的规律，并据此提出一套可操作性较强的档案数据质量标准、控制方法、评价体系，在数字化生产环节加强质量管理，改正和防止出现数据质量问题；也有助档案数字化软件编制过程中采取相应的防范措施，杜绝一些质量问题的产生，或开发专用数据质量管理软件，辅助人工解决数据质量问题，提高改正效率。

七、鉴定意见

课题结合数字档案馆档案数据库建设工作的实际，全面、系统剖析了档案目录数据库、数字化成果数据库存在的数据质量问题，在分析问题特性及其成因的基础上，将档案数据库质量问题归纳为完整性、准确性、规范性三种类型，有助于深入研究数据质量问题产生的规律，具有较强的针对性、实用性，为各级各类档案部门检查、分析和修正档案数据库数据质量问题提供了典型案例和方法，也为数字档案馆强化数据质量控制和保护提出了有效的解决方案。

课题针对常见数据质量问题，提出了包括事前、事中、事后控制为核心的档案数据质量控制方法，构建了数据质量评价指标体系，具有较强的可操作性和推广借鉴意义。

八、应用前景

课题研究成果可供各级各类档案馆、档案室借鉴，查找、分析解决档案数字化过程中存在的问题；也可为档案数字化软件开发、相关档案业务标准规范制定工作提供参考。

北京市不动产登记档案集约化管理模式研究

2013 年 11 月 21 日，国务院常务会议通过决定，将分散在多个部门的不动产登记职责整合由一个部门承担，基本做到登记机构、登记簿册、登记依据和信息平台"四统一"。而不动产登记档案管理及信息共享查询是其重要的基础保障性工作。由于历史原因，北京市各类不动产登记档案工作面临管理分散、制度建设参差不齐、归档流程和标准不统一、历史数据整合困难、查询利用服务水平不高等问题，没有形成合力，影响不动产登记职责整合的实现，迫切需要理顺管理机制，统一规范标准，进行整合优化。

2013 年底，北京市房屋权属登记事务中心申请《北京市不动产登记档案集约化管理模式研究》课题，主要目的是立足于工作实际，以信息技术发展趋势和集约化管理理念为视角，调研摸清本市各类型不动产登记档案工作现状，参考兄弟省市成功经验，直面剖析当前存在问题，提出可操作性解决方案。研究报告共分五个部分，汇集了大量一线工作人员和国内不动产登记及档案方面的专家意见，在基础理论层面上厘清不动产登记档案的定位及与登记资料、登记簿的区别联系，在应用层面上围绕顶层设计勾画出不动产登记档案集约化管理模型。创新性地提出了整合优化各类资源、规范管理全市不动产登记档案，实行集约化管理的工作思路。

一、不动产登记档案概论

长期以来，不动产登记工作处于分散状态，不动产登记档案理论研究也相对薄弱，关于不动产登记档案的概念、特点及与登记资料、登记簿的区别与联系仍存在不小分歧。在现实生活中，登记资料和登记档案两词往往并用或混用，各类规范文件也经常出现前后不一的情况。而登记簿和登记档案在载体形式上有所不同，但保管形式、记载内容、查询规则大体一致。这些定义、概念交叉混用直接影响工作交流和规范的制定，亟须加强理论研究，统一认识，规范使用。

课题组从基础理论研究入手，介绍和阐释了不动产登记档案的概念、特点，并重点研究分析了登记资料、登记档案、登记簿三者之间的区别与联系，从法律依据、文件生命周期理论以及构成内容三个角度进行了充分的论述，得出如下结论：

不动产登记资料适用于泛指各类登记材料及登记档案和登记簿。登记材料经办结归档，纳入档案管理后，即应称之为登记档案，在涉及登记档案收集、整理保管、查询利用、规范制定、系统建设等方面宜统一采用不动产登记档案的概念，以规范工作交流和理论研究用语。登记簿因其内容、保管方式和查询利用等方面与登记档案有所重合，具有法律凭证作用，是一种特殊而重要的登记档案。

二、北京市不动产登记档案工作概况

北京市各类法定的不动产权利分别由不同的登记部门进行登记，其对应的不动产登记档案工作也分别由各部门的档案管理机构负责，馆藏主要以房屋和土地登记档案为主。

课题组全面调研全市各类型不动产登记档案工作情况，分别从档案管理工作机制、档案工作规范和流程、档案信息系统建设与数字化、查询利用服务四个方面进行了介绍。

北京市房屋登记档案工作历经多次调整，2006 年启用统一业务登记信息系统后，初步形成市、区两级分级管理方式。据统计，截止到 2013 年底，全市房屋登记档案馆藏已突破 900 万卷，馆库面积累计达到 11700 平方米，2013 年共接待查询 21.34 万人次，查询总量 37.86 万卷次，出具查询结果告知单 39492 份。

北京市土地登记档案工作近年来实现了市、区两级垂直管理机制。市级北京市土地权属登记中心在制定全市规范标准，监督、检查、指导区县工作之外，对区县采用的信息系统建设、人员编制等方面均直接进行规范管理。区县一级设有独立或专职人员，负责管理本区县登记部门形成的土地登记档案，并对市级管理机构和区县登记部门负责。全市土地登记档案总量 42 万余卷，馆库面积 5898 平方米，专兼职档案人员 22 人。

北京市林权登记和农村土地承包经营权登记因工作仍处试点阶段，档案数量较少。林权登记档案 460 余卷，专兼职档案人员 14 人；农村土地承包经营权档案则仅形成 60 余卷，由兼职档案人员代管，均尚未形成完善的管理机制。

三、存在的问题与分析

课题组根据调研情况，从管理机制、制度建设、资源配置、查询服务等多个层面分析了当前本市不动产登记档案工作存在的问题。

一是本市各类、各级不动产登记档案管理机制仍处于分散状态，缺少统一协调管理机制，没有形成合力，受人、财、物管理机制不同的影响，标准不易统一，缺少制约机制，影响管理力度和工作落实。

二是制度建设水平参差不齐，规章、制度政出多门，大多内容庞杂，专业术语也不尽相同，存在定义模糊、制订时间早、内容与现实工作脱节等诸多问题。急需统一管理标准、完善归档流程。

三是缺少统筹规划，各类档案资源如馆库建设、馆藏优化、信息建设、专业人员配备等方面并不均衡，存在重复建设、资源浪费情况。

四是各类、各级不动产登记由于工作规范标准不一，形成条件不一，历史数据整合工作推进困难。

五是本市各类、各级不动产登记档案查询水平不一，自动化程度不高，尚未实现远程、异地查询和自助查询。查询依据、查询口径不一，无法满足社会各界需求。

四、外省市不动产登记档案和其他专业档案工作经验

课题组通过查阅文献调研了佳木斯市不动产登记管理局管理模式，通过实地考察的方式分别调研了重庆市国土资源和房屋管理局、成都市城乡房产管理局两地不动产登记档案工作。

佳木斯市积极推动以市带县试点，理顺管理机制，2006 年率先成立了不动产登记管理局，初步实现了城乡统一登记；重庆市实现了国土和房屋登记档案的集中管理，集中力量完成全部档案数字化，实行条码化管理；成都在市级属地层面上实现了房屋登记档案的统一集中管理，现有员工 60 名，馆库面积 4500 平方米，馆藏量 430 万卷，档案数字化采用外包服务方式，

日均处理 2000 卷，并初步实现自助查询和共享查询。

五、不动产登记档案集约化管理的内涵与工作思路

研究报告首先介绍了集约化管理含义、内容和应用情况，着重论述了不动产登记档案集约管理内容、原则和必要性，提出了北京市实行集约化管理的思路。

（一）集约化管理模式主要内容

集约化管理的实质是强调通过建立全市统一的管理机制、标准和信息平台，推动所属行政区划内各类资源进行整合优化，促进档案工作水平全面提高。集约化不等于单纯的集中，它更强调在一定集中的基础上，兼顾市、区两级现有各类资源，通过对人员、设备、财务、馆库、馆藏等资源进行整合和重新架构，对档案收集、整理、保管、查询利用等流程和操作进行优化，从而达到降低资源成本、优势互补、便捷服务、提高业务效率的目的。

（二）不动产登记档案集约化管理原则

1. 集中管理，理顺机制；
2. 统一标准，规范管理；
3. 统筹兼顾，科学规划；
4. 整合资源，合理配置；
5. 优化流程，高效服务。

（三）集约化管理模式主要思路

1. 构建市区两级集约化、协调发展机制

在市一级设立不动产登记档案馆（处、中心）。具体负责集中统筹管理全市不动产登记档案工作，规划发展方向，制定统一标准；开展业务监督指导工作，培训专业干部队伍；集中管理和配置各类资源，建设不动产登记档案馆主库房，收集、汇集全市各类型实体档案，集中进行档案数字化（购买服务方式）；建设不动产登记档案信息系统，协调组织管理全市统一的档案信息查询平台。

在区县一级设立不动产档案分馆（科、分中心）。负责属地各类登记业务归档工作，实物档案根据区县情况暂存于周转库房或定期向主库房移交；根据权限设置完成一般查询服务，方便群众就近办理，通过统一的信息平台为同城异地办理业务提供查询和归档服务。

2. 统一标准，规范档案业务流程

兼顾各类业务特点，前瞻性制订出归档工作和信息平台建设等两方面标准。规范各类登记档案整理标准和业务流程，统一质量要求，为各环节档案流转交接和档案信息整合，满足各类档案在信息平台上兼容运转，与业务系统实现联动，高效便捷开展档案工作提供保障。

3. 合理配置人员、设备、服务器等资源

由市级机构专设一个资源配置小组，统一购置相同标准规格的设备、服务器等，根据各区县实际合理调配；按照各区县归档量，配备专业人员，实行潮汐式管理；定期对一线人员进行培训，提升专业素质，使各区县、各类档案工作模式统一化。

4. 优化档案馆藏，因地制宜，集中建设档案馆库

一是开展理论研究，对现存各类不动产登记档案，根据特点和保存价值科学合理设定保管期限，加强鉴定销毁工作，优化馆藏，缓解库容压力。

二是在近郊集中建立标准化的档案馆库房，存储各区县、各类型永久保存档案。对于现有库房，符合标准的可作为周转库房使用，不符合标准的，坚决整改或协调就近存放，避免低水平重复建设，节约稀缺土地资源。

5. 建设统一的档案信息系统，整合共享电子档案数据，构建集约化查询服务机制

在全市建设统一的不动产登记档案信息系统，集中力量完成历史数据整合和纸质档案数字化工作，构建市、区两级全方位查询服务机制，分类型、分层次提供查询服务。市级负责协调组织全市性数据查询，与相关部门加强工作衔接，提供共享查询服务；开通触摸屏、网络自助、远程查询等方式，减少窗口查询量。区县一级负责属地和取证性查询，方便群众就近办理。

6. 优化业务流程，形成高效的工作流水线

进一步梳理业务流程，合并同类项，从业务受理、审核到最后归档实现闭环管理，各环节在操作中各尽其责，互相补充，紧密衔接，避免重复劳动，保障归档效率和质量，逐步形成一条高效的工作流水线。

总之，不动产登记工作是一项重要的基础性工作，而不动产登记档案是基础的基础。

展望未来，档案管理正在从手工管理向规范化、自动化、数字化管理过渡。我们应把握不动产登记和档案工作规律，积极探索先进的管理理念，全面应用二维码、物联网、云存储等信息化、数字化新技术，实现科学高效管理；整合优化数据资源，实现不动产登记同城异地办理，全程同质化服务；建立全方位的查询服务体系，发挥不动产登记物权公示作用，消除"信息孤岛"，使"死档案"成为"活资源"，来源于权利人，回馈于社会，推动全市不动产登记档案工作水平全面提高。

面向公众服务的档案信息资源共享
平台的建设与应用

一、课题研究背景

2012 年广西壮族自治区党委、政府联合制定下发了《自治区党委办公厅自治区人民政府办公厅印发〈关于深化政务公开加强政务服务的实施意见〉的通知》（桂办发〔2012〕18 号），对今后一个时期全区政务服务、政务公开和政府信息公开工作思路和发展方向，以及各级各部门的工作责任分工、具体工作任务、工作措施、保障措施等提出了明确要求。这些明确要求，对广西壮族自治区档案局馆是一个巨大鞭策。如何完成这些工作要求、如何真正实现将政府公开信息以及开放的档案信息送达老百姓面前，这是一个复杂的课题。

广西档案局馆决心先以课题研究方式将存在的问题逐一剖析，以实事求是的态度调查广西开展这项工作面临的困难，学习与掌握全国档案信息资源共享平台建设的情况，以科学、严谨的方法引进计算机网络技术，在有效解决档案信息面向公众服务中诸多问题的情况下，提出课题最终的研究结果，为广西政府信息公开和档案信息化发展提供一个具有保障性的实施方案。

在这个背景下，广西档案局于 2013 年 5 月成立课题研究小组，并邀请上海中信信息发展有限公司共同参与，课题组经过酝酿讨论后，认为该课题研究内容具有很大的普遍性，尤其在档案信息面向公众的计算机技术应用方面具有很大的挑战性，如果挑战成功，档案馆在新技术的帮助下与公众的距离越来越近，档案馆的服务功能将会得到进一步提升。

二、研究内容

课题组在申报国家档案局科研项目的计划任务书中，提出了以下研究内容：

1. 参照各级法规和行业标准，在对广西档案资源共享利用情况进行深入细致的调研和分析基础上，建立一套规范、完整、详细的可开放档案资源分类以及管理体系。

2. 针对档案服务利用安全方面的问题，研究安全前提下的自助式、人性化档案阅览服务解决方案。

3. 对于电子阅览室或信息资源共享平台，研究有关可能集成的信息化设备，并提出建设方式的基本建议。

4. 对于珍品档案，进行专题研究，通过一定科技技术探索和研究，尝试多途径，对有关档案利用信息进行推送服务体系建设。

针对计划任务书的这些内容，课题组成员分工实施，但初期研究效果并不理想，计算机应用的解决方案只是照搬已经应用的现成方案，并非具有针对性和先进性。课题组重新调整思路，重申课题研究的本质意义，坦然、客观地陈述研究对象以及课题组经过研究的解决方案，最终将呈现经得起检验的课题成果。

三、课题成果

开放档案鉴定系统：

(1) 新增指引查档功能

对于不知道数据范围的查档人员，实现探索式的检索手段，由系统向导一步步引导查档人员找到所需要的档案记录。分步让查档人员选择性缩小数据范围，从而精确到目的数据。

(2) 优化条件查档

对于明确知道数据范围的查档人员，实现条件查档，让查档人员明确查档条件，直接定位到目的数据。

(3) 创新一体化检索

实现档案信息跨分类、跨库的一门式模糊检索，类似于"谷歌"和"百度"的检索方式，不管什么档案类型，只要条目和内容中包含检索字段就可以查询到。提供"进阶检索"，在原有的查询结果中再一次检索，从而缩小数据范围，找到所需要的档案记录。

四、课题成果的创新及意义

本课题研究的初衷是解决广西如何向社会公众提供政府信息查询和开放档案利用的问题，希望通过课题研究能够更加科学、合理地应用信息技术，使政府的这项便民举措得以更好贯彻。然而，随着课题研究的深入，课题成果的创新程度和现实意义都超过了原来的预期，不仅出现了应用创新，而且对档案馆的基础工作也产生巨大推动作用。

1. 人性化查档的创新意义

语音交互在互联网和手机应用中已经出现，这也是属于比较前卫的技术。将语音交互技术用于档案自助查询应该还属于首创。通过 baidu.com 搜查，目前只发现江西财经大学档案网站上设置了语音介绍，另外一些档案馆建立了电话语音服务，但是这些语音应用仅仅是导向作用，并非真能用语音实现查档。本课题研究成果的语音查档不仅有查档导向功能，而且直接通过语音查到档案全文。目前还是初创阶段，如果实现将文件的全文信息转化为语音。届时，盲人也能到档案馆来查档，这种应用水平在国内甚至在国际上都是先进的。

2. 珍品档案的微信发送意义

微信是信息和通信技术发展的一个新事物，使公众可以以更便宜的成本进行信息交流。微网站是推送信息给微信用户的网站，使智能手机用户可以非常方便获取各种资讯。

本课题虽然设计了微信查档功能，包括可以进行语音查询。但是，由于手机的使用习惯和微信接收的篇幅，在微信上查阅比较复杂和内容很多的档案资料毕竟不太方便，再说有的档案需要确认身份后才能提供，这样，目前的微信真正能查阅的档案内容是有限的。但是珍品档案的编研材料作为档案文化的一种载体，非常适合在微网站上推送。主要是智能手机用户一般都是在上下班途中查看各种信息，这是利用碎片时间来获取资讯的普遍现象。珍品档案可以图文并茂，短小精悍，其趣味性、便捷性和知识性更容易受到这些手机用户的青睐。相比在互联网上档案网站的平台上展示，微信这种展示途径，被大众关注度会更高。

在互联网的发展中流传这么一句话，即"内容为王"，就是互联网网站最终的生命力是靠网站的内容。但是档案网站比起其他网站有点门庭冷落车马稀，这并不是所有的档案网站都没有内容，只是大众的定向思维已经将档案网站定义为枯燥乏味的网站。所以我们通过微信推送档案的电子杂志、珍品档案集锦等档案编研产品，让公众改变对档案网站刻板的印象，从而真正达到宣传档案文化的目的。

3. 新技术的应用对档案基础工作的推动

档案信息化从 20 世纪 90 年代起步开始有 30 年，新技术对于档案信息化的发展具有不可磨灭的贡献。档案信息化的进步势必要求相应的基础工作配套。数字档案馆的建设就要求馆藏档案的数字化率达到一定的程度，否则就不能称之为数字档案馆。

本课题采用的语音技术、微信推送技术和开放档案鉴定技术，无一例外地要求全文数字化。并且不仅仅是扫描成影像文件就可以满足的，必须进一步转化为文本文件，如果再进一步为盲人查档提供方便，还要通过专门软件将文本转化成语音。这个课题成果对于目前正在进行数字化工作的档案馆也是一个提醒，要看远些，趁着扫描的同时，一步到位，省却以后再耗费人力、物力进行转换。

本课题成果开放档案鉴定系统，对于档案馆开放鉴定工作具有很大推动作用，首先可以通过计算机程序将延期开放的筛选出来，这比人工鉴定要快几十倍。其次大大缩短了发布的过程，在安全规则控制下，通过鉴定的档案很快就输送到不同的应用平台中。

4. 新技术、新系统与原系统的有机组合，形成了档案信息资源共享平台的新构架

本课题的题名为《面向公众服务的档案信息资源共享平台的建设与应用》，这是一个庞大的概念，包含了档案馆接待大厅的查档应用系统、电子阅览室、社区自助查档、互联网网站查档、微网站微信推送等方式。随着信息技术的不断发展可能还会产生更新的方式。但是在推出新方式时，也不放弃老的方式，因为每一种应用都有不可替代的一面。例如档案信息网站，是各级档案馆通过互联网与公众联系的窗口，其主要功能是别的途径无法替代的。但是，档案的互联网网站有一种被动性，往往是藏在深闺人未识。对于宣传档案文化而言，不如微信推送效果更好，对于查档询问不如手机语音更

人性化。因此，本课题研究的创新应用，使面向公众服务的档案信息资源共享平台更加完善。

结束语

以人为本、勇于探索，让广西档案信息化实现跨越式发展。

本课题虽然围绕面向公众的档案利用服务平台研究，但实现的应用创新将对整个档案馆的信息化工作产生重大影响，尤其是数字化加工工作，已经不能仅仅满足于扫描成影像文件，而是要以发展的眼光进一步实现文本化、语音化。档案馆的接待、利用也因为有多平台的应用而产生新的管理规则。微信的推送服务更是鞭策档案编研人员要将珍品档案编研成精湛的电子书，满足广大人民群众的需要。

档案系统政务网站绩效评估指标体系研究

该项目基于国家政府网站绩效评估背景，借鉴了以往国内外网站评估的研究成果，既充分考虑政务网站的评估要求，又突出档案部门网站的特色，开创性地将档案系统政务网站指标体系分为档案局和档案馆两套指标，采用了德尔菲法和层次分析法分别进行权重赋值，构建了适合中国档案界的馆局分表评估的档案系统政务网站评估指标体系，并开展了档案系统政务网站评估。该指标体系的构建能够进一步明确网站建设的方向和建设的重点，检验网站建设的成效，对档案系统网站参加全国范围的政府网站绩效评估，在评估中提高绩效排名有较强的指导意义。

一、项目研究内容

1. 理论研究

综合研究政府网站的发展要求、功能定位及目标，对比国内外政府网站绩效评估指标体系，作为档案系统网站评估指标体系构建的理论基础。

2. 确立了档案系统政务网站绩效评估指标项的范围

以 40 个国内外档案网站作为研究样本，抽取高频、重要的栏目作为档案系统政务网站绩效评估指标体系的指标项。

3. 设计了评估指标体系

结合运用德尔菲法和层次分析法构建了评估模型并计算了各指标项的权重。评估模型分为两部分，分别针对档案局职能和档案馆职能评估，分值按档案局职能分值 45%、档案馆职能分值 55% 的比例进行合并，满分为 100 分。两部分亦可单独使用，单独评估档案局职能或档案馆职能。评估指标体系既契合国家对政府网站建设和管理的要求以及政府网站评估的要求，又突出了档案部门的特点；克服了中国人民大学信息资源管理学院、浙江大学、郑州大学以及中国人民解放军南京政治学院对档案网站评估或只注重档案馆功能、或馆局混在一起评估不能区分重点、或不能综合评估的局限性。

307

4. 开展了档案系统政务网站评估

对 32 个省级档案网站进行评估，汇总统计形成网站综合排名，以及档案局、馆分别排名，并对评估结果进行了分析。项目设计的指标体系吸收了国家政府网站绩效评估的理念，突出了"信息公开、在线办事、公众参与"的政府网站功能定位。评估结果排名与以往其他部门对档案网站的排名有较大不同，其中某些曾经排名较好的网站在此次评估中排名一般，而某些边远省份档案网站取得了意想不到的高分，原因是这些边远省份在网站栏目设置上一定程度体现了政府网站建设的功能定位，如公开了本单位地址、电话、邮箱、传真等联系方式，公开了本单位制定的或与本单位业务有关的发展规划、"三公"经费、专项资金管理和使用情况等。通过评估，了解了档案系统网站整体上在政府网站绩效评估中得分低、排名后的原因，明确了档案系统政务网站今后改进的方向。

二、主要研究成果

1. 评估指标体系

根据 40 家样本网站栏目分析结果，同时参照其他部门政府网站评估的经验，以及相关法律规定和档案网站发展的需要，项目组将档案网站评估指标分为两部分，分别针对档案局和档案馆的评估指标。档案局评估指标包括四大类：局馆政务公开、业务资源、互动交流、网站管理，并在这四大类一级指标下设立了 21 个二级指标和近 55 个三级指标；档案馆评估指标包括三大类：政府信息公开、资源服务、在线业务，并在这三大类一级指标下设立了 16 个二级指标和近 35 个三级指标。项目组还计算了各指标的权重、编制了评分细则，并依据专家意见进行了修改，最终形成档案系统政务网站评估指标体系。权重分配综合考虑该指标的重要程度、涵盖下级指标数量的多少、政府网站类似指标的权重比例，以及保持各栏目权重总体均衡等因素。

2. 一、二级评估指标说明及权重分布

（1）档案局指标

①一级指标"局馆政务公开"

下设 7 个二级指标：局馆概况、工作信息、政策文件、规划计划、资金

信息、人事信息、依申请公开、信息公开保障。由于信息发布类栏目数量较多且属于《政府信息公开条例》规定公开要素,项目组结合专家意见,赋予了信息发布类指标 25 分的权重。

②一级指标"业务资源"

下设 8 个二级指标:业务指导、法标工作、科技管理、信息化建设、学术资源、职称评审、档案培训。由于业务资源在档案网站的功能定位中占据相对重要地位,项目组结合专家意见,赋予了业务资源类指标 55.8 分的权重。

③一级指标"互动交流"

下设 3 个二级指标:领导信箱、在线调查、常见问题。项目组根据专家估算,赋予了互动交流类指标 9.6 分的权重。

④网站管理类指标

下设 3 个二级指标:网站设计、网站功能、辅助信息。项目组根据专家估算,赋予了网站管理类指标 9.6 分的权重。

(2)档案馆指标

①一级指标"政府信息公开"

下设 6 个二级指标:政府信息公开制度、政府信息公开查阅指南、政府信息公开目录、政府信息在线查询、依申请公开、查阅点查阅。由于政府信息公开在档案系统政务网站的功能定位中占据相对重要地位,项目组结合专家意见,赋予了信息发布类指标 25.8 分的权重。

②一级指标"资源服务"

下设 8 个二级指标:馆藏一览、档案检索、档案下载、查档指南、查档咨询、查档预约、宣传教育、史料出版。由于资源业务类栏目数量较多,且资源服务又在档案系统政务网站的功能定位中占据相对重要地位,项目组根据专家分析,赋予了资源服务类指标 63.7 分的权重。

③一级指标"在线业务"

下设 2 个二级指标:档案征集,档案接收。由于在线业务类栏目数量较少,项目组根据专家估算,赋予了在线业务类指标 10.5 分的权重。

三、项目创新点

1. 项目开创性地将档案系统政务网站指标体系分为档案局和档案馆两

套指标，分别进行权重赋值，架构合理全面，克服了以往指标体系侧重档案馆网站评估或将馆局混在一起评估难以区分重点的弱点，更能突出馆局各自的核心业务，提升评估服务的针对性和实用性。

2. 在指标项设置及权重赋值中综合采用了德尔菲法和层次分析法，权重赋值科学，避免了对指标重要性判断的主观随意性，保证了最终通过层次分析法赋值的科学性。

3. 项目设计的指标体系根据政府网站绩效评估标准，引入了公开、公平、公正的理念，契合国家对政府网站建设和管理的要求以及政府网站评估的要求，又突出了档案部门的特点。评估结果既能充分反映档案网站发展的真正水平和存在的问题，又能明确档案行业网站在国家政府网站建设大背景下的发展方向，可为档案系统网站的优化建设提供指引。

四、成果应用情况

档案系统政务网站评估指标体系适用于所有档案系统政务网站，包括省、直辖市、省会城市、地级市、县级市等档案系统网站。根据评估目的的不同，可以从不同角度诠释评估在档案系统政务网站的建设和发展过程中发挥的积极作用。指标体系的应用能够营造档案系统政务网站良好的竞争氛围，引导档案系统政务网站健康发展，提升档案系统政务网站管理水平。2014～2015年期间，相关部门试用《档案系统政务网站绩效评估指标体系研究》研究成果，摸清了网站建设和应用的现状，总结了经验与不足，改进和优化了网站建设内容与方式，全面提升了服务水平。

五、作用意义

1. 项目在参考借鉴现有政府网站绩效评估指标体系的基础上，充分考虑影响网站绩效评估的各项因素，应用德尔菲法和层次分析法两种定性与定量的分析手段结合构建评估模型，能最大限度地降低评估时的主观人为因素影响，提高评估的准确性，从整体上反映了档案系统政务网站建设的状况，对我国档案网站建设工作具有实际指导作用。

2. 项目研究的评估指标体系由档案局和档案馆两套指标组成，兼顾了国家的要求和行业的特殊性，突出了馆局各自的核心业务，为促进档案系统网站健康、有序发展提供了具有稳定性、系统性、科学性的评估依据和策略指引。

3. 项目研究的基本思路和框架具有普适性，并易于调整，可在档案系统各级网站绩效评估中推广应用。

基于"五位一体"协同管理/集成信息体系结构平台的工程档案标准化管理研究

天津作为中国北方最大的沿海开放城市，有"渤海明珠"的美誉，是中国北方重要的交通枢纽和主要出海口。近年来，国网天津市电力公司加快建设坚强智能电网，全面服务经济社会发展。建成世界上覆盖面积最大、功能最齐全的中新生态城智能电网综合示范工程，为我国乃至世界智能电网发展建设发挥了示范作用，得到习近平总书记的充分肯定。建成城市核心区智能配电网，供电可靠性达到国际先进水平。然而由于工程档案管理涉及范围广、业务链条长、档案资料多、参建单位复杂，大量新技术、新产品的运用带来的归档范围不断扩大，以及档案人员不断兼职化造成监督检查指导精力不足等多种因素，工程建设中档案管理规章和标准落实不统一、工程档案关键要件不齐、档案收集移交不及时、档案整编不规范、企业生产经营连续性存在诸多隐患等现象较为普遍。

本项目以构建"五位一体"为核心的岗位责任体系为目标，在落实国家档案局和国家电网公司科技档案管理的前提下，以集成信息系统体系结构（ARIS流程平台）为载体，针对天津电网建设项目档案职责、流程、制度、标准、考核等多管理维度进行综合研究与应用，全面构建了以档案岗位责任体系建设为主线的工程档案标准化管理体系，研究的主要内容包括：

1. 搭建流程管理平台。将集成信息系统体系结构（ARIS流程平台）作为国网天津市电力公司企业局域网络环境中的管理工具，包含战略、设计、实施和控制四大部分，通过具有模块化和流程化特征的管理，实行普通客户端和管理员用户权限分级控制、档案管理与工程建设流程端到端管理，实现档案业务与工程项目建设的有机耦合。

2. 实施角色化管理。基于集成信息系统体系结构，设计工程档案角色管理体系，明确相关人员档案管理任务，生成包含流程、制度、标准等多种管理要求的岗位手册和工作手册。针对组织结构和岗位变动、工程管理和档案管理要求发生变化等现象，动态修改流程或流程描述，调整工程档案管理角色与新组织、新岗位人员的对应关系，搭建以业务流程为主体的典型岗位体系。

3. 构建规章制度体系。基于集成信息系统体系结构，拆分工程管理与档案管理的有效制度条款并在相关流程步骤中进行匹配，解决制度冲突、遗漏与分散等多种问题；实行专业归档制度分级管理，在同一流程节点呈现国家档案局、国家电网公司、天津市档案局等上级单位规章制度要求，保证制度落地；对制度内容衔接度、制度与流程匹配度有效监测，提高工作与制度的适应度，消除流程断点和制度盲点。

4. 构建档案业务标准化体系。基于集成信息系统体系结构，坚持顶层设计，按流程步骤匹配档案整编、移交、验收等标准，统一规范档案业务行为，并通过国家电网公司部署的档案管理信息平台规范，细化工程档案收集、整编、移交等各业务标准化颗粒度，形成操作性较强的工程档案标准化管理体系。

5. 实现绩效管理和风险管理。基于工程项目建设流程和档案管理流程，设置工程项目按期归档率、移交规范率、档案整编规范率等环节指标，纳入员工绩效管理和对单位年度业绩考评，使档案管理目标与工作驱动因素有机统一，实现工程档案全流程控制和闭环管理。

本项目自 2011 年 6 月启动，至 2014 年 6 月完成研究计划，获评 2015 年度国家档案局优秀科技成果二等奖。在历时 3 年的课题攻关工作中，经历了课题方案制定、选取试点单位运行、优化系统运行方案、培育课题成果和全面推广实施五个阶段。目前，工程档案管理质量显著提升，为以中新天津生态城智能电网综合示范工程、锡盟—山东 1000 千伏特高压交流输变电工程线路工程（天津段）为代表的重点工程建设项目提供了坚强保障。经过实践检验，该成果改变了企业以部门为导向的传统条块管理，实现在同一工程建设流程下跨专业、跨部门、跨岗位的无缝衔接。由于超前融入工程项目建设，改变了传统档案管理"孤军奋战"和"信息壁垒"的局面，档案管理成为各参建单位工程管理人员岗位工作的有机组成部分，切实实现了工程档案管理的"三同步"。

该项目在研究中取得的阶段性成果得到了广泛关注和肯定，带动了档案队伍的建设。2012 年被评为天津市第 18 届企业管理创新成果一等奖；2013 年被评为全国第 19 届企业现代化管理创新成果二等奖；2014 年被评为国家电网公司优秀管理案例，并被选为国家档案局基层联系点。多篇论文先后被评为天津市 2012 年度、2013 年度优秀经营与管理论文。截至 2014 年，国网天津电力 2 名档案工作人员分别被评为国家电网公司优秀专家人才和天津市档案 "185" 工程领军人才。目前，该成果已在国网天津电力 23 家立档单位全面推广实施，管理经验已在文书、声像、会计等其他门类档案业务中得到应用，有效带动了企业档案资源体系、开发利用体系和安全管理体系的建设水平，"大档案" 管理模式基本形成。《中国档案报》《中国档案》杂志、《国家电网报》《天津档案》杂志等多家媒体 2012 年以来对国网天津电力档案工作实践进行了重点宣传报道，档案管理经验在全国范围得到推广。

区域涉民档案集成管理与服务平台研究

一、项目研究内容

本项目中所谓"涉民档案"即涉及个人、关系民生的档案，是指综合性档案馆馆藏婚姻档案、学生档案、职称档案、出生档案、农转非档案、退休档案、收养档案、退伍复员档案、生育申请档案、山林档案、劳动档案、公证档案、户粮档案、户籍档案、土地证档案和房产证档案等各类档案中反映个人生活和参加社会活动情况的记录。

"涉民档案集成管理与服务平台"是指以某一区域/地区（以绍兴市为例）综合性档案馆馆藏档案信息资源为基础，采用现代信息技术手段，以人为中心，通过身份证号码识别和档号指引，进行档案虚拟整理、档案数据深加工与再组织，集成馆藏各个全宗、专题、系统中涉及个人、关系民生的档案信息资源，形成人与人、人与机构、人与证、人与房、人与业的关联，为支撑领导科学决策，为政府部门实行"以证管人、以房管人、以业管人"，为市民解决日常生活、工作问题，提供系统、快捷服务的信息平台。

本项目的研究内容主要包括：

1. 涉民档案管理与服务法规政策研究

涉及个人、关系民生的档案产生于公安、人口计生、民政、社会保障、城乡建设、工商管理、教育、流动人口管理、金融服务等部门。许多数据保存于这些部门的业务系统之中，而且其中不少信息涉及党和国家的秘密和个人隐私。因此，本项目需要深入研究如下法规、政策、机制层面的问题：(1) 平台建设与运行过程中涉及的档案移交与接收、电子文件登记备份、档案公布、信息公开与保密、信息自由权和个人隐私权保护及其他相关的法律、行政法规、部门规章和规范性文件，实行涉民档案管理与服务的法规政策依据、风险及规避方法；(2) 平台建设与运行过程中，档案局（馆）与其他政府部门、各类档案形成单位的协调合作机制。

2. 涉民档案数据集成标准研究

通过分析涉民档案数据的来源、内容、数据结构（结构化、半结构化、非结构化）和格式，构建全局模式的数据视图，制定以人为中心的、多源异构涉民档案数据集成标准，包括数据格式标准、数据关联标准、信息编码规则、档案分类方案等。

3. 涉民档案数据集成技术研究

基于上述涉民档案数据集成标准，针对馆藏涉民档案信息资源的具体情况，确定档案虚拟整理的原则与方法。梳理涉民档案数据集成的流程，分析数据集成方法的效率、效果和适用性，制定面向各个全宗、专题、系统和不同格式的数据抽取、数据转换的技术方案。分析数据结构技术、数据仓库技术、数据挖掘技术、系统集成技术等在本平台应用的可行性。

4. 绍兴市区涉民档案集成管理与服务平台建设

在上述法规制度、标准与技术研究的基础上，设计、开发绍兴市区涉民档案集成管理与服务平台，进行平台测试，完善平台建设。实现馆藏各个全宗、专题、系统中涉及个人、关系民生的档案信息资源集成，形成人与人、人与机构、人与证、人与房、人与业的关联，为支撑领导科学决策，为政府部门实行"以证管人、以房管人、以业管人"，为市民解决日常生活、工作问题，提供系统、快捷的档案信息服务。

二、主要技术指标

（一）涉民档案管理与服务法规政策分析要求

1. 梳理现有国家和地方性（以浙江省及绍兴市为例）有关档案法律、行政法规、部门规章和规范性文件，提出涉民档案管理与服务的法规政策依据，分析存在的法规政策风险，制订规避法规政策风险的方案。

2. 提出档案局（馆）与其他政府部门、各类档案形成单位围绕涉民档案管理与服务的协调合作机制。

（二）涉民档案数据集成要求

1. 建立多源异构涉民档案数据集成标准。构建基于多种数据源、多种数据结构的涉民档案数据集成规范，制订涉民档案元数据标准，建立涉民档案元数据目录体系。

2. 构建以人为中心，以身份证号码为关联的数据集成平台。通过将身份证号码作为档案关联依据，对馆藏中各个全宗、专题的涉民档案进行关联与集成，形成涉民档案集成管理数据平台。

（三）集成服务平台技术体系要求

1. 平台架构体系要求。平台架构于绍兴市档案馆数据内网，采用 B/S 与 C/S 相结合的服务模式，通过 C/S 模式信息采集、架构、处理等复杂业务逻辑，同时提供 B/S 模式的信息检索、浏览、下载等服务。

2. 平台技术研制体系要求。平台的研制以 J2EE 和 Delphi 技术为基础，基于多层体系架构，通过 SOA 架构对外提供服务；数据存储方面，采用关系型数据库与文件系统相结合的数据存储模式。

三、预期科研成果形式

（一）绍兴市区涉民档案集成管理与服务平台

采用 MS SQL 或 ORACLE 等主流大型数据库和 J2EE、Delphi 开发技术，设计和开发绍兴市区涉民档案集成管理与服务平台，并在局域网范围内进行应用，主要支持政府部门、市民以人为线索的信息查询服务。

（二）课题研究报告和学术论文

撰写 1 份综合性的《区域涉民档案集成管理与服务平台建设研究报告》，以及《区域涉民档案集成管理与服务政策建议报告》《区域涉民档案数据集成技术标准研究报告》2 份子报告。同时，可根据上述报告整理出若干篇学术论文，在档案专业期刊上发表，与业界同行交流。

（三）典型应用案例

本项目成果将首先应用于绍兴市档案馆，实现绍兴市区涉民档案集成管理与服务。该成果可作为区域涉民档案管理与服务创新的典型模式，在具有一定的资源基础和信息化条件的地区推广。该成果对于档案部门如何创新档案管理与服务方式、参与社会管理具有启示意义。

四、学术价值

本项目成果的学术价值主要体现在以下方面：

(一) 档案管理与服务模式和方法的创新

2007年12月国家档案局印发《关于加强民生档案工作的意见》，要求各级档案部门建立覆盖人民群众的档案资源体系和服务人民群众的档案利用体系。2009年12月浙江省委办公厅、省政府办公厅印发《关于开展电子文件和数字档案登记备份工作的通知》，要求对本行政区域内形成的对国家和社会具有重要保存价值的电子文件和数字档案进行登记认证与数据备份。本项目是绍兴市档案局（馆）在民生档案工作、电子文件和数字档案登记备份工作推进到一定阶段、具有扎实基础之后，围绕参与社会管理、服务社会管理，创新、深化和拓展民生档案工作、电子文件和数字档案登记备份工作的一种有益尝试，是新形势下档案管理与服务模式的创新。

20世纪90年代，由于计算机技术的应用与电子档案的产生，档案学者提出了相对于"实体整理"（"实体控制"）而言的"虚拟整理"（"逻辑整理""智能控制"）概念。但是，至今档案界的"虚拟整理"，仍未摆脱传统的基于来源（全宗）和事由（主题或专题）进行档案整理的窠臼。而本项目则是以用户需求为导向，以人为中心进行跨全宗、跨专题和跨系统的异构档案数据整合，是档案虚拟整理的具体应用，是新技术条件下档案整理和利用方法的创新。

(二) 信息资源集成技术的应用与创新

数据整合技术、信息资源集成技术在商业数据库、数字图书馆已经被广泛应用，但是在数字档案馆领域，由于诸多原因仍未推广，且应用效果不突出。本项目将数据整合技术、信息资源集成技术具体应用于涉民档案管理与服务平台建设，提出了以个人身份证号码为识别、档号为指引的数据整合、信息资源集成新方法。尤其是通过个人身份识别和匹配，制定不同格式下的数据抽取和数据转换方法，建立起跨全宗、跨专题、跨系统的异构档案数据关联和集成，构建相应的数据集成元数据体系和目录体系，具有一定的技术应用突破。

（三）多源异构涉民档案数据多维展示方法创新

传统档案数据通常以二维数据表作为展现方式，难以充分体现以人为主体，以人际关系网络为纽带，以多源异构档案为属性的数据构建模式。基于此，本项目提出了建立多角度、多层次的异构涉民档案多维展示方法，构建以人际关系网络图为中心，跨全宗、跨专题、跨系统的多源异构档案数据为内容的展示技术与体系，更好地为档案利用与决策支持服务，具有一定的技术方法创新。

五、经济价值

本项目成果的经济价值主要体现在：

（一）提升服务社会管理的水平

本项目成果有助于档案部门探索出一条深化档案服务、参与社会管理的新路径，全面提升档案部门服务领导决策、服务社会管理、服务市民、服务民生的整体水平，实现数字档案馆建设项目的效益最大化。

（二）提高档案信息检索的效率

原有的绍兴市数字档案馆利用服务主要是分库式简单检索。对于某一个人的全部信息查询，需要从多类涉及个人、关系民生的档案数据库逐一检索，且不支持人名和身份证号码的检索途径，检索效率低下，服务成本较高。而本项目成果将实现人名、身份证号码的跨库综合性检索，大大提高档案信息检索效率，为利用者和档案工作人员节约大量宝贵的时间。

（三）节约档案系统建设的成本

本平台在绍兴市档案馆馆藏资源基础上进行档案虚拟整理，将传统的全宗式、专题式、分库式的档案管理转变为以人为中心、人与证、房、业相关联的多维数字档案虚拟管理。本平台的建设将大幅减少档案专题数据库的建设成本。

（四）提高基础设施的利用效益

现有大多数档案信息化建设项目实现软件与硬件配套服务，但是硬件利用水平较低，存在一定的资源浪费现象，本平台充分利用现有的硬软件和存储资源，实现现有基础设施的效益最大化。

以数字档案馆（室）为中心的可信
电子档案体系建设研究

可信的电子档案是数字档案馆建设的基础。随着各类电子政务应用系统的发展，不少机关单位已逐步建立起各自的可信电子文件系统。这些系统所形成的可信电子文件按法定要求都将归档到各自的数字档案室并最终移交到数字档案馆进行长期保管和利用。为了保证电子档案的可信，必须建立一个以数字档案馆（室）为中心的可信电子档案体系。

这个体系建设包含两个方面内容：

① 制度体系建设：为保证电子档案的可信，必须对电子文件归档、移交、保管和利用等管理制定一整套的业务规则体系。

② 技术体系建设：为保证业务规则操作的可行性，必须建立一个开放、可靠的技术保障体系，包括必要的设施技术标准和技术体系保障。

研究电子档案的可信体系建设，首先应判明传统的档案管理与网络环境下电子档案管理的区别。无论何种管理环境、何种管理模式下的档案价值均表现在对其使用的依赖性上，即档案凭证价值作用。传统档案的依赖性取决于档案管理的组织机构及其机构的职能，通过组织机构的管理体制和制度，保障档案的凭证价值。网络环境下的依赖性取决于电子档案的可信性以及形成可信电子档案的可信的体系模型。

本课题从技术角度研究网络环境下电子档案的可信体系建设，明确电子档案的可信性应具备的属性和特征，研究满足其属性和特征的管理体制和管理模式，分别从以下两个方面展开。

① 研究以数字档案馆（室）为中心，如何进行可信电子档案的移交和接收，并为公众提供可信、可控的电子档案查询和利用服务；

② 研究在网络环境下，如何围绕数字档案馆（室）收、存、管、用业务，建立一套完整的可信电子档案管理模式以及支撑该模式的技术方案。

十二五时期档案优秀科技成果汇编

一、课题主要内容

（一）数字签名技术研究

可信电子档案是指可信电子文件按法定程序在可信环境下归档移交到数字档案馆（室）的电子文件，电子档案的可信可以通过权威 CA 中心签署的数字证书来证明。

课题组根据 GB/T 17902 系列标准《信息技术 安全技术 带附录的数字签名》、GB/T 25061—2010《信息安全技术 公钥基础设施 XML 数字签名语法与处理规范》等相关标准，采用经过经典 RSA 算法改良后的 SHARSA 数字签名算法。

数字签名方案：由五元组组成，即 {P, S, K, Sig, Ver}，P：明文空间，S：签名空间，K：密钥空间，Sig：签名算法，Ver：验证算法。（算法略）

（二）数字档案 CA 中心建设

考虑到自主可控、安全管理、自行维护等要求，课题提出应由档案部门自建数字档案 CA 中心。基于国际标准，参照国际领先的 CA 中心的设计思想，中心采用模块化结构设计，由最终用户、RA 管理员、CA 管理员、注册中心（RA）、认证中心（CA）等构成，其中注册中心（RA）和认证中心（CA）又包含相应的模块，系统架构如下页图所示。

数字档案 CA 中心架构包括 PKI 结构、高强度抗攻击的公开加解密算法、数字签名技术、身份认证技术、运行安全管理技术、可靠的信任责任体系等等。从业务流程涉及的角色看，包括认证机构、数字证书库和黑名单库、密钥托管处理系统、证书目录服务、证书审批和作废处理系统。

利用数字证书、PKI、对称加密算法、数字签名、数字信封等加密技术，建立起安全程度极高的加解密和身份认证系统，确保信息安全有效，从而使信息除发送方和接收方外，不被其他方知悉（保密性）；保证传输过程中不被篡改（完整性和一致性）；发送方确信接收方不是假冒的（身份的真实性和不可伪装性）；发送方不能否认自己的发送行为（不可抵赖性）。

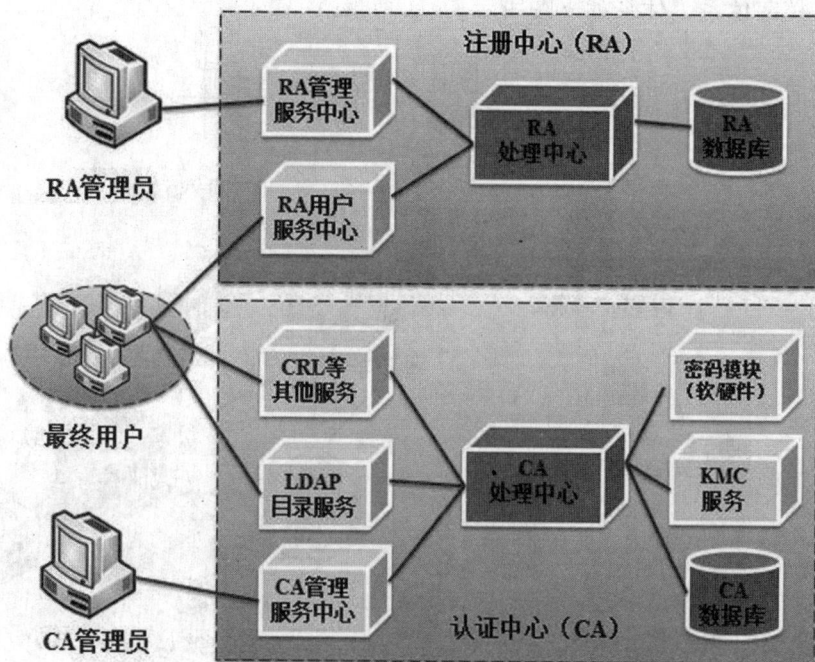

（三）可信电子档案格式

电子文件的长期保存格式一直是数字档案馆在进行数字资源保存和利用时需要面对的极其重要的问题。PDF/A 格式是中国国家和 ISO 国际电子文件长期保存的格式标准，满足在档案馆中进行信息发布、分发共享和长期存储的可信格式要求。OFD 是版式文档国家标准，具有国家自主产权，而且也在逐步完善中。

（四）以数字档案馆（室）为中心的可信电子档案体系建设

数字档案馆是运用现代信息技术对电子档案信息进行采集、加工、存储、管理，并通过各种网络平台提供公共档案信息服务和共享利用的档案信息集成管理系统，它既是实体概念，也是系统概念。随着国家电子文件管理体系的不断完善以及各层级档案馆际之间数据交互和资源共享的日益频繁，为了保证电子档案的可信，课题组研究建立一个以数字档案馆（室）为中心的可信档案体系，体系如下图所示。

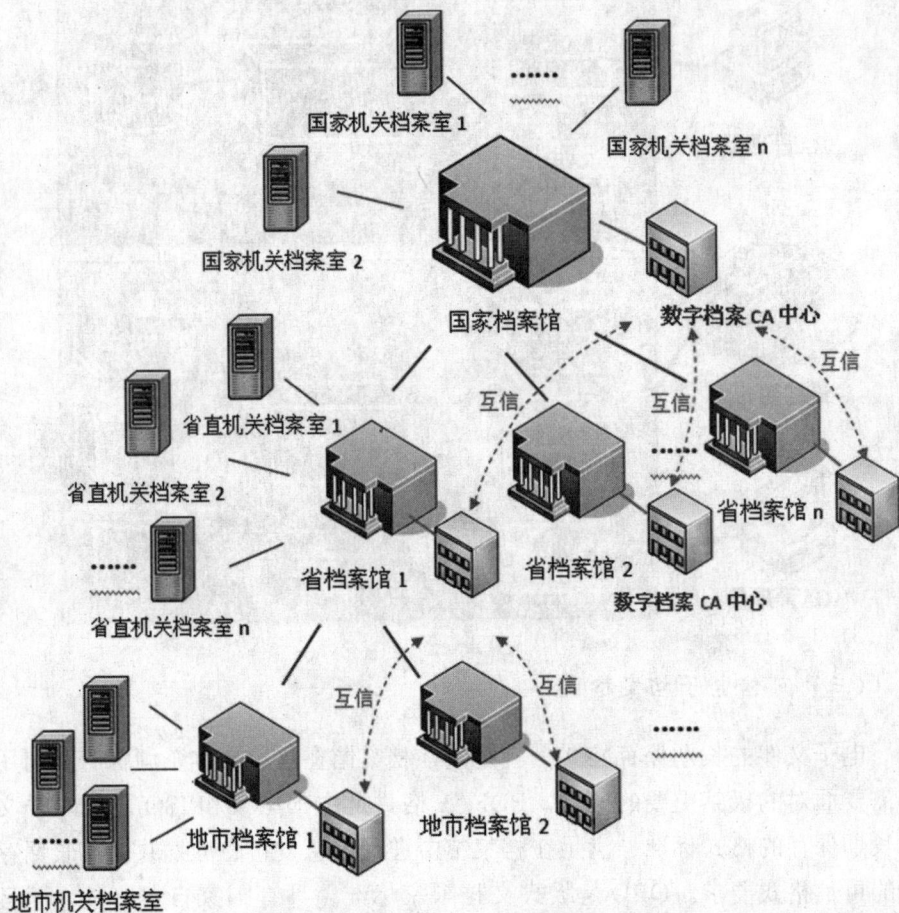

档案系统按照行政隶属关系和业务指导关系，由中央到省到地方都有非常完备的组织体系；从技术架构来说，各档案馆有各自的数字档案 CA 中心，各认证中心形成一互信认证体系。

依托政府基础信息网络，将各层级档案馆、各立档单位档案室有机结合起来，以国家标准来规范数据库、软硬件平台、安全控制等标准，建立大规模、集中式、虚拟的档案馆（室）集群。

这样，档案室与档案馆之间、档案馆与档案馆之间就可以形成一个立体的、网状的互信体系。为国家档案局提出的以数字资源为基础、安全管理为保障、远程利用为目标的数字档案馆（室）体系的发展目标打下良好的基础。数字档案馆（室）是现代化的、升级版的档案馆（室），建设可信的数字档案馆（室）体系，是电子档案在各个环节的可信性保证。

按照 OAIS 的功能模型建立的数字档案馆，其流程包括接收、存储、数据管理、行政管理、保存规划、访问利用六个环节和三类信息包 SIP、AIP、DIP。

对照 OAIS 功能模型，采用数字签名与数据封装技术，确保电子档案在各环节的可信性。主要用于电子档案归档、交换传输和迁移等过程中的真实性和不可抵赖性，以及电子档案长期保存过程和利用环节的真实性保证。

电子档案收集：

可信电子文件按法定程序在可信环境下归档移交到数字档案馆（室）形成可信电子档案，因此，可信的电子文件是基础。为确保电子档案形成之初的可信，在业务系统形成可信电子文件后必须将电子文件转换为标准化的、符合长期保存要求的可信格式 PDF/A，同时加入数字签名。具有可信格式的电子档案在可信环境中移交到机关单位数字档案室，实现可信链的第一步"可信根"。机关单位数字档案室向同级档案馆移交可信电子档案及加有数字签名的元数据时，首先要使用档案馆签发的 U-key 进行身份验证、CA 验证。采用数字证书登录方式后，对于合法用户的身份认证依靠基于"PKI 公钥密码体制"的数字证书认证机制的保证。档案馆对用户的数字证书进行检验，全部通过以后，才对此用户的身份予以承认。用户的唯一身份标识采用数字档案 CA 中心所颁发的数字证书，用户的具体信息都记录在证书中，确保身份认证的安全可靠。

电子档案交换传输、保存：

在电子档案的迁移过程中，需要重点解决的问题就是数据的封装问题，即 SIP、AIP、DIP 数据包各自的封装。参照国家档案局《基于 XML 的电子文件封装规范 DA/T 48—2009》中电子文件封装的要求，采用"兼容并蓄"的设计思想，基于 XML 封装技术，采用 EEP 封装技术对电子档案数据进行封装设计各类、各种电子档案的封装信息包。数字签名应用于系统之间及系统内部的电子档案和信息包的传输过程，以保证电子档案和信息包在传输过程中的真实性；应用于电子档案存储管理过程，解决电子档案信息包在长期保存期间的真实性保障问题。

电子档案利用：

为了保证信息的安全和版权保护的需要，利用平台的数据信息和数字档案馆基础数据库的数据在物理上是分开存放的。在利用平台发布档案数据，将需要发布的信息处理后，形成发布包 DIP，解析文件 DIP 包，获得元数据和可发布的 PDF/A 文件，解析文件元数据，将元数据和索引项存储到结构化数据以供索引，将 PDF/A 存储到相应位置，以供在线查看。系统对发布包进行解析后，设定权限、完成发布，用户可以非常方便地在电脑和移动设备上，在局域网内、在互联网上对加入数字签名的 PDF/A 可信电子档案进行查阅，由数字档案 CA 中心及可信体系结构支撑，且签名值能被任意一个遵循 PDF 标准的阅读器打开验证。

二、江苏省电子档案中心可信体系建设实践

江苏省电子档案中心是建立在现代化信息技术普遍应用的基础上，利用数字化手段，对电子档案信息资源进行收集、管理，通过高速宽带通信网络设施相连接和提供利用，实现资源共享的超大规模、分布式数字信息系统，是电子政务系统不可或缺的重要组成部分，属于数字信息基础工程。

江苏省全省的电子政务网络建设已经基本成型，省级电子政务网实现了各省直机关单位的网络连接，地市级和区县级电子政务网也同样实现了各自所属单位的横向网络连接。省级电子政务网和地市级电子政务网实现了单点连接。

另外，省档案馆自 2003 年起尝试通过 VPN 技术与 13 个省辖市档案馆建立虚拟专网，已实现全省馆际互联、纵向信息共享。在电子档案中心项目建设过程中进一步向全省范围进行拓展辐射，使用 VPN 网络连接各区县档案馆，最终形成全省三级档案部门联网。

江苏省电子档案中心分别在政务网、互联网、馆内局域网三个网络安装和部署 CA 服务器。

江苏省电子档案中心实现了电子档案的"收、管、存、用"，建设内容主要包括"一库三平台四中心"，是依据 OAIS 模型，开发的新一代电子档案中心应用系统。通过在江苏省质监局、江苏省工商局等几个试点单位利用

政务网对可信电子档案实现在线移交，对这些单位在电子政务系统中所进行的移交活动进行身份认证、CA 认证；对需要移交的电子档案数据包进行格式审核，双重认证，数字签名；对档案馆的可信电子档案随着数据包的迁移而可信格式变化，对其进行全程管理。通过这些实践对课题的理论研究成果进行验证。

在系统建设过程中围绕档案馆的功能，数字档案馆 CA 认证及其数字签名技术应用在各个环节，使整个电子档案体系建设比较完善并且确保电子档案的可信。

江苏省档案信息化系列地方标准研制及实施

背景

2011 年国家档案局《数字档案馆建设指南》下发，在国家指南的框架下，结合江苏实际，按照"客观科学、总体把握、便于操作"的原则，对什么是数字档案馆、怎样建设数字档案馆、如何评估数字档案馆作出详细规定，并且通过结构图、表格等形式，对数字档案馆总体架构、网络架构、硬件基础设施模型、软件功能模型等建设中必然遇到的技术问题，作出了切实可行的规定，便于档案馆、档案室和其他社会组织机构在建设数字档案馆和数字档案室时遵照执行。资源建设是数字档案馆建设的重要内容。一方面，我省各级各类档案馆都在进行着原始档案数字化转换的工作，但在数字化转换中各项技术参数、存储格式等没有统一、规范，使转换的档案数据信息在交换、共享、利用等方面存在很多问题。为满足数字档案馆建设和档案数字信息的管理、利用等要求，有必要制定档案数字化转换操作标准，以规范各类档案数据转换（包括纸质、照片底片、录音录像、缩微胶片和实物档案等），使得档案数字化信息在数字化档案馆建设及信息利用中发挥更大的作用。另一方面，数字档案馆基础数据库建设过程中发现有大量异构数据，不利于数据移交、利用，因此需逐个联合有关主管部门共同制定针对电子档案数据实际的数据结构与组成，对基础元数据、数据库结构和交换格式进行标准化，便于所有向档案馆移交电子档案数据的单位在档案馆提供的统一接收平台上成功进行数据交换以及有效管理和整合。因此这 3 项地方标准是江苏推动"十二五"时期全省档案信息化建设，贯彻国家档案局《数字档案馆建设指南》等标准规范而采取的重要举措，十分重要，在全国也将具有领先意义。

主要内容

为适应信息社会各级党委政府、社会团体及人民群众对档案信息资源的管理、获取、利用提出的更高要求，促进档案馆公共服务能力的拓展、工作效率的提升和档案信息资源的共建共享，确保电子档案的永久存储与安全保管，满足数字档案馆（室）建设需求，江苏省档案局在国家发布的一系列标准规范框架内，积极组织开展档案信息化建设地方标准研制，2011 年 11 月，由江苏省质量技术监督局发布《数字档案馆建设规程》《电子档案基础元数据数据结构和封闭格式》和《档案数字化操作规程》等系列地方标准，其中《数字档案馆建设规程》为全国首创，系列标准独具特色，为提升江苏档案信息化和现代化建设水平和保持工作领先打下坚实的基础。

一、《数字档案馆建设规程》结合江苏实际，引进国际先进经验，规范了数字档案馆建设中软硬件平台的技术方法和标准，创造性地建立了较为完整的数字档案馆和数字档案室评估体系，是贯彻国家档案局《数字档案馆建设指南》的具体措施，成为推动江苏省数字档案馆室建设规范和标准以及开展数字档案馆、室等级评估依据。

二、《电子档案基础元数据数据结构和封闭格式》是在国家相关行业标准基础上，细化了电子档案元数据与封装模型，规定了房产、公证等 30 个实用型电子档案目录数据结构，为规范电子档案的采集、管理、保存和利用，维护电子档案信息资源的完整和安全提供了可操作、实用的标准和规范，促进馆藏信息实现共建共享。

三、《档案数字化操作规程》是在国家相关行业标准基础上，细化了纸质、照片底片、录音录像、缩微胶片和实物档案等多载体档案数字化标准，为规范各类档案数字化，保证档案数字化的安全提供了可操作、实用的标准和规范。

三个标准形成系列，涵盖了档案信息化建设的主要方面，结合相关的国家标准与规范，对指导和推进全省档案信息化工作，电子文件管理系统、数字档案馆、室系统、电子文件（档案）长期保存系统等的研发与应用，档案数字化工作等提供了强力技术支撑。《数字档案馆建设规程》由十四章、两个资料性附录和四个规范性附录构成，为了便于数字档案馆（室）的验收和评估，制定了详细的评估细则及评分标准。主要内容包括第三章：术语和定义；第四章：建设原则和总体要求；第五章：建设目标；第六章：建设内容；第七章：建设步骤；第八章：数字档案馆系统架构；第九章：数字档案管理系统功能要求；第十章：数字档案服务平台建设要求；第十一章：软硬件配置要求；第十二章：数字档案资源建设要求；第十三章：安全管理与制度建设；第十四章：验收与绩效评估。《档案数字化转换操作规程》由十个章节，两个附录组成，主要包括第 3 章：术语与定义；第 4 章：总则；第 5 章：操作规程；第 6 章：数字化文件存储；第 7 章：数据验收；第 8 章：数据备份；第 9 章：数字化成果管理；第 10 章：安全保密要求；附录 A：规范性附录 档案数字化转换流程图（5 个流程图）；附录 B：资料性附录 档案数字转换操作用表（11 个相关表格）。《电子档案基础元数据库结构和封装格式》由六章和一个资料性附录构成，为便于执行和在办公自动化等相关系统中应用，关于电子档案的元数据具体描述均提供了技术模型。主要内容包括第三章：术语和定义；第四章：元数据的表示方法；第五章：基础结构元数据、基础结构元数据摘要表示、基础结构元数据的字典表示；第六章：电子档案封装格式、电子档案封装结构模型、封装新增的元数据、封装元数据元素的描述、电子文件的封装；资料性附录：江苏省基础电子档案专题数据库结构表（包含 30 个专题数据库结构）。

创新点

一、档案信息化建设新思路、新方法，系列标准为数字档案馆（室）建设提供目标参照和建设依据，档案馆（室）评估细则全国首次纳入标准。《数字档案馆建设规程》规范和指导全省数字档案馆室建设，是贯彻国家档案局《数字档案馆建设指南》的具体措施，按照馆室一体化原则细化了数字档案馆室软硬件技术指标和评估细则，对推动我省数字档案馆室建设和开展数字档案馆、室等级评估确立了统一的规范和标准。

二、以标准规范数据，首创在标准中规范 30 个实用型电子档案目录数据结构，维护电子档案信息资源的规范完整。《电子档案基础元数据数据结构和封装格式》是在国家相关行业标准基础上，细化了电子档案元数据与封装模型和房产、公证等 30 个实用型电子档案目录数据结构，为规范电子档案的采集、管理、保存和利用，维护电子档案信息资源的完整和安全提供了可操作、实用的标准和规范。

三、首次规范照片底片、录音录像、缩微胶片和实物档案的数字化管理及技术要求。《档案数字化操作规程》是在国家相关行业标准基础上，细化了纸质、照片底片、录音录像、缩微胶片和实物档案等多载体档案数字化标准，为规范各类档案数字化，保证档案数字化的安全提供了可操作、实用的标准和规范。

成果应用情况

三个标准的研制与发布实施，对全省社会信息化和档案信息化工作产生极大的推动作用。通过全面综合应用国家和地方系列标准，各级党政机关、企事业单位办公自动化系统和相关业务系统中电子档案元数据，各级各类档案馆的电子档案接收与管理系统等将得到有效规范，保证电子档案信息的统一、规范，更加便于交换、传输、管理和存储，较好地完成电子文件归档和电子档案向档案馆的移交工作，并已作为全省各级各类档案馆（室）进行档案数字化转换、数字档案馆和数字档案室等级评估、电子文件（档案）管理系统研发应用必须参考的基本要求和技术标准依据。截至 2013 年底全省依据《数字档案馆建设规程》中数字档案馆（室）评估办法的要求，已评定出 5A 级数字档案馆 9 个，5A 级数字档案室 15 个，4A 级数字档案馆 8 个，4A 级数字档案室 67 个，3A 级数字档案馆 1 个，3A 级数字档案室 28 个。2009 年，江苏省档案局承担建设省政府确定的"十一五"时期全省信息化基础性、公益性、标志性工程——"江苏省电子档案中心"项目。在项目的建设过程中，"电子档案基础元数据数据库结构和封装格式"得到了全面的应用，特别在"全省档案综合基础数据库"建设中根据规范，建成包括 500 多万条馆藏档案目录数据，和 10 万张照片、7000 多件革命历史资料、34000 多件革命历史档案、1 万多件革命历史报纸、1300 多段电影资料和 5 个全宗 36.7 万余件档案文件的基于统一内容管理平台的数字档案资源库；在"省级电子档案数据采集交换平台"建设中按照规范，实现电子档案数据包的采集封装和移交。该项目已于 2012 年 4 月顺利通过验收，并在江苏省信息化领导小组办公室公布的 2013 年度江苏省重大信息化示范试点工程名单中，"省电子档案中心"项目，被评定为 2013 年度全省 10 个重大信息化试点示范工程之一。在《档案数字化转换操作规程》发布后，全省各级各类档案馆积极参照该标准技术要求，着力开展档案数字化，特别是纸质档案数字化工作。根据标准的技术要求和各地实际，分别制修订相应的数字化技术规范，为今后全省档案数字化成果共享奠定了坚实的基础。截至 2014 年 6 月，全省各级国家综合档案馆已累计完成纸质档案数字化 3.3 亿页，约占全部馆藏 26%。

无线智能节能库房综合管理系统

本项目基于提高档案库房管理水平，更好地保护档案资源的目的，运用现代化科学技术手段，将传感技术、自动化技术、节能技术和信息化技术结合，研究开发和设计基于无线智能节能库房综合管理系统。

项目依据国家出台的相关规定，详见如下：国家《档案法》、《档案馆建筑设计规范》(JGJ25—2010)、《档案馆建设标准》(建标 103—2008)、《档案安全保护技术管理暂行规定》及国家建筑设计施工规范等相关技术规范设计要求。

《无线智能节能库房综合管理系统》项目采用 C/S 技术，实现远程库房综合管理功能。在已建或拟建的库房中，通过安装相关专业的无线智能监控系统，无需建设隐蔽工程和管线预埋，就可实现库房建设的网络施工，满足档案馆对档案库房内温湿度、档案密集架、库房有害气体以及空调系统节能优化控制等集中监控管理，不仅为档案的存储提供良好的安全保管环境，同时通过系统免布线安装减少工程实施费用，通过对空调末端精细化管理实现库房的节能降耗需要。

《无线智能节能库房综合管理系统》项目研发的主要内容有：

1. 控制器具有微电脑处理器，可独立实现库房温湿度自动化控制、监测，无需设立专用控制微机。

2. 温湿度控制器实时 LED 显示库房编号、温湿度数值及外围设备工作状态。

3. 温湿度控制器具有微型存储器、可以连续存储一年温湿度数据。

4. 温湿度控制器通过专用控制模块连接空调、除湿机、加湿机等设备，实现对库房温湿度自动调控。

5. 通过管理软件实现温湿度数据表格电脑存储、统计、分析、打印等功能，如日报表、月报表、日曲线、月曲线。

6. 通过气体采集器监测库房内二氧化碳及其他有害气体的浓度数据，

实时调整控制风机进气和排气。

7. 通过与中央空调系统完美对接，对整个中央空调系统实现集中监管和节能优化控制。

8. 通过远程监控管理软件，实现空调系统的集中监管和对恒温恒湿空调各设备的远程实时监测及控制。

9. 通过有能耗、能效统计分析软件，实现能效在线监测与统计分析。

10. 通过末端精细化管理控制系统，对各个末端风柜加装变频器以及风柜变频控制柜，实现末端空调设备的精细化管理，既减少末端风机能源消耗，同时避免冷热量抵消现象的产生达到节约电能。

项目成果是研制开发了"无线智能节能库房综合管理系统"，实现对库房温湿度监控、空气净化、密集架管理等功能的集成管理，提高了档案库房的科学化、规范化管理水平。

档案 附录

优秀科技成果

2011 年至 2015 年国家档案局优秀科技成果获奖项目目录

序号	项目编号	项目名称	获奖单位
1	2011-特-01	国家重点档案抢救修复科学化管理策略研究	国家档案局技术部、四川省档案局、中国人民大学信息资源管理学院
2	2011-1-01	"城市记忆"档案文献资源整合研究	上海市档案局
3	2011-1-02	产权制度改革大背景下改制企业档案资源整合与共享模式研究	江苏省苏州市档案局
4	2011-1-03	北川档案抢救科学化管理研究	四川省档案局、四川省北川县档案局
5	2011-1-04	国家重点档案抢救修复科学化管理策略研究（实际操作部分）	中国人民大学信息资源管理学院
6	2011-1-05	纸质档案抢救修复操作规程及管理系统研究	辽宁省档案局(馆)
7	2011-1-06	存储电子档案的最佳磁、光载体研究	国家档案局档案科学技术研究所、中央档案馆信息管理中心、清华大学光盘国家工程研究中心
8	2011-2-01	档案信息安全保障体系相关问题的研究	辽宁省档案局(馆)
9	2011-2-02	非物质文化遗产档案管理理论与实践	武汉大学、湖北省档案局
10	2011-2-03	公共档案信息共享平台的开发研究	福建省档案局
11	2011-2-04	电子档案接收管理系统研究	江西省档案局(馆)、紫光软件系统有限公司

十二五时期档案优秀科技成果汇编

序号	项目编号	项目名称	获奖单位
12	2011-2-05	军队电子文件管理战略研究	中国人民解放军南京政治学院上海分院
13	2011-2-06	数字档案查询扩展方式研究	广西壮族自治区档案局
14	2011-2-07	"五全"智慧档案管理系统(FiRSt-AMS)研究与实践	中国移动通信集团广东有限公司
15	2011-2-08	山东联通档案管理系统信息安全研究	中国联通山东省分公司
16	2011-2-09	数码照片档案管理模式、方法及规范研究	湖北省档案局(馆)、湖北大学、国家档案局科研所
17	2011-2-10	档案馆智能馆库系统研究	珠海泰坦软件系统有限公司、珠海市档案局、广东省档案局
18	2011-2-11	中央档案馆档案库房空气调节系统改造研究	国家档案局技术部
19	2011-2-12	档案文献遗产保护理论与实践	武汉大学
20	2011-3-02	国家档案信息内容产业发展战略研究	福建省档案局
21	2011-3-03	档案数据安全存储方案研究	南京市档案局
22	2011-3-04	电子档案长期保存功能需求及实现方式研究	辽宁省档案局(馆)
23	2011-3-05	档案馆电子文件管理模式——理论框架与上海地区实证研究	上海大学档案事业发展研究中心
24	2011-3-06	北京市档案工作者教育培训网建设与实施研究	北京市档案局、清华大学档案馆、北京市海淀区档案局、北京市石景山区档案局
25	2011-3-07	电力建设项目竣工文件的全程管理模式和同步数字化应用研究	浙江浙能乐清发电有限责任公司

序号	项目编号	项目名称	获奖单位
26	2011-3-08	中外档案网站建设比较研究	中国人民解放军南京政治学院上海分院
27	2011-3-09	电子政务档案信息流转与组织模型建构研究	湖北省档案局、湖北大学
28	2011-3-10	DRM 版权认证技术在数字档案查询服务中的应用研究	湖北省档案局、武汉大学、武汉纺织大学
29	2011-3-11	数字档案管理模式及其与企业管理战略的耦合关系	中国移动通信集团内蒙古自治区有限公司、北京量子伟业时代信息技术有限公司
30	2011-3-12	区域民生档案远程利用服务研究	上海市徐汇区档案局
31	2011-3-01	档案馆(室)库房现代技术综合管理系统研究	重庆市档案局、重庆鸿安科技发展有限公司、重庆大学
32	2011-3-13	基于 ISO15489 的文件档案管理核心标准及相关规范	中国人民大学、清华大学、北京市档案局、中国科学技术信息研究所
33	2011-3-14	《基于 OAIS 电子文件管理系统体系研究》	郑州航空工业管理学院
34	2012-1-01	蚕丝网及丝网加固保护技术设备研制	江苏省档案馆、江苏省数字档案中心、江苏立鼎数码科技有限公司、南京激扬信息技术有限责任公司
35	2012-1-02	档案与电子文件登记备份研究	浙江省档案局
36	2012-2-01	基于电子政务内网的档案管理系统关键技术研发与应用	广东省委办公厅、中山大学
37	2012-2-02	档案数字化成果质检体系及系统研究	浙江省档案局、北京汉龙思琪数码科技有限公司

十二五时期档案优秀科技成果汇编

序号	项目编号	项目名称	获奖单位
38	2012-2-03	大型集团化企业集中管控模式下的档案管理系统的探索与研究	中国石油化工集团公司办公厅
39	2012-2-04	档案安全保障体系中数字档案信息异质备份策略与技术应用研究	国家档案局科研所
40	2012-2-05	档案异地安全备份系统的研制	天津市档案局、北京八九数码科技有限公司
41	2012-2-06	数字档案信息安全管理策略研究	中国移动通信集团湖北有限公司、湖北省档案局
42	2012-2-07	电子档案异质异地备份模式研究	辽宁省档案局(馆)
43	2012-2-08	上海合作组织成员国联合反恐军事演习档案资料数据库研究与实践	解放军某部档案馆
44	2012-2-09	建设工程项目数字档案管理功能需求与实现方式研究	武汉中央商务区投资控股集团有限公司、湖北省武汉市档案局
45	2012-2-10	集成式机关数字档案室建设的策略研究	上海市档案局、上海市金山区档案局、上海中信信息发展股份有限公司
46	2012-2-11	数字化档案馆建设及面临的主要问题——以甘肃移动为例	中国移动通信集团甘肃有限公司、甘肃省档案局科教处
47	2012-2-12	北川地震受损档案抢救关键技术研究	四川省档案局、四川省档案局科学技术研究所
48	2012-2-13	档案级光盘选用与存储规范研究	辽宁省档案局(馆)
49	2012-2-14	档案馆安全风险评估办法的研究与应用	山东省青岛市档案局

序号	项目编号	项目名称	获奖单位
50	2012-3-01	流失海外重要档案文献的追索研究	上海大学图书情报档案系
51	2012-3-02	军队档案人员职业资格制度研究	解放军南京政治学院上海分院
52	2012-3-03	档案服务民生联动机制建设研究	上海市杨浦区档案局
53	2012-3-04	集约型数字档案信息管理研究	贵州电网公司
54	2012-3-05	基于无线射频的档案实时安全管理体系适用性研究	江苏省太仓市档案局
55	2012-3-06	电子文件异质异地备份策略研究	湖北省武汉市城市建设档案馆、武汉大学信息管理学院
56	2012-3-07	智能化档案馆信息安全保障策略与应用研究	苏州工业园区档案管理中心
57	2012-3-08	档案馆数字档案信息安全管理策略研究	浙江省档案局、杭州市档案局、舟山市档案局
58	2012-3-09	电子档案信息安全管理策略研究	辽宁省档案局(馆)
59	2012-3-10	军队电子文件信息安全管理研究	解放军南京政治学院上海分院
60	2012-3-11	国土资源与规划数字档案信息安全管理策略研究	湖北省武汉市国土资源和规划信息中心、湖北省武汉市国土资源和规划局、湖北省武汉市档案局
61	2012-3-12	档案信息资源安全备份策略研究	上海市浦东新区档案局
62	2012-3-13	专业档案全程管理与服务共享平台的研究	国家档案局科研所、华东师范大学档案学理论与实践研究中心、上海升加企业管理咨询有限公司
63	2012-3-14	电子文件接收和电子文件中心建设需求研究	天津市档案局、上海中信信息发展股份有限公司

341

十二五时期档案优秀科技成果汇编

序号	项目编号	项目名称	获奖单位
64	2012-3-15	基于知识管理的数字档案馆建设研究	天津工业大学
65	2012-3-16	基于 ECM 模型的企业数字档案馆建设研究	上海市电力公司
66	2012-3-17	自动识别与信息采集技术在数字档案馆中的应用研究	河南省郑州市档案局
67	2012-3-18	黑板粉笔字迹档案保护研究	陕西省档案保护科学研究所、国家档案局科研所
68	2012-3-19	军队档案保护的规范体系建设研究	解放军南京政治学院上海分院
69	2012-3-20	《档案科研工作概论》	河南省档案局
70	2013-1-01	国家电子文件支撑平台系统建设	国家档案局档案科学技术研究所、国家档案局技术部、国家档案局馆室司、国家档案局信息中心、东软集团股份有限公司
71	2013-1-02	国家电网公司档案馆数据挖掘智能化管理平台的研究与应用	国家电网公司档案馆、国网中兴有限公司
72	2013-1-03	纸质档案保护修复技术研究与专用设备研制	山东省档案馆
73	2013-1-04	电子文件管理国家战略	中国人民大学信息资源管理学院
74	2013-2-01	天然脱酸剂在档案文件脱酸中的应用	国家档案局档案科学技术研究所、广东省档案局、广东工业大学、广州市余平文史典籍保护实业有限公司
75	2013-2-02	纸浆修复档案操作规程研究	上海市档案馆
76	2013-2-03	档案仿真复制技术应用与工作指南研究	国家档案局档案科学技术研究所、湖南省档案局(馆)、江苏省档案局(馆)

序号	项目编号	项目名称	获奖单位
77	2013-2-04	智能低温冷冻库在档案杀虫中的应用研究	国家档案局档案科学技术研究所、四川省档案局档案科学技术研究所、福建省档案局
78	2013-2-05	原始地质资料管理技术研究及示范	全国地质资料馆
79	2013-2-06	企业档案信息化战略研究	广东省档案局、广东省韶关钢铁集团公司、中国南方电网广东电网公司、广东省高速公路有限公司
80	2013-2-07	各级国家综合档案馆电子文件接收流程设计及接收数据检验策略研究	福建省档案局
81	2013-2-08	纸质档案缩微数字一体化工作站研发	国家档案局档案科学技术研究所、湖南琴海数码有限公司
82	2013-2-09	纸质档案数字化验收标准体系研究	云南省档案局(馆)
83	2013-2-10	网络信息资源归档与利用平台建设的研究	辽宁省档案局(馆)
84	2013-2-11	基于公有云的新型档案信息化服务应用研究	中国移动通信集团广东有限公司
85	2013-2-12	民生档案信息资源馆际共享实现方式的研究	吉林省长春市档案馆、长春市平宇电子科技有限公司
86	2013-2-13	上海市民生档案远程服务机制的研究与应用	上海市档案馆
87	2013-2-14	档案信息综合业务管理平台的研究	青海省档案局
88	2013-2-15	国家电网公司电子文件管理系统	国家电网公司
89	2013-2-16	基于"云计算"的区域性数字档案馆建设研究	北京市档案局
90	2013-3-01	"老字号"企业档案资源分布、管理和开发利用研究	上海市静安区档案局、上海市档案局

十二五时期档案优秀科技成果汇编

序号	项目编号	项目名称	获奖单位
91	2013-3-02	实现企业文档一体化的理论与实践	开滦集团公司档案馆
92	2013-3-03	我国档案信息资源共享的政策法规保障机制研究	湖北省档案局、武汉大学信息管理学院
93	2013-3-04	档案安全保障体系的架构与评价指标研究	上海市档案局、解放军南京政治学院上海校区
94	2013-3-05	档案安全保障体系建设情况调查研究	河南省档案局
95	2013-3-06	区域档案与电子文件登记备份策略研究	浙江省丽水市档案局
96	2013-3-07	档案信息共享中的隐私保护策略及新技术研究	中国人民解放军南京政治学院上海校区
97	2013-3-08	基于内容的数字档案图像检索技术的应用研究	湖北省档案局、武汉纺织大学
98	2013-3-09	军队档案信息发布平台研究	中国人民解放军南京政治学院上海校区
99	2013-3-10	城市地理信息数字档案馆建设研究	湖北省武汉市测绘研究院、湖北省武汉市档案局
100	2013-3-11	企业数字档案馆建设研究	航空工业档案馆
101	2013-3-12	各级国家综合档案馆数字档案集中管理的安全策略与技术方法研究	福建省档案局
102	2013-3-13	面向用户的区域数字档案馆资源集成共享模式研究与平台设计	浙江省绍兴市档案局、华东师范大学档案学理论与实践研究中心、北京量子伟业时代信息技术有限公司
103	2013-3-14	钢丝录音档案抢救平台研究	国家档案局档案科学技术研究所
104	2013-3-15	民国档案损毁情况典型调查研究	重庆市档案馆

序号	项目编号	项目名称	获奖单位
105	2013-3-16	云南少数民族档案抢救与保护方法研究	云南省档案局(馆)
106	2013-3-17	档案真空充氮密封包装机研究	山东省档案局、山东齐元档案技术有限公司、山东德州学院
107	2014-1-01	档案与古文献修复过程中易损原貌防损预加固和染料字迹加固关键技术研究	陕西师范大学、陕西省档案保护科学研究所
108	2014-1-02	新档案保护技术实用手册	国家档案局档案科学技术研究所
109	2014-1-03	企业历史档案资源整合开发与文化产业有机结合模式研究	江苏省常州市档案局
110	2014-1-04	档案数字化外包加工中安全管理问题与解决方案研究	国家档案局技术部、山东省档案局
111	2014-2-01	中国联通数字档案馆建设研究	中国联合网络通信集团有限公司综合部
112	2014-2-02	数字档案馆业务流程分析与评价体系研究	天津市档案局
113	2014-2-03	电子公文归档应用技术与方法研究	天津市档案局、上海中信信息发展股份有限公司
114	2014-2-04	电子文件元数据自动采集与智能分析实证研究	北京市人民政府外事办公室信息中心、中国人民大学信息资源管理学院、中国兵器工业信息中心、北京市档案局
115	2014-2-05	921工程档案资料数据库(一期工程)建设	中国人民解放军总装备部档案馆、中国人民解放军总装备部载人航天工程办公室
116	2014-2-06	基于信息化平台的建设项目档案工作全程监管与有效服务研究	上海市浦东新区档案局

十二五时期档案优秀科技成果汇编

序号	项目编号	项目名称	获奖单位
117	2014-2-07	云计算技术与档案信息共享模式研究	天津市档案局
118	2014-2-08	基于 RFID 技术的法院智能化档案管理系统	北京市第一中级人民法院、北京市勤天美信科技有限公司
119	2014-2-09	中央企业重要档案异质异地备份研究	中国华能集团公司办公厅、国家档案局档案科学技术研究所、国务院国有资产监督管理委员会办公厅
120	2014-2-10	数字档案信息输出到缩微胶片上的技术方法研究	国家档案局档案科学技术研究所
121	2014-2-11	"铁盐墨水"字迹档案自毁成因和抢救修复保护研究	湖北省档案局、陕西省档案保护科学研究所
122	2014-3-01	电子文件管理安全保障体系研究	天津市档案局
123	2014-3-02	机关档案室制定和实施《文件材料归档范围和文书档案保管期限表》的问题与对策研究	北京市朝阳区档案局
124	2014-3-03	军队保密档案室理论与实践研究	中国人民解放军南京政治学院上海校区、中国人民解放军南京军区司令部办公室
125	2014-3-04	网络环境下文件与档案分类的理论基础和方法模型	中国人民大学信息资源管理学院
126	2014-3-05	基于网络英文信息资源调研下的国外档案学研究进展分析	国家档案局档案科学技术研究所
127	2014-3-06	档案现代教育信息化应用研究	广东省广州市档案局、广东省档案局
128	2014-3-07	基于县域的档案信息资源共享工程推进机制研究	浙江省档案局、浙江省海盐县档案局、浙江大学、上海中信信息发展股份有限公司

序号	项目编号	项目名称	获奖单位
129	2014-3-08	军事档案信息远程网络服务前端控制系统	中国人民解放军档案馆
130	2014-3-09	涉密测绘地理信息电子档案防扩散方法研究	武汉市测绘研究院、湖北省武汉市档案局
131	2014-3-10	国网福建省电力有限公司数字档案馆研究与实施项目	国网福建省电力有限公司、福建亿榕信息技术有限公司
132	2014-3-11	数字档案馆多平台档案数据同步管理研究	云南省档案局
133	2014-3-12	省级数字档案馆综合管理应用系统的建设与研究	宁夏回族自治区档案局
134	2014-3-13	各级国家综合档案馆档案信息安全保护模式的研究	福建省档案局、福州大学
135	2014-3-14	工程文件现场控制与档案同步管理研究——昆明新机场建设项目文控档案管理的理论与实践	云南省档案局、昆明新机场建设指挥部
136	2014-3-15	基于实现信息资源社会共享目标的数字档案优化管理组织策略及模式研究	福建省档案局
137	2014-3-16	基于ECM核电文档管理业务流程重组及一体化实现研究	江苏核电有限公司
138	2014-3-17	基于登记备份制度的档案数据安全监管平台的研究	浙江省档案局、浙江省湖州市档案局、浙江省德清县档案局、上海泰宇信息技术有限公司
139	2014-3-18	实体档案馆与数字档案馆档案安全立体防范一体化研究	太仓市档案局
140	2014-3-19	档案物联智能管理系统	贵州省档案局、贵州京安丹灵科技股份有限公司

十二五时期档案优秀科技成果汇编

序号	项目编号	项目名称	获奖单位
141	2014-3-20	非现行通用载体档案长久可用技术与方法研究	青岛市档案局
142	2014-3-21	离线档案脱机载体应用规则研究	云南省档案局
143	2014-3-22	档案安全封存技术及其组织策略研究	上海市档案局、上海市嘉定区档案局、中国人民解放军南京政治学院上海校区
144	2014-3-23	丝绸样本档案纳米技术保护研究及应用	苏州市工商档案管理中心、苏州大学、江苏中景信息技术有限公司
145	2015-1-01	海量数据离线存储系统研究	国家档案局档案科学技术研究所、浙江省档案局馆、北京汉龙思琪数码科技有限公司
146	2015-1-02	智慧档案馆建设关键技术研究与应用	青岛市档案局
147	2015-1-03	火电 EPC 项目文档控制关键技术研究	山东电力工程院咨询有限公司
148	2015-2-01	基于云计算模式的区域数字档案馆群建设策略研究	上海市档案局
149	2015-2-02	二维码在档案机读目录信息异质备份中的应用研究	国家档案局档案科学技术研究所、深圳市档案局、深圳市腾达汉龙信息技术有限公司
150	2015-2-03	国家档案信息系统等级保护自测评系统建设	国家档案局档案科学技术研究所、国家档案局技术部
151	2015-2-04	数字档案馆数据质量控制方法研究	青岛市档案局
152	2015-2-05	"大数据时代"环境下数字档案信息挖掘与传播实践	辽宁省档案局
153	2015-2-06	国网江苏省电力公司电网建设项目档案大数据深化应用	国网江苏省电力公司

序号	项目编号	项目名称	获奖单位
154	2015-2-07	面向公众服务的档案信息资源利用平台的建设与应用	广西壮族自治区档案局、上海中信信息发展股份有限公司
155	2015-2-08	档案系统政务网站绩效评估指标体系研究	国家档案局档案科学技术研究所
156	2015-2-09	基于"五位一体"协同管理/集成信息体系结构平台的工程档案标准化管理研究	国网天津市电力公司
157	2015-2-10	区域涉民档案集成管理与服务平台研究	浙江省绍兴市档案局、中国人民大学信息资源管理学院、北京量子伟业信息技术股份有限公司
158	2015-2-11	电子文件全程监管模式的探索与实践	国务院侨务办公室、暨南大学
159	2015-2-12	以数字档案馆(室)为中心的可信电子档案体系建设研究	江苏省档案局
160	2015-2-13	江苏省档案信息化系列地方标准研制及实施	江苏省档案局
161	2015-2-14	无线智能节能库房综合管理系统	国家档案局档案科学技术研究所、广州万棵林实业有限公司
162	2015-2-15	北京市不动产登记档案集约化管理模式研究	北京市不动产登记事务中心
163	2015-2-16	档案业务人员职业资格鉴定工作体系研究	四川省档案局、四川省档案学校
164	2015-3-01	重大自然灾害中档案安全保护研究	华北理工大学、河北省唐山市档案局
165	2015-3-02	苏州工业遗产中档案资源抢救与保护方法研究	江苏省苏州市工商档案管理中心
166	2015-3-03	档案电子信息系统机房高压细水雾应用研究	国家档案局档案科学技术研究所、上海市闵行区档案局、上海同泰火安科技有限公司

十二五时期档案优秀科技成果汇编

序号	项目编号	项目名称	获奖单位
167	2015-3-04	档案库房一体化智能管理系统	河北省档案局、北京融安特智能科技有限公司
168	2015-3-05	RFID技术应用于档案实体管理的可靠性研究	浙江省丽水市档案局
169	2015-3-06	免拆卷档案数字化设备及数据自动处理系统	广东省档案局、广东清华文通科技有限公司
170	2015-3-07	河北省档案局(馆)标准化网络办公及档案利用综合管理系统	河北省档案局
171	2015-3-08	基于电子文件元数据标准和封装规范的文档一体化管理系统研发和安全应用案例的配套研究	国家档案局档案科学技术研究所、长春市档案局馆、吉林省平宇电子科技有限公司、长春国基软件科技股份有限公司
172	2015-3-09	基于国家信息安全等级保护制度的档案信息系统安全保障体系研究	浙江省档案局、浙江省温州市档案局、浙江省经济信息中心、浙江省发展信息安全测评技术有限公司
173	2015-3-10	项目建设信息在线监管平台研究	深圳市建筑工务署、深圳万维博通信息技术有限公司、国家超级计算深圳中心
174	2015-3-11	城建档案时空数据信息挖掘及可视化管理模式研究	沈阳市城市建设档案馆
175	2015-3-12	区域涉海档案资源集成共享平台与技术研究	国家海洋局南海信息中心
176	2015-3-13	基于数字档案馆(室)系统的民生档案查阅新模式建设与推广	江苏省太仓市档案局
177	2015-3-14	信息化环境下机关档案工作流程再造策略研究	青岛市档案局
178	2015-3-15	电子文档云管理平台建设研究	山东省潍坊市档案局、山东尚德软件股份有限公司

序号	项目编号	项目名称	获奖单位
179	2015-3-16	交通工程项目电子档案标准及系统研究	广东省交通运输档案信息管理中心、广东省档案局、广东省交通运输工程质量监督站、广州市微柏软件有限公司
180	2015-3-17	电子标签内嵌数字水印技术在档案管理中的应用研究	湖北省档案局、上海书亚计算机科技有限公司
181	2015-3-18	电子档案规范化过程管理的实战研究	辽宁省档案局
182	2015-3-19	北京市住房城乡建设系统行政审批档案管理规范化研究	北京市住房和城乡建设委员会、北京联合大学应用文理学院
183	2015-3-20	构建区域性大档案格局研究	江苏省苏州市档案局
184	2015-3-21	档案行政管理法制化研究	河南省濮阳市档案局